Gottes Güte und menschliche Gütesiegel

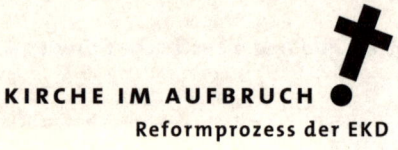

KIRCHE IM AUFBRUCH

Reformprozess der EKD

Herausgegeben vom Kirchenamt der EKD

Band 3

Gottes Güte und menschliche Gütesiegel

Qualitätsentwicklung im Gottesdienst

Im Auftrag des
Zentrums für Qualitätsentwicklung im Gottesdienst

herausgegeben
von Folkert Fendler und Christian Binder

EVANGELISCHE VERLAGSANSTALT
Leipzig

Die Deutsche Bibliothek verzeichnet diese Publikation in der Deutschen Nationalbibliographie; detaillierte bibliographische Daten sind im Internet über ‹http://dnb.ddb.de› abrufbar.

© 2012 by Evangelische Verlagsanstalt GmbH · Leipzig
Printed in Germany · H 7517

Umschlagfoto: Bergmoser + Höller Verlag AG
Gesamtgestaltung: Kai-Michael Gustmann, Leipzig
Druck und Binden: Druckhaus Köthen GmbH

ISBN 978-3-374-02895-5
www.eva-leipzig.de

Geleitwort

Was ist ein guter Gottesdienst? Wer auf diese Frage eine ein für alle Mal gültige Antwort erhalten möchte, wird sie in diesem Buch nicht finden. Vielmehr wird er auf unterschiedliche Antworten stoßen: Ein Journalist beschreibt mit großem Respekt vor der Tradition, was er in Gottesdiensten sucht und was er findet. Ein Theologe redet bewusst im Plural von den „Qualitäten" des Gottesdienstes. Ein Arbeitskreis aus Qualitätsmanagern und Theologen macht die Güte eines Gottesdienstes an seinen Wirkungen fest. Der Zugang zum Qualitätsthema geschieht über die Feedbackkultur oder sucht Antworten dezidiert in der biblisch-reformatorischen Tradition.

Der Reformprozess der Evangelischen Kirche in Deutschland hat von Beginn an im Impulspapier „Kirche der Freiheit. Perspektiven für die Evangelische Kirche im 21. Jahrhundert" aus dem Jahr 2006 das Thema Qualität ins Zentrum der Bemühungen gestellt. Der dritte Band der von den drei im Reformprozess der EKD neu gegründeten Reformzentren verantworteten Reihe „Kirche im Aufbruch" wird vom Zentrum für Qualitätsentwicklung im Gottesdienst vorgelegt. Sein Titel steht programmatisch für den Inhalt: Gottes Güte und menschliche Gütesiegel. Die Aufsatz- und Vortragssammlung beschreibt ein Begegnungsgeschehen: Liturgie und Qualitätswissenschaft begegnen sich. Ein längst überfälliger Diskurs wird geführt. Dabei kommt es zwischen Abstoßungs- und Annäherungseffekten immer wieder zu

Grenzüberschreitungen. Erfahrungen anderer werden mit großer Neugier wahrgenommen und verarbeitet. Der Gottesdienstbesucher als Kunde? Das darf man doch nicht einmal aussprechen! Hier in diesem Buch wird es sogar gedruckt – um zu einer sehr differenzierten Antwort zu gelangen. Einen Gottesdienst standardisieren? Das geht nicht! Die Aachener Studierendengemeinde hat es getan und stellt ihre Erfahrungen mit diesem Prozess vor.

Einige Beiträge des Bandes sind Dokumentationen von Tagungsbeiträgen, andere sind eigens für die Veröffentlichung an dieser Stelle entstanden. Sie bilden einen Ausschnitt und ein Zwischenergebnis der Arbeit des Zentrums für Qualitätsentwicklung im Gottesdienst aus den ersten zwei Jahren.

Was ist ein guter Gottesdienst? Nach der Lektüre des Bandes weiß man, warum es keine ein für alle Mal gültige Antwort auf diese Frage geben kann. Denn Qualität ist nicht nur eine relative Größe, sondern auch nur im Prozess der Beteiligten zu stärken. Sie macht Vorentscheidungen bewusst. Sie stellt Maßstäbe bereit, um Gottesdienste zu beurteilen. Sie weiß sich einem klaren Auftrag verpflichtet, der selbst nicht verhandelbar ist. Zugleich ist die Umsetzung dieses Auftrags immer zeit- und ortsgebunden und selbst ein Ergebnis von „Aushandlungsprozessen". Die Qualitätsfrage trägt zum Teil neue und ungewohnte Perspektiven an den Gottesdienst heran, macht gerade dadurch sein Wesen stark und die Arbeit an ihm transparent und nachvollziehbar.

Bemühungen um Qualität im Gottesdienst sind menschliche Anstrengungen und es bleibt das Grundwissen der Kirche, dass Gottes Gegenwart niemals zu erzwingen ist – weder durch besondere Qualitäten noch durch fehlende Qualität. Zugleich wissen alle, dass Nachlässigkeiten bei der Gestaltung eines Gottesdienstes das Kommen Gottes durchaus erschweren kann. In diesem Sinne sollte in der Kirche über Qualität nachgedacht werden wie über die adventliche Vorbereitung des Weihnachtsfestes: liebevoll, erwartungsvoll, hoffnungsvoll, aber ausgerichtet auf das „ganz Andere".

Dr. Thies Gundlach
Der Vizepräsident im Kirchenamt der EKD

Inhalt

INHALT

Folkert Fendler und Christian Binder

Zur Einführung

Menschen suchen Gottes Güte und Gott schenkt den Menschen seine Güte. Das kann auf vielerlei Weise geschehen, es geschieht aber vor allem im Gottesdienst. So hoffen wir es, und so haben wir es glücklicherweise auch schon erlebt. Wir halten dies für die Kurzformel für Gottesdienstqualität. Gott und Mensch begegnen sich im Gottesdienst im Raum der Güte. All unsere Bemühungen um schöne und ansprechende Gottesdienste werden sich daher immer an diesem Ziel und Idealbild des Gottesdienstes messen lassen müssen: Inwiefern fördert das, was wir tun, diese ersehnte Gottesbegegnung? Beziehungsweise: Inwiefern steht unser Tun ihr im Wege oder macht es schwer, zu solch einer spirituellen Erfahrung zu kommen?

Aber kann es im Gottesdienst um unser Tun gehen? Haben wir es denn in der Hand, ob Gott und Mensch sich begegnen? In den Raum der Güte einzutreten – das ist doch gar nicht herstellbar! Das ist ein Geschenk des Heiligen Geistes, und wenn es sich ereignet, dann ist das reine Gnade.

Keiner will Gott ins Handwerk pfuschen und seinen Part im gott-menschlichen Geschehen des Gottesdienstes gleich miterledigen. Ich kenne niemanden in der gottesdienstlichen Aus- und Fortbildung, der sich das anmaßen würde. Von solcher Hybris sind selbst wir „Qualiturgiker" aus Hildesheim frei. Auch wir sagen nicht: Tut dies, handelt nach jenen standardisierten Abläufen, dann wird sich der Heilige Geist garantiert einstellen.

Ziel von Qualitätsentwicklung im Gottesdienst kann nur sein, an unserem menschlichen besten Bemühen immer wieder zu arbeiten, es planvoll, bewusst und transparent zu gestalten. Qualitätsentwicklung ist auch im kirchlichen Raum Arbeit am Vorletzten. Sie geschieht grundsätzlich unter dem Vorzeichen des Wirkens des Heiligen Geistes.

Der vorliegende Band zeigt einen Ausschnitt der Arbeit des Zentrums für Qualitätsentwicklung im Gottesdienst. Und zwar *den* Ausschnitt, der sich auch aus dem kirchlichen Raum hinauswagt. Das Reden von Qualität ist schon älter als die Kirche, war dann aber Jahrhunderte lang ihre Domäne. In den letzten Jahrzehnten hat die Qualitätsrede eigene Wege beschritten, ist zu einer eigenen Wissenschaft geworden, bis sie über die diakonische Einrichtungen in veränderter Gestalt wieder an die Kirchentüren klopfte. Wir möchten sie gern wieder hereinlassen, sogar durch *die* Tür, hinter der Gottesdienst stattfindet. Wozu führt eine solche Begegnung? Was lässt sich lernen von der emanzipierten Qualität? Wir stellen fest: Wir sind nicht die Einzigen, die Herzklopfen bei diesem selbstbewussten Gast bekommen, der da Einlass begehrt. Manche, die ihn eingelassen haben, möchten ihn später gern wieder loswerden. Er stört irgendwie. Er nötigt zur Veränderung. Sätze wie „Das haben wir immer schon so gemacht" mag er nicht. Die meisten argwöhnen, der Gast wolle gerade das stehlen, was einem das Wichtigste ist. Viele aber, die (sich auf) ihn eingelassen haben, merken später genau das Gegenteil: Das ihnen Wichtigste kann sogar noch attraktiver werden, es tritt klarer hervor und erreicht die Menschen besser als zuvor.

Wir suchen in Arbeitskreisen und auf Tagungen das Gespräch mit anderen Professionen, wir sammeln interdisziplinär Qualitätserfahrungen. Wir möchten herausfinden, was auch uns weiterbringen könnte und was ggf. in eine Sackgasse führt. Was geschieht, wenn Gottes Güte und menschliche Gütesiegel sich begegnen?

Matthias Kamann eröffnet den Band mit einem journalistischen Blick auf evangelische Gottesdienste. Sein erklärtermaßen subjektiver, ja privater Zugang zum Thema führt dennoch zu Fragestellungen von allgemeiner Bedeutung: Soll es im Gottesdienst eher heiter-zuversichtlich zugehen oder das menschliche Sündersein stärker ins Bewusstsein gehoben werden? Besteht bei gottesdienstlichen Begrüßungen verstärkt „Gute-Laune-Gefahr"? Kommen zu wenige oder zu viele Lesungen im Gottesdienst vor? Wie politisch sind evangelische Predigten wirklich? Sollten sie politisch sein oder lehrreich und verweisend? Kamann kommt zu sehr eigenen Antworten, die manchen Pfarrer und manche Pfarrerin überraschen dürften.

Was im Hinblick auf Qualitätsentwicklung zurzeit im Bereich Gottesdienst geschieht, damit haben andere kirchliche Felder zum Teil schon länger Erfahrungen gesammelt. *Martin Sauer* befasst sich mit der Frage, was Qualitätsentwicklung für die Krankenhausseelsorge bedeuten kann. Er kommt zu dem Schluss, sie führe zu höherer Akzeptanz in einem Betrieb, der schließlich selbst durch und durch vom Qualitätsmanagement (QM) geprägt sei, helfe zu größerer Transparenz und zu bewussterer Gestaltung einer Arbeit, die prinzipiell nie zu Ende sei. So stecke im Ansatz der Qualitätsentwicklung zugleich ein hohes Entlastungspotenzial. Sauers Beitrag ist zugleich eine knappe Einführung ins Qualitätsmanagement für Einsteiger.

Qualitätsmanagement sei eine ganzheitliche Sichtweise auf Verbesserungsprozesse, führt *Regina von Diemer* aus. Die Psychologin und Unternehmensberaterin versteht die typische QM-Begrifflichkeit als heilsamen Verfremdungseffekt, der zu einem Blick über den Tellerrand verhilft. Entscheidend für Veränderungsprozesse sei die klare Orientierung an Zielen als „Fenstern zur Zukunft". Sie meint, nur wenn der Nutzen der Maßnahmen für alle Beteiligten nachvollziehbar und evident ist und wenn der gesamte Prozess von Wertschätzung und Toleranz geprägt ist, lassen sich Qualitätsprozesse nachhaltig gestalten.

David Plüss leistet einen dezidiert theologischen Beitrag zum Qualitätsthema. Die Liturgik, die sich immer schon implizit mit Qualitätsfragen befasst habe, müsse im Spannungsfeld von göttlichem und menschlichem Handeln noch stärker als Qualitätstheorie des Gottesdienstes konzipiert werden. Die drei von ihm identifizierten Qualitätsperspektiven Ritualität, Andacht und Transformation hält Plüss für prägend für den professionellen Habitus der Liturgen: Sie verlagern die Qualitätsdiskussion auf die Ebene professioneller Kompetenz. Am Beispiel des Segens spielt Plüss die Perspektiven exemplarisch durch.

Der Frage nach einem guten Gottesdienst aus biblisch-theologischer und reformatorischer Perspektive geht *Jochen Arnold* nach. Dabei lässt er sich von dem durch Folkert Fendler in die Diskussion eingebrachten dreifachen Qualitätsverständnis (Schönheit, Wesen, Wertung) leiten. Arnold geht den Spuren theologischer Aussagen über die Schönheit Gottes und der Menschen nach und sammelt zahlreiche biblische Beispiele von „good practice", um daraus Kriterien für Gottesdienstqualität zu gewinnen. Sodann bestimmt er systematisch-theologisch das Wesen des Gottesdienstes als dreifaches Gottesgeschenk der Schöpfungsruhe, der Auferstehung und der Inspiration durch den Heiligen Geist, um schließlich festzuhalten, dass auch eine wertende Qualitätsbetrachtung dem Gottesdienst biblisch-reformatorisch angemessen ist (Gottesdienst als Aufgabe).

Ist der Gottesdienstteilnehmer ein Kunde? Ob diese Frage eine unzumutbare Provokation darstellt oder als ergänzende Rollenbeschreibung im Sinne von Diemers (s. o.) tatsächlich auch einen heilsamen Verfremdungseffekt für die Arbeit am Gottesdienst mit sich bringt, versucht *Folkert Fendler* herauszufinden. Er untersucht dazu das Eindringen der Kundensemantik in die Non-Profit-Bereiche Soziale Arbeit, Diakonie und Kulturbetrieb und stellt die dort geführte Diskussion dar. Fendler abstrahiert acht Merkmale von Kundenorientierung aus den untersuchten Bereichen und wagt eine Übertragung auf den Gottesdienst.

Ein *Arbeitskreis des Zentrums für Qualitätsentwicklung im Gottesdienst in Hildesheim*, der aus Theologinnen und Theologen und Vertretern der Qualitätswissenschaften zusammengesetzt ist, stellt im daran anschließenden Beitrag erste Ergebnisse vor. Ausgehend von einer Analyse der großen empirischen Untersuchungen zu Erwartungen an den Gottesdienst (Kichenmitgliedschaftsuntersuchung [KMU] IV, Milieustudien, die sogenannte bayrische Gottesdienststudie) und einem Denkansatz aus der Wirkungspsychologie (Wilhelm Salber) findet der Arbeitskreis zu einer Definition von vier »Wirkfeldern« des Gottesdienstes. Es bleibt abzuwarten, ob der Ansatz das Potenzial hat, aus der Aporie und Ratlosigkeit („Einen Gottesdienst für alle gibt es nicht. Unterschiedliche Gottesdienste für alle unterschiedlichen Milieus anzubieten, schaffen wir nicht!") herauszuleiten, in die die Ergebnisse der Milieustudien oft führen.

Über gottesdienstliches Feedback reflektiert *Christian Binder*. Er unterzieht verschiedene Feedbackinstrumente vom Fragebogen über das Gottesdienstnachgespräch bis zum „Mystery Worshipper" einer kritischen Würdigung, stellt Konzepte der kollegialen Hospitation und des Gottesdienstcoachings vor und setzt sich mit kritischen Anfragen an das

Feedbackgeschehen insgesamt auseinander. Gegen die vermeintliche Gefahr, durch Feedbackmethoden in zwanghafte Selbstoptimierungsspiralen zu geraten, schlägt Binder eine Sicht auf Feedbackinstrumente im Sinne des *tertius usus legis* vor.

Zwei Artikel zur praktischen Anwendung von Qualitätsinstrumenten beschließen den Band. Die ESG Aachen hat wohl als erste Gemeinde den Versuch unternommen, für einen Gottesdienst verbindliche Standards aufzustellen. Studierendenpfarrerin *Swantje Eibach-Danzeglocke* beschreibt den Prozess der Standardisierung, der von einer Erhebung von Erwartungen an den Gottesdienst unter den Studierenden über die Fixierung der Standards bis hin zu den ersten Erfahrungen mit ihrer Anwendung reicht. Dabei betont Eibach-Danzeglocke, dass gottesdienstliche Standardisierungsprozesse immer individuell von der Gemeinde ausgehandelt werden müssen, dass sie sich in einer ständigen Fortentwicklung befinden und vor allem vorhandene Kompetenzen ernst nehmen und stärken.

Julia Neuschwander schließlich beschreibt am Beispiel der Evangelischen Kirche der Pfalz, wie Qualitätsentwicklung in der Vikariatsausbildung im Blick auf die pastorale Grundaufgabe Gottesdienst aussehen könnte. Die Pfälzische Landeskirche orientiert sich dabei vor allem an den von der gemischten Kommission/Fachkommission I der EKD herausgegebenen Standards für die zweite Ausbildungsphase und findet zu ihrem eigenen Profil. Neuschwander macht die Standards und Kompetenzen für den Gottesdienst transparent und stellt die Chancen der ausdifferenzierten Portfolio-Arbeit des pfälzischen Ausbildungsweges dar.

Erfahrungen anderer

Matthias Kamann

Journalistische Wahrnehmung von Gottesdiensten[1]

Journalisten kritisieren gern alles Mögliche, aber bei Gottesdiensten tun sie sich schwer. Die regelmäßige Auseinandersetzung mit Gottesdiensten konnte als journalistische Form
der „weltlichen Presse" bislang nicht wirklich etabliert werden. Zwar gibt es im Berliner *Tagesspiegel* eine leuchtende
Ausnahme, aber ansonsten gilt: Abgesehen von der Nacher-
zählung großer Ausnahmegottesdienste – zur Eröffnung eines Kirchentages etwa oder nach großen Katastrophen mit
vielen Toten – will im Journalismus die kontinuierliche Beschreibung und Analyse von Gottesdiensten, obwohl immer
mal wieder initiiert, nicht recht gelingen.

Ich selbst war an zwei Versuchen beteiligt. Zum einen
habe ich rund um das Jahr 2005 für die „Berliner Morgen-
post" einzelne Berliner Kirchen und ihre Gottesdienste in einer Rubrik beschrieben, an der nach etwa zehn Folgen die Redaktion und ich die Lust verloren. Zum andern beteiligte ich
mich im Feuilleton der „Welt" an der Mitte 2010 gestarteten
Reihe „Das Wort vom Sonntag". Dort wurde in der Montagsausgabe jeweils ein Gottesdienst des Vortags geschildert.
Auch diese Reihe gibt es schon nicht mehr. Wenn ich richtig
sehe, ist es in vielen anderen Zeitungen nicht viel anders ge-
laufen.

---

1   Überarbeitete Druckfassung eines Vortrags, der am 6.7.2011 im Rahmen
    eines vom Zentrum für Evangelische Predigtkultur, vom Zentrum für Qua-
    litätsentwicklung im Gottesdienst und vom Institut für Aus- Fort- und
    Weiterbildung der Evangelischen Kirche von Westfalen veranstalteten
    Pastoralkollegs in Villigst gehalten wurde.

Die Gründe sind zwar erst einmal journalistisch-berufliche, doch verweisen sie auch auf Grundsätzliches bei der Wahrnehmung von Gottesdiensten. Zunächst ist zu nennen, dass meist nicht genug Autoren für jene Texte zu finden sind. Wir im engeren Sinne für Kirchliches zuständigen Journalisten sind ein so kleiner Kreis, dass wir solchen Kritiken unmöglich allein Kontinuität geben könnten. Ansonsten aber gibt es unter den Kollegen nicht viele, die regelmäßig in die Kirche gehen und mit einigem Wissenshintergrund Substanzielleres schreiben könnten. Das kann man gewiss bedauern.

Man kann es aber auch positiv deuten: Viele Kollegen erlegen sich hier freiwillig Unzuständigkeit auf. Das ist bemerkenswert. Denn einmal nicht zuständig zu sein, kommt gerade im gegenwärtigen Journalismus der Anerkenntnis gleich, dass es Ausnahmen vom allgemeinen Anspruch auf Einordnung gibt. Über alles haben wir eine Meinung, für alles fühlen wir uns zuständig – aber beim Gottesdienst, hm, da halten wir uns mal lieber zurück. Die Kirchentür ist die Grenze medialer Aufregung. Das ist eine Respektbezeugung! Gottesdienste scheinen sowohl bei den regelmäßigen Besuchern als auch gerade bei den Fernstehenden unter den Journalisten in einer Art zu wirken, die besondere Achtsamkeit abverlangt. Ganz gleich, ob Gottesdienste von Journalisten tatsächlich erlebt oder nur von außen erahnt werden – sie strahlen offenkundig eine besondere Würde aus. Wer die Gesetze öffentlicher Wahrnehmung kennt, darf sich als Christ zuweilen durchaus freuen, wenn Gottesdienste eine versperrende Wirkung auf diese öffentliche Wahrnehmung ausüben.

Das wird umso deutlicher, wenn man einen weiteren journalistisch-beruflichen Grund betrachtet, nämlich den des Dienstplans. Wenn ich sonntags Dienst habe, muss ich gegen 10 Uhr in der Redaktion sein, kann ich also nicht in den Gottesdienst gehen. Wenn ich aber sonntags frei habe und deshalb in die Kirche gehen kann, habe ich wenig Lust, mich anschließend hinzusetzen und für die Montagsausgabe eine Kritik zu schreiben, also zu arbeiten. Weil dann ja mein freier Sonntag futsch wäre. Womit man wiederum über den Journalismus hinausgewiesen ist. Denn dass wir da wenig Lust zum Schreiben über Gottesdienste haben, zeigt, dass wir Journalisten unsere persönlichen Gottesdienstbesuche an freien Sonntagen nicht sofort arbeitsrelevant werden lassen wollen. Nein, wenn wir in die Kirche gehen, soll das privat sein, es soll unserer persönlichen Erbauung und seelischen Erholung dienen. Das sagt viel über die Gottesdienstwahrnehmung aus: Während Journalisten ansonsten dazu neigen, vielerlei private Erlebnisse zu Geschichten zu verwursten – vom Ärger in der U-Bahn bis zu Einschulungsproblemen der eigenen Kinder –, errichten wir um Gottesdienste herum Schutzzäune gegen kritische Reflexion und gar anprangernde Skandalisierung. Es müsste schon viel passieren, es müsste ein Pfarrer zur Wahl der NPD aufrufen, es müsste eine taufende Pfarrerin die Paten zur sozialistischen Erziehung des Kindes ermahnen, bis wir Journalisten in der Redaktion anrufen und um 120 Zeilen bitten würden. Auch Journalisten mithin, diese Facharbeiter öffentlicher Aufmerksamkeitsökonomie, halten es für ein Wesensmerkmal von Gottesdiensten, dass an ihnen nicht dauernd herumgemäkelt wird. Gottesdienste eröffnen somit eine Sphäre der Differenz. Sie eröffnen eine Sphäre, in der nicht jenes Herumgemeine und jenes Bis-zum-Anschlag-Polemisieren möglich sind, die zumal in Zeiten des Internet-Journalismus inflationär geworden sind. Insofern verfestigt diese Zurückhaltung bei der Gottesdienstbetrachtung die unverzichtbare Sakralität kirchlichen Handelns. Denn Gottesdienste bleiben weitgehend verschont von den Aufregungen des Medien-Diskurses zwischen Zitate-Fledderei und hochfahrendem Geschmäcklertum.

Hierfür dürften auch die Gottesdienste selbst verantwortlich sein. Ich bin mir sicher: Ihre Form und ihre Inhalte machen ein wohlfeiles Meckern ausgesprochen schwierig. Sie strahlen Würde aus, sie strahlen Ernst aus. Die mitgeteilte Botschaft ist offenbar so, dass berufsmäßige Kritiker wenig Lust verspüren, sich darüber negativ zu verbreiten.

Schon von daher erweist sich die in kulturkritischen Kreisen verbreitete These, dass zumal evangelische Gottesdienste das Evangelium trivialisiert und der Alltagskommunikation ausgeliefert hätten, als großer Unsinn. Wenn dem so wäre, müssten diese Gottesdienste ein gefundenes Fressen für Journalisten sein.

Dass dem nicht so ist, entspricht meinem Grundbefund: Gottesdienste gelingen in aller Regel recht gut. Zwar habe ich fast immer etwas an Einzelheiten auszusetzen, aber ich kann mich nicht erinnern, einmal rundherum enttäuscht gewesen zu sein und gedacht zu haben, dass die ihren Laden am besten ganz zumachen sollten. Gottesdienste sind voll von zumindest ernst zu nehmenden Verweisen auf die Respekt gebietende Macht und Güte Gottes. In ihnen überwiegt eine Sprache, die sich vom alltäglichen Reden unterscheidet. Sie bezeugen ein Glaubensbemühen, an dem sich wenig zweifeln lässt. In ihnen werden Themen angesprochen, über die man sich als solche weder empören noch belustigen kann. Und ihre Form lässt Kritik erst einmal zuschanden werden, da dilettierendes Experimentieren weitaus seltener ist als ein Nachvollziehen der Tradition. Insofern besteht wenig Bedarf an journalistischen Grundsatzkritiken. Das wissen die Journalisten und lassen die Finger davon.

Daraus folgt: Wer Gottesdienstkritik will, und dazu besteht ja durchaus Grund, muss dafür erst einmal Formen entwickeln und anbieten, die sich von üblichen journalistischen Formen unterscheiden. Formen nämlich, die das deutliche Ansprechen von Fehlern und Mängeln verbinden mit würdigender Respektierungsbereitschaft, mit weitgehendem Polemik-Verzicht und nicht zuletzt mit dem Akzeptieren mangelnder Originalität. Denn das ist doch klar: Ein guter Gottesdienst muss zwar je für sich etwas Besonderes und Einzigartiges sein, aber originell und unbedingt innovativ soll und kann dort nur Weniges sein. Die Wiederholung der Tradition und das Nachvollziehen des Bestehenden sind Kernelemente des Gottesdienstes, mithin ist Bescheidenheit eine seiner größten Qualitäten. Eine Kritik aber, die bei den Protagonisten einer Veranstaltung Bescheidenheit zu schätzen weiß, ist so leicht nicht zu entwickeln, schon gar nicht auf Dauer: Man kann zwar einmal schreiben, dass dieser Gottesdienst schön unspektakulär und bescheiden gefeiert wurde, aber das auf Dauer festzustellen, ist wohl etwas langweilig. Jedenfalls wirkt es in Zeitungen langweilig. Im Gottesdienst hingegen ist dauerhafte Bescheidenheit nicht langweilig.

Vor diesem Hintergrund lässt sich auch die wichtigste Ausnahme bei der journalistischen Gottesdienstbetrachtung erklären, nämlich jene, die tatsächlich mit großer Kontinuität geleistet wird: „Mein Kirchgang" in „chrismon plus". Dies findet eben in einer kirchlichen Publikation statt. Dort gibt es nicht nur genug kompetente Autoren, sondern auch und vor allem die Möglichkeit, im kirchlichen Reflexionsraum bestimmte Zuspitzungen zu vermeiden, die im weltlichen Reflexionsraum gewünscht wären, aber beim Thema Gottesdienst gescheut werden. Über die Art und Weise, wie die Kollegen bei „chrismon" schreiben, will ich nicht urteilen, und was sie damit bewirken, kann das Gottesdienstinstitut anhand eigener Befragungen besser beurteilen als ich.[2]

Freilich gibt es auch ohne journalistische Kritik ein funktionierendes Rückkopplungssystem. Wie sollte es denn sonst dahin gekommen sein, dass gegenwärtig die Gottesdienste wieder *grosso modo* traditioneller gefeiert werden als noch vor 20 Jahren? Nur an Verlautbarungen des Rates der EKD kann das so wenig gelegen haben wie daran, dass Jesus den Pfarrern erschienen wäre und gesagt hätte: „Das Himmelreich ist euer, wenn ihr ‚Allein Gott in der Höh sei Ehr' singt." Vielmehr scheint es eine lebendige Rückkopplungskultur zu geben, die vor einigen Jahrzehnten eher in die Reformrichtung strebte und nun eher in die Richtung des Bewahrens. Gottesdienstpraxis ist ein lernfähiges System, es passt sich expliziten und impliziten Erwartungsverschiebungen an. Ob der Pfarrer fade Scherze macht oder die Pfarrerin die Gemeinde beim Abendmahl knien lässt – fast alles im Gottesdienst wird doch wohl aus informellen oder ausdrücklichen Aushandlungsprozessen zwischen Geistlichen, Mitarbeitern und Gemeinde hervorgehen. Am Ausgang etwa, wo Kirchgänger dem Pfarrer für die schöne Predigt danken und damit bewirken, dass er es beim nächsten Mal so ähnlich macht. Oder im Mitarbeiterkreis, wo in die Entscheidung, ob man in den Gottesdienstablauf zehn Minuten Murmelgruppe einfügen soll, doch stets schon Erwartungen oder Ablehnungen von außerhalb einfließen. Journalistische Kritik kann gegenüber solchen Reflexionsprozessen nicht sehr viel Neues bieten.

---

2 Das Zentrum für Qualitätsentwicklung im Gottesdienst hat die Gottesdienstkritiken von chrismon plus analysiert. Die Ergebnisse wurden u. a. im Deutschen Pfarrerblatt veröffentlicht: Christian Binder/Folkert Fendler, „Mein Gottesdienstbesuch. Erfahrungen mit den Gottesdienstkritiken in Chrismon Plus", in: DPfB 7/2011, 383–386.

Zum andern gibt es das Problem der Masse. Das ist besonders dann zu berücksichtigen, wenn sich die Kirchen um einen missionarischen Neuaufbruch bemühen müssen. Da ist durchaus relevant, was die Vielen anspricht. Dass ich persönlich mich extrem über die Bibelarbeit von Margot Käßmann auf dem jüngsten Kirchentag in Dresden aufregen kann, mag ja sein – aber den meisten anderen der 6.500 Zuhörer scheint es sehr gut gefallen zu haben, und da Käßmann weder Glaubenssätze der Kirche noch die freiheitlich-demokratische Grundordnung infrage gestellt hat, ist keineswegs klar, ob die Kirche und das Kirchenvolk meiner Kritik an Käßmann größere Beachtung schenken sollten. Auch mag es ja sein, dass ich einem Pfarrer nachweisen kann, dass seine Auslegung von Röm 14 intellektuell dürftig war. Aber woher weiß ich denn, dass ich mit meiner Auslegung mehr Leute in die Kirche bringen würde? Wenn die Bänke jenes Pfarrers gut gefüllt sind und die Landeskirche nichts gegen seine Predigt einzuwenden hat – warum sollte dann auf mich Journalisten gehört werden?

Man misstraue also dem in evangelischen Kreisen verbreiteten Impuls, sich vom „Blick von außen", von Journalisten zumal, besonders viel Erhellendes für Diskussionen über Gottesdienste zu erwarten. Fruchtbare Diskussionen hierüber finden innerhalb der Kirche ohnehin statt, weshalb sie kräftig weiterhin zu führen sind, schon deshalb, weil sie bisher bereits Erfolg hatten. Denn eines muss man doch sagen: Gottesdienste zählen neben Parlamentsdebatten zu den am wenigsten peinlichen öffentlichen Kommunikationsformen unserer Kultur. Die Stichworte „Talkshow", „Sportlerheim-Einweihung" und „Aktionärsversammlung" dürften reichen, um deutlich zu machen, dass Gottesdienste nicht nur aus Gründen der Ehrfurcht und der Selbstbeschränkung, sondern auch aus Gründen ihrer Qualität erst einmal Wohlwollen verdienen.

In diesem Wohlwollen nun, in jener Selbstbeschränkung und jener Ehrfurcht kann und will ich im Folgenden zur innerkirchlichen Debatte nicht mehr beisteuern als einige kritische Hinweise von jemandem, der einigermaßen regelmäßig Gottesdienste besucht, der kirchliche Diskussionen verfolgt und überdies gelernt hat, öffentliche Kommunikation unter formalen und inhaltlichen Gesichtspunkten genauer zu analysieren und nach Inkonsistenzen und Ungeschicklichkeiten zu fragen. Vorgehen will ich dabei so, dass ich dem Ablauf eines Gottesdienstes folge, ohne allerdings die einzelnen Elemente je für sich zu diskutieren. Vielmehr angele ich mir aus dem Ablauf einzelne Stichworte, die ich dann verallgemeinernd ausführe. Die Kritik *an Inhalten* und *an Stilformen* wird dabei munter durcheinandergehen, was ich auch richtig finde, weil ich als Literaturwissenschaftler weiß, dass Stil und Inhalt gar nicht zu trennen sind. Was natürlich für Theologen bedeutet, dass sie bei einer offenen Diskussion über Gottesdienste bereit sein müssen, nicht nur über Vermittlungsformen zu reden, also über das „Rüberbringen" eines vermeintlich unveränderbaren Inhalts, sondern auch über die Inhalte ihrer Theologie.

Wenn ich vor dem Gottesdienst in die Kirchenbank trete und dort stehend innehalte, falte ich zwar die Hände, aber ich bete nicht. Vielmehr achte ich auf Gedanken, die mir hier mehr oder weniger automatisch durch den Kopf gehen und sämtlich auf Selbstzweifel hinauslaufen: Werde ich meiner Frau und meiner erwachsenen Tochter wirklich gerecht? Verfalle ich nicht immer wieder in fatale Reaktionsmuster? Muss ich mich nicht für Vieles in meinem Beruf schämen? Diese Gedanken dauern maximal zwei Minuten, dann setze ich mich hin.

Ich betrete also den Gottesdienstraum als eine Sphäre, in der es auf besondere Weise um mich geht, nämlich in

Form einer Würdigung, bei der ich infrage gestellt werde. Im Selbstzweifel fühle und bemerke ich mich selbst so, wie das sonst selten geschieht. Ich trete aus dem äußeren Gelingen meines Lebens heraus und konfrontiere mich mit meinem Scheitern, christlich gesprochen, mit meiner Sündigkeit.

Das heißt: Wichtig am Gottesdienst ist mir, dass ich da nicht besonders gute Laune habe. Das ist für mich von enormer Bedeutung: Ich gehe nicht in die Kirche, um heitere Gefühle zu bekommen. Darin würde ich mich eher verlieren. In der Kirche gewinne ich mich, weil ich hier ernster bin als sonst zumeist.

Ich frage mich allerdings, ob das in der Kirche wirklich klar gesehen wird: dass die ernsthafte Konfrontation mit meiner Sündigkeit eine Würdigung meiner Person ist. Mir kommt es gerade in Gottesdiensten eher so vor, als sähen Geistliche eine Würdigung meiner Person erst dort, wo sie mir tröstende Angebote unterbreiten können. Jedenfalls nimmt die Rede von der Sündigkeit als einer erst einmal nicht zu überwindenden, sondern dauerhaft hinzunehmenden Grundtatsache meines Lebens nach meiner Beobachtung nur noch in der Bußliturgie des Gründonnerstags größeren Raum ein. Ansonsten kann ich mich nicht an Gebetszeilen erinnern wie: „Lass uns erkennen, dass wir immer neu versagen. Lehre uns, dass wir Sünder sind und bleiben. Lass uns tagtäglich überlegen, ob wir aufrecht vor dein Gericht treten können." Notiert und memoriert habe ich hingegen Sätze wie: „Weise uns einen Weg aus unseren Zweifeln. Tröste uns, wenn wir nicht mehr weiterwissen. Stärke uns, wenn wir verzagt sind."

Das steht in erheblichem Kontrast zu jener Verzagensbereitschaft, die mir auffällt an den mich am stärksten erschütternden Gebetsformen in der evangelischen Kirche. Ich meine das aus dem katholischen Bereich übernommene

Kerzen-Anzünden und Anbringen anonymer Gebetszettel in Seitenräumen von Kirchen. Wenn man diese Zettel liest, so spürt man, wie sehr die Menschen im Raum der Kirche bereit sind anzuerkennen, dass ihnen im Leben Vieles nicht gelingt, dass sie Bereiche des Scheiterns erspüren und wissen, welche großen Fehler sie machen. Die Kirche ist ihnen wichtig als Ort der Traurigkeit, als ein Ort, an dem sie die Erkenntnis des eigenen Scheiterns zulassen. Gewiss, all diese Menschen hoffen, dass Gott ihnen aus ihrer Not heraushelfen möge. Trost und Zuversicht müssen also zweifellos in der Kirche gespendet werden. Doch werden Trost und Zuversicht erst dann nachvollziehbar, wenn ausführlich und mit einer von den Menschen offenbar auch gewünschten, jedenfalls hier zugelassenen Schonungslosigkeit das Falsche angesprochen, das Scheitern thematisiert worden ist. Ich bin fest davon überzeugt, dass die Menschen nicht erst den Trost, sondern schon das Zulassen von Selbstzweifeln und Verstörungen, also das Erkennen ihrer Sündhaftigkeit, als ein sie wirklich ernst nehmendes, sie würdigendes Geschehen begreifen.

Ich kann mich aber nicht an Predigten erinnern, in denen unsere Sündhaftigkeit als dauerhaftes Grundprinzip unserer Existenz bis zum Ende thematisiert und mithin ertragen worden wäre. Vielmehr wird sie in der ersten Hälfte der Predigt als unvermeidlicher Ausgangspunkt erwähnt, woraufhin dann ausführlich die tröstende Auflösung der Vergebung oder des Fallens in Gottes Hand beschrieben wird.

Ich will aber nicht so viel getröstet werden. Nicht, weil ich depressiv wäre. Sondern weil ich ein freier und erwachsener Mensch bin. Und weil der evangelische Glaube mit seinem Wissen um die Freiheit des Einzelnen vor Gott uns die Last dieser Freiheit mit ihrer enormen Verantwortung am deutlichsten bewusst machen kann, statt diese Verantwortung in jener „Wohlfühlreligion" aufzulösen, die Friedrich Wilhelm Graf zu Recht kritisiert. Den raschen Trost weise ich aber auch und vor allem deshalb von mir, weil ich in der weitgehend gut geregelten Stabilität meiner Mittelschichtexistenz den Zweifel, die Sorge und die Verunsicherung dringend benötige. Ich benötige so etwas wie das Andere des Klarkommens, eine Bestärkung darin, dass es gut ist, mich infrage zu stellen. Allerdings ganz und gar nicht in dem Sinne, dass ich doch mal erkennen soll, wie miserabel mein Leben ist oder was ich für ein schrecklicher Zerstörer der Umwelt und gnadenloser Ausbeuter der sozial Schwachen bin. So nicht. Sondern so, dass Gott will, dass ich in mich gehe, dass ich die Gründe für mein jeweiliges Verhalten sehr genau abwäge, dass ich den Selbstzweifel suche und Zweifelnder bleibe. Ein großer Teil gottesdienstlicher Kommunikation, zumal in den Gebeten, kommt mir aber so vor, als glaubten die Pfarrerinnen und Pfarrer, im Wesentlichen trostbedürftige Unglückliche vor sich zu haben. Ich hingegen glaube, sie haben im Wesentlichen So-Lala-Glückliche vor sich, denen man dieses So-Lala-Glück auf keinen Fall ausreden sollte, die aber dringend des Selbstzweifels und der kritischen Selbstreflexion bedürfen, weil sie sich darin mehr und deutlicher spüren als in den Wellness-Angeboten der Mittelschichtgesellschaft, denen die Kirche nicht einfach noch ein spirituelles Angebot hinzufügen muss.

Ich höre schon die Einwände, dass ich mir doch mal klarmachen sollte, wie viele Einsame und Verzweifelte in großer Trostbedürftigkeit sonntags in die Kirche kommen und nicht auch da noch gepiesackt werden sollten. Das ist ein Argument, das man kaum kontern kann, ohne unmoralisch, ohne herzlos zu wirken. Deshalb nur zwei vorsichtige Anmerkungen. Erstens: Es gibt auch die Anderen, und wenn ich richtig sehe, scheint sich die Kirche bemühen zu müssen, gerade wieder diese Durchschnittszufriedenen in die Gottesdienste zu locken. Zweitens: Es gibt bei allem Unglück auch das Prinzip der Eigenverantwortung, dessen theologisches Korrelat das Sündenbewusstsein ist.

Anders gesagt: Kirchgänger sind meines Erachtens *objektiv glücklicher* und kommen mit ihrem Leben *objektiv besser* klar, als es ihnen Gottesdienste suggerieren. Kirchgänger sind aber zugleich *subjektiv unglücksbereiter*, als Gottesdienste es zu würdigen vermögen. Vielmehr scheinen Gottesdienste die Menschen umgekehrt als *objektiv unglücklich* zu sehen und dann von der Vermutung geleitet zu werden, dass die Kirchgänger auf den Gottesdienst eine *subjektive Beglückungserwartung* richten.

Ich finde es daher auch schade, dass in den Gottesdiensten zwar wieder mehr alte Lieder gesungen werden, dabei jedoch die alten protestantischen Sündergesänge außen vor bleiben. „Ein Lämmlein geht und trägt die Schuld der Welt und ihrer Kinder" – das bleibt wahr, gerade im ganz persönlichen Sinne, auch wenn die Sühneopfertheologie mit überzeugenden Argumenten infrage gestellt wird. Dass wir Sünder sind, dass eine der wichtigsten Funktionen des Gottesdienstes darin besteht, uns dies bewusst zu machen, und zwar gerade als – ja – erholsamer, erbauender Kontrast zu unserem Alltagsglück, das steht für mich fest. Sagen wir es mal platt: Pfarrerinnen und Pfarrer müssen im Gottesdienst nicht gute Laune verbreiten, und es wird peinlich, wenn die Person am Altar die munterste im ganzen Kirchenraum ist.

Der Gottesdienst fängt an. Die Glocken klingen aus, die Orgel oder sonstigen Musikinstrumente setzen ein. Eins greift ins andere, das ist richtig gut.

Von mir aus könnte es so weitergehen. Ich brauche keine explizite Begrüßung durch die Pfarrerin oder den Pfarrer, und eine Einführung in die so selbstverständlich funktionierende Form Gottesdienst scheint mir funktional nicht erforderlich zu sein. Jedenfalls sofern keine besonderen Ereignisse anzusagen sind, der Auftritt des auswärtigen Chores etwa oder ein Gastprediger oder, dass zwei Taufen stattfinden. Von mir aus also nach der Musik direkt das erste Lied und dann sofort los mit Eröffnung, Introitus und weiterer Liturgie.

Aber meinetwegen Begrüßung – für viele Gottesdienstbesucher sind die Worte der Pfarrerin oder des Pfarrers ja die ersten eines leibhaftigen Menschen an diesem Morgen, und anzusagen gibt es in Gottesdiensten auch immer mehr. Gleichwohl: Man merkt an dieser Stelle, hier liegt ein Gestaltungsproblem. Das zu lösen wohl nur im jeweiligen Einzelfall möglich ist.

In jedem Fall aufpassen sollte man aber erstens auf die schon erwähnte Gute-Laune-Gefahr: Eine lustige Begrüßung nimmt mir gleich zu Beginn jenen Ernst, der mir in der Kirche wichtig ist. Die zweite Gefahr der Begrüßung ist die der Banalisierung. Dass die Sonne scheint, habe ich schon auf dem Weg in die Kirche bemerkt, für die Feststellung dessen brauche ich keine Theologen. Ich will auch nicht gleich zu Anfang sofort wieder in jenen Alltag hineingezogen werden, dem ich mich doch mit meinem Gottesdienstbesuch zu entziehen versuche. Wenn am Sonntag Jubilate der Pfarrer zu Anfang sagt, jubeln könnten an jenem Tag auf jeden Fall die Fans von Borussia Dortmund wegen der gerade gewonnenen Meisterschaft und die Aserbaidschaner wegen des Sieges beim Eurovision Song Contest – tja, dann zieht mich das zurück in den Alltag. Es ist zudem reichlich dünner Smalltalk für das Treppenhaus und außerdem ein betrügerisches Signal, nämlich: Wir sind gar nicht so, wir sind locker.

Solche Signale gibt es oft in Gottesdiensten: Da wird zum Beginn der Fastenzeit gepredigt, und erst einmal beschwört der Kanzelredner, wie lecker gebratene Würste und gutes Bier sind, und dass Protestanten doch keine Leibfeinde seien. Ein anderer Pfarrer hat es mit dem Gleichnis vom ungerechten Verwalter zu tun und badet zunächst mit witzig gemeinter Komödiantik darin, dass die Logik dieses Gleichnisses doch nun wirklich überhaupt nicht zu verstehen sei, er spielt sogar die Umstehenden der Bibel nach, die sich über Jesu Worte verwundern. Die Hildesheimer Gottesdienstwerkstatt hat während des Dresdner Kirchentages einen experimentellen Nachtgottesdienst inszeniert – „Traumkirche zur Nacht" –, den ich in seiner verspielten Mitmach-Dramaturgie durchaus angenehm und erhellend fand, der aber mit einer ironisch gemeinten Talkshow vermeintlicher Herz-Experten begann, vom Kardiologen bis zur Schlagersängerin, was mich wegen der forcierten Lockerheit fast schon aus der Kirche getrieben hätte.

An solchen Stellen rutschen die an sich ehrenwerten und absolut berechtigten Versuche, der Gemeinde durch fassbare Verweise auf Alltagserfahrungen einen Zugang zu theologischen Dimensionen zu eröffnen, sehr leicht ab in Anbiederei und scherzende Kumpelei. Also in etwas, das sich mittlerweile bei fast allen Autoritätspersonen aller gesellschaftlichen Bereiche findet. Wie locker und kommunikativ doch heutzutage die Chefs in den Unternehmen sind – was sie aber von Fehlentscheidungen gegen die expliziten Einwände ihrer Beschäftigten natürlich nicht abhält. Auch an Politiker wäre zu denken.

Wie beeindruckend hingegen die Richter in ihren Roben, die während des Prozesses nur dem Gesetz verpflichtet sind: Da geht es nicht um Firlefanz, sondern um die Grundlagen unseres Gemeinwesens. Bitte auf freundliche Weise, keine Frage, Richter müssen menschlich sein. Aber sie dürfen doch nicht signalisieren, Richter wären gar nicht so.

Roben tragen auch Pfarrer, da heißen sie Talar, und um Grundlagen der Existenz geht es ja wohl ebenfalls. Dann sollte man nicht so tun, als wäre man nicht so.

Was dann die Liturgie betrifft, so habe ich den Eindruck, dass in der evangelischen Kirche die ganz großen Schlachten geschlagen sind und dass die alten Formen, wenn nicht wohl überlegte Gründe für eine Abweichung sprechen, wieder zum Normalfall geworden sind. Ich begrüße das sehr, zumal mir die Wiederholung der alten liturgischen Formen klarmacht, mich in einem großen Zusammenhang zu befinden. Ohnehin in den Gottesdienst gekommen, um an mir zweifeln zu können, spüre ich im Mitvollzug der alten Liturgie, dass der Gottesdienst das Wissen um meine Grenzen zur Form gemacht hat. Nein, ich Einzelner hier und heute kriege das nicht so gut hin, und das ist auch nicht nötig, weil es ja die alten Formen und Wechselgesänge gibt, denen ich mich anvertrauen kann. Die Liturgie als nachvollzogene Tradition ist die Konsequenz aus dem christlichen Bewusstsein von der Unzulänglichkeit des Einzelnen.

Gefällt mir die liturgische Praxis insofern gut, so finde ich es doch sehr schade, dass fast immer die alttestamentliche Lesung aus Zeitgründen wegfällt. Damit verzichten die meisten Gemeinden auf einen ungeheuren Geschichtenreichtum. Viele Kirchen wirken wie Theater, in denen zwar allwöchentlich Vorträge über Shakespeare gehalten, kaum einmal aber seine Stücke aufgeführt werden.

Dabei bieten zumal die Geschichten des Alten Testaments schier unermessliche Möglichkeiten zur geistigen Horizonterweiterung und emotionalen Erschütterung, sie machen uns klug und ergriffen, weil sie interessant sind, faszinierend, verwirrend, eigenlogisch, großartig komponiert. Und ja: menschlich unmittelbar ansprechend. Die Erzählung von Moses im Körbchen sagt so viel über den heimlichen Wunsch vieler Menschen, andere Eltern zu haben, der Konflikt zwischen David und Absalom sagt so viel über Vater-Sohn-Kämpfe, dass schon das bloße Vorlesen dieser Geschichten uns Wahres über die Conditio humana und zugleich Gottes Wirken in der Welt erfahren lässt. Hinzu kommt, dass diese alten Geschichten uns ganz ähnlich wie die Liturgie die Macht der Vorgängigkeit bewusst machen, die wir im Gottesdienst dem Göttlichen in Bezug auf unser Leben zugestehen. Die alten Geschichten sind die sprachlichen Formen religiöser Beheimatung, so wie die Säulen und Gewölbe die architektonischen Formen der Beheimatung sind und die Liturgien die singenden und deklamatorischen Formen.

Freilich sehe ich das Problem, dass das Alte Testament so – ja, sagen wir es ruhig – umständlich erzählt ist. Man muss lange lesen, bis man den Konflikt zwischen David und Absalom einigermaßen überblickt, und Hiob funktioniert eigentlich nur als komplettes Buch, das man in einem Schwung lesen müsste. Da gerät man dann tatsächlich in Zeitprobleme. Ein Ausweg könnte entweder darin bestehen, dass man die alttestamentliche Lesung gar nicht *liest*, sondern frei die Kernelemente der Geschichte *nacherzählt*. Klar, sehr gefährlich, ich höre schon die Unbegabten ins Plaudern geraten, die ja nicht unwesentliche Erzählstruktur kann leicht unter die Räder kommen. Aber vielleicht geht es ja doch: einen Teil nacherzählen, einen Teil wörtlich zitieren. Das will geübt sein, und es wird nicht jeder können. Wer's aber kann, dürfte der Gemeinde viel zu bieten haben.

Oder man liest in der Liturgie tatsächlich nur ein kleines Stück und hält über die alttestamentliche Lesung dann die Predigt, in der man den größeren Zusammenhang ja gut nachtragen und hermeneutisch ausleuchten kann. Dieses häufigere Predigen über das Alte Testament auch außerhalb der aktuellen Perikopenreihe hätte zudem den Vorteil, dass die Pfarrerinnen und Pfarrer in ihren Predigten nicht immer die Episteln abnagen müssten. Seien wir ehrlich: Jede Woche Paulus ist geradezu eine Aufforderung, in Ermangelung plastischer Gestalten in jenes abstrakte Moralisieren und jene vermeintlich alltagspraktische Lebenshilfe zu verfallen, woran so viele Predigten kranken.

Wir sind also schon bei der Predigt, über die sich natürlich unendlich viel sagen ließe und über die ja auch tatsächlich unendlich viel diskutiert wird. Ich will mich hier nicht lange beim Naheliegenden aufhalten, worüber ja immer gesprochen wird, weil es so ärgerlich offensichtlich ist: dass sich nämlich viele Prediger für politische Redenschreiber halten und für sich in Anspruch nehmen zu wissen, wie Christen mit der Präimplantationsdiagnostik oder der Patientenverfügung einer künstlich ernährten 88-Jährigen umzugehen haben. Ich glaube, diese Moralkommunikation wird schon genug kritisiert, und wer sich dem Problem nicht stellen will, wird es wegen ein paar Bemerkungen von mir auch nicht tun. Nur so viel: Es ist überhaupt nichts gegen eine politische Predigt zu halten, Prediger haben immer und überall in die Verhältnisse ihres Gemeinwesens eingegriffen und mussten das auch tun. Aber wer politisch werden will, muss es dann auch richtig werden. Natürlich will ich mir eine Predigt über die europäische Flüchtlingspolitik gern anhören. Sofern da tatsächlich kenntnisreich argumentiert wird und die verschiedenen Aspekte gegeneinander abgewogen werden. Was hingegen gar nicht geht, sind argumentativ und faktisch ununterfütterte Andeutungen wie jener Schlenker in einer Predigt über den Barmherzigen Samariter: „Würde der Samariter nicht auch jene Flüchtlinge aufnehmen, die der Not und den Kriegen in Afrika entkommen wollen, weil sie den Schrecken nicht länger aushalten? Oder würde er Europa in eine Festung verwandeln, in deren Wassergraben, dem Mittelmeer, die Menschen in ihren kleinen Booten untergehen?" Wonach dann schon die nächste Anklage folgt, meist fällt die Wahl auf Kinderarmut in Deutschland. Das ist Populismus: Aneinandergereihte Empörungssignale sollen die Gemeinde in ein moralisches Einverständniskollektiv verwandeln, in dem nicht nachgedacht wird und stattdessen die Anklage gegen die Politik zu einem ersatzreligiösen Ritual wird.

An dieser Stelle allerdings muss ich teilweise widerrufen. Dieser Text geht ja zurück auf einen Vortrag, den ich am 6. Juli 2011 in der Evangelischen Akademie Villigst vor Pfarrern gehalten habe. Bei der anschließenden Diskussion wurde ich gefragt, wann ich denn mal eine solche politisierende Predigt gehört hätte. Ich musste dann sehr schnell erkennen, dass ich so eine Predigt wohl tatsächlich noch nie in einem „normalen" Sonntagsgottesdienst gehört habe, sondern allenfalls dann, wenn Bischöfe zu besonderen Predigten an prominenten Orten auftraten. Ja, bei genauerem Überlegen musste ich feststellen, dass selbst jene Predigten gar nicht so politisch waren, wie ich es mir vor diesem Vortrag zurechtgelegt hatte. Zwar gibt es da immer wieder einzelne Passagen, die nach obiger Art zu kritisieren ich nach wie vor für richtig halte. Aber auch jene Passagen sind meist nur kürzere Teile einer Predigt, die sich ansonsten auf Theologisches konzentriert.

Vermutlich bin ich durch den medialen Umgang mit solchen Predigten schlicht verdorben: Wir Journalisten lösen, wenn Bischöfe politische Bemerkungen machen, diese aus dem Predigtzusammenhang heraus, setzen sie tendenziell absolut und beschäftigen uns dann unentwegt mit Debatten über solche Aussagen – mit der Folge, dass wir unserer eigenen Fiktion erliegen und meinen, in evangelischen Gottesdiensten würde viel zu viel politisiert. Wahrscheinlich stimmt das aber gar nicht. Was natürlich neuerlich die Frage aufwirft, ob Journalisten eigentlich gute Gottesdienstkritiker sind ... Vor allem aber wirft es die Frage auf, ob die mediale Wahrnehmung der evangelischen Kirche und zumal ihrer Gottesdienstpraxis überhaupt etwas mit der Realität von Gottesdiensten zu tun hat.

Also zu einem anderen Punkt bei den Predigten: Bedeutung ist nicht alles. Es muss nicht aus allem etwas folgen, es muss sich nicht aus jeder Bibelstelle eine Lehre ableiten lassen, und wir müssen dort auch nicht immer die Möglichkeit erkennen, unsere Leben heil werden zu lassen.

Gehen wir noch einmal zum Sonntag Jubilate mit Joh 16,16–23a. Durch Zufall hatte ich es in diesem Jahr mit gleich zwei Predigten über diesen Text zu tun, aber keine ging näher ein auf das, was an diesem Text doch sofort auffällt und den Zuhörer gar nicht mehr loslässt. Dass dort nämlich gleich vier Mal die Formel aufleuchtet „Noch eine kleine Weile, dann werdet ihr mich nicht mehr sehen, und abermals eine kleine Weile, dann werdet ihr mich sehen."

Der eine Prediger überging diese Formel gleich ganz und handelte nur von jenen diversen Formen der Gottverlassenheit, die man heutzutage so finden kann. Der andere Prediger kam immerhin darauf zu sprechen, zog der Formel aber sofort den Stachel durch die kurze Bemerkung, die Formel werde so oft wiederholt, damit die Jünger ihre Lage vor Himmelfahrt begriffen. Keiner der beiden Prediger also hatte ein Gespür für das Rituelle dieser Formel. Keiner versuchte zu ergründen, was für ein Sprechakt das wohl sein könnte. Eine Beschwörung? Ein Trost? Ein Rätselwort? Eine liturgische Formel?

Und keinem der beiden Prediger ging offenbar durch den Sinn, dass man diesen Sprechakt auch als solchen stehen lassen könnte, dass er tatsächlich so gemeint sein könnte, dass

er wenig zu bedeuten habe, uns aber als Lyrik bewegen sollte. Und mithin dann für den Segen am Schluss zu gebrauchen wäre, wo man die Formel hätte wiederholen können,
um sie uns mit auf den Weg zu geben, dass wir darüber
weiter nachdenken, sie uns vorsprechen, vielleicht sogar als
Singsang vor dem Einschlafen noch einmal wiederholen.

Ich glaube auch, dass man am Erschrecken Maria Mag-
dalenas nicht viel herumdeuten kann, wenn sie am Oster-
morgen Jesus für den Gärtner hält und dann im Erkennen
einfach nur „Rabbuni" sagt. Aber dezent beschrieben und
beleuchtet haben will ich diese ungeheuer anrührende Szene schon.

Dass man nicht alles verstehen und es trotzdem weiter-
tragen muss, sagt Jesus ja selbst bei der Salbung in Bethani-
en, wo die Frau mit dem „köstlichen Wasser" sich ebenfalls
den Bedeutungszuschreibungen entzieht und auch deutlich
mehr ist, als Jesus selbst ihr hier zuschreibt, nämlich dass sie
eine sei, die seinen Leib fürs Grab bereite. Nein, sie ist noch
mehr, sie ist ein Inbild, das spüren wir beim Lesen, sie ist eine
hermetische Figur, und deren Wichtigkeit würdigt Jesus
dann ja mit dem bemerkenswerten narratologischen Satz:
„Wo dieses Evangelium gepredigt wird in der ganzen Welt,
da wird man auch sagen zu ihrem Gedächtnis, was sie getan
hat." Nicht allein sie zu verstehen ist also wichtig, sondern
auch, sich ihrer in ihrer Inbildlichkeit zu erinnern.

Predigendes Sprechen wäre mithin nicht nur ausdeuten-
des und argumentierendes Sprechen, sondern auch verwei-
sendes Sprechen: ein Umkreisen vorgegebener Inbilder oder
Sprachbilder. Das Zitieren und Wiederholen wird damit zu
einem eminent wichtigen Vorgang, und gleichzeitig entlas-
tet man die eigene Sprache, die man selbst erfinden muss.

Nein, Pfarrerinnen und Pfarrer müssen selbst nicht besonders schön reden. Denn ihnen bieten eine ganze Bibel,

ein dickes Gesangbuch und 2.000 Jahre Kirchengeschichte eine solche Fülle an schönen Formulierungen, dass sie selbst stilistisch unspektakulär bleiben dürfen: Ein einziges stimmiges Bild und ein einziger bemerkenswerter Gedanke selbst entwickelt – das reicht vollauf nicht nur für einen journalistischen Text, sondern auch für eine Predigt. Ansonsten nehme man die Tradition, der gegenüber man sich so verhalten darf wie Johannes der Täufer auf dem Isenheimer Altar gegenüber dem Gekreuzigten: Ich weise nur hin.

Dazu würde auch gehören, dass man Informationen mitteilt, also dass man auf Fakten hinweist. Pfarrerinnen und Pfarrer haben ja studiert, und an dem dabei erworbenen Wissen sollten sie die Gemeindeglieder auch teilhaben lassen. Mir gefällt es immer sehr gut, wenn ich erfahre, wie die Überlieferungsgeschichte dieses Evangeliumsgleichnisses verlaufen sein dürfte, oder wenn ich etwas über die historischen Hintergründe alttestamentlicher Geschichten erfahre oder wenn mir mitgeteilt wird, wie man sich die Motivation des Paulus bei dieser Briefstelle vorzustellen hat.

Ich als Journalist stelle immerhin fest, dass ich auf großes Interesse bei Kollegen wie Lesern stoße, wenn ich mal aus Anlass eines hohen kirchlichen Festes ein wenig angelesenes Wissen über die Situation der Frühchristen mitteile. Pfarrerinnen und Pfarrer haben sich solches Wissen nicht nur schnell angelesen, sondern im Studium tief erarbeitet, also sollten sie es der Gemeinde auch kompetent darstellen. Eine Predigt kann und sollte auch ein Hinweis auf Wissensbestände sein, und die Prediger dürfen darauf vertrauen, dass das enorme Interesse, mit dem die Leute Zeitungsgeschichten oder Fernsehberichte über die Urchristen wahrnehmen, auch einer Predigt entgegengebracht wird. Eine Predigt kann ein Ort des Lernens sein, genauer, der erhellenden und dem Glauben aufhelfenden Wissenspräsentation.

Ich möchte auf das hinweisende Sprechen noch unter einem ganz anderen Aspekt eingehen, den ich zum Schluss am Abendmahl anknüpfe. Ausgehen will ich von meiner Überzeugung, dass die Einsetzungsworte beim Abendmahl gerade heutzutage unbedingt gesprochen und nicht gesungen werden sollten. Ja, ich weiß, ich komme da in schwerste Wasser grundlegender Diskussionen der protestantischen Theologie. Ist mir aber egal. Denn das Sprechen der Einsetzungsworte kann mehr als das Singen. Das Singen der Einsetzungsworte kann nur zweierlei: zum einen die lange Spur der kirchlichen Tradition nachzeichnen und zum andern den rituellen Charakter des Abendmahls verdeutlichen. Doch das können gesprochene Einsetzungsworte als erkennbar formelhafte Worte auch.

Zudem aber leisten sie darüber hinaus zweierlei mehr. Erstens verdeutlichen sie die Einsamkeit und Verlorenheit jenes Jüngerkreises, in dessen Not hinein Jesus seine so tröstlichen wie traurigen Sätze sagt. Der Ahnungshorizont der Hörenden wird beim Sprechen der Einsetzungsworte erweitert. Wir spüren das Rituelle, wir spüren aber auch die Not der Situation. Zweitens ist das Sprechen ein zitierender Sprechakt, während das Singen ein performativer Akt ist. Das Sprechen verweist auf Jesu Sprechen, das Singen vollzieht Jesu Sprechen in Überhöhung mit.

Gegenwärtig wächst in der evangelischen Kirche enorm die Gefahr eines Übermaßes an performativem Sprechen. Mir ist das auf dem Kirchentag sehr deutlich geworden als ein Zeichen und ein großes Problem der neuen evangelischen Sehnsuchtsreligiosität. Da werden persönliche Seelenbewegungen beschworen, die es nach umfassendem Heil verlangt, und in diesen Bewegungen meint man eine Ahnung von Gott zu erkennen, durch welche man zu noch größerem Sehnen gelange, welches Gott noch intensiver erahnen lässt – *ad infinitum*. Sprachlich führt das zu einer Bilder-Inflation: Noch eine Natur-Metapher und noch eine, noch ein Gefühlsabstraktum und noch eines, bis hin zu Tautologien. Aufgeschrieben habe ich mir Sätze wie: „Ankommen und die Sehnsucht in Gewissheit verwandelt zu wissen – das ist meine Sehnsucht." Oder: „Es ist die Sehnsucht nach einer endgültigen Vergewisserung." Perfekt ausgedrückt wird diese Religiosität im neuen protestantischen Seufzer-Schlager „Da wohnt ein Sehnen tief in uns", bei dem ich mich ständig ärgere, wie tief er mir seit Jahren im Ohr sitzt.

Die Kitsch-Gefahren sind hier enorm, und ich fürchte, dass sie kaum zu umgehen sind, weil zum Dauer-Sehnen fast notwendig eine permanente spirituell-emotionale Aufheizung gehören dürfte, ebenjene Performanz, die zu enormem Sprachstress führt, in den Kitsch drängt und oft ja auch über die Sprache hinaus. Mal ganz davon abgesehen, dass man Pfarrerinnen und Pfarrern nicht auch noch zumuten sollte, große Sprachkünstler zu werden: Vor 20 Jahren sollten sie politisch sein, vor zehn Jahren alltagsnah und jetzt auch noch poetisch und dabei ganz warm und authentisch? Was sollen sie denn noch alles können?

Nichts gegen altkirchliche Traditionen, nichts gegen Kerzen, meinetwegen Wohlgerüche, und wer das religiöse Atmen lernen oder drei Tage lang schweigen will, soll das gern tun. Auch wenn die Abgrenzung von esoterischer Unverbindlichkeit da sehr genau beachtet werden sollte. Doch beharre ich darauf, dass in den Gottesdiensten der Volkskirche das Achtgeben auf den eigenen Atem nur deshalb wichtig ist, weil gutes Atmen die Voraussetzung für gutes Sprechen ist. Schweigen schadet nicht, aber sinnvoll ist es nur als Pause, nach der ich gestärkt und mit neuen Gedanken sprechen kann. Ich will nicht so lange schweigen, bis ich nicht mehr denke. Das mögen Buddhisten machen, die christliche Tradition ist eine andere. Wir sollten die Übersteigung der Sprache den Musikern, Tänzern und Bildenden Künstlern überlassen, die können das kitschfrei, aber die Geistlichen und ihre Gemeinden sollten lieber in den Grenzen der Sprache bleiben und dabei auch deren Vielfalt nutzen. Also zitieren und verweisen, wenn es um starke und geheimnisvolle Rede gehen soll. Nacherzählen, was uns die Tradition an großen Geschichten schenkt. Nüchtern und faktenreich argumentieren, wenn man sich politisch äußern will. Nicht herumkumpeln. Ernsthaft sprechen über unsere unaufgebbaren Zweifel und Fragen. Und der eigenen Sprachkraft nicht allzu viel zutrauen.

Ich glaube, man sollte reden wie Leser eines guten Buches, hinweisend und nachsinnend, referierend und nacherzählend, zitierend, für und wider argumentierend. Man muss doch kein Schriftsteller sein. Lesen reicht, wenn man ein so gutes Buch hat wie die Bibel.

Martin Sauer

Qualitätsentwicklung und -sicherung in der Seelsorge[1]

1. Einleitung

Das erste „Leuchtfeuer" der EKD-Broschüre „Kirche der Freiheit"[2] nennt folgendes große Ziel:

> *„Auf Gott vertrauen und das Leben gestalten – den Menschen geistliche Heimat geben.* Im Jahre 2030 ist die evangelische Kirche nahe bei den Menschen. Sie bietet Heimat und Identität an für die Glaubenden und ist ein zuverlässiger Lebensbegleiter für alle, die dies wünschen. Ein vergleichbares Anspruchs- und Qualitätsniveau in allen geistlichen und seelsorgerlichen Kernvollzügen zeichnet die Erkennbarkeit und Beheimatungskraft der evangelischen Kirche aus."

In den Ausführungen wird dazu erläutert:

> *„a) Aufbruch in den kirchlichen Kernangeboten*
> Alle drei Gruppen müssen stärker wahrgenommen werden: die kirchlich Hochverbundenen, die Kirchenmitglieder, die nicht zur Kerngemeinde gehören, und die Menschen außerhalb der Kirche, die sich für die Teilnahme an kirchlichen Ver-

---

1 Überarbeiteter Text eines Vortrags in Hildesheim am 2.10.2011. Der Charakter als Vortrag mit weitgehendem Verzicht auf Quellennachweise ist beibehalten. – Der Verfasser legt Wert auf die Feststellung, dass er kein Seelsorge-Spezialist ist. Der Auftrag an ihn bestand darin, Erfahrungen mit den Methoden des Qualitätsmanagements aus der Arbeit in der Diakonie in den Prozess der Qualitätsentwicklung kirchlicher Angebote einzubringen.

2 Kirchenamt der EKD (Hg.), Kirche der Freiheit. Perspektiven für die evangelische Kirche im 21. Jahrhundert. Ein Impulspapier des Rates der EKD, 2006.

anstaltungen gewinnen lassen und damit auf dem Weg zur Taufe sind oder sein können. In allen drei Hinsichten ist ein verlässliches Qualitätsmanagement nötig."

Konkreter wird der Text nicht. Beziehen wir uns auf den Bereich Seelsorge, dann geht es um ein großes Feld: Krankenhausseelsorge, Notfallseelsorge, Telefonseelsorge, Flughafenseelsorge, Bahnhofseelsorge, Polizeiseelsorge, Seelsorge in Beratungsstellen, in Berufsschulen, Altenheimseelsorge, Seelsorge in der Behindertenarbeit, in Hospizen und bei Sterbenden, Trauerarbeit, Briefseelsorge, Internetseelsorge usw. Auch Kasualien haben durch das zur Vorbereitung stattfindende persönliche Gespräch häufig einen seelsorgerlichen Charakter: Beim Taufgespräch begleitet man junge Ehepaare und Familien in einer neuen Lebensphase, im Vorgespräch zu Beerdigungs- und Aussegnungsfeiern, aber auch vor Hochzeiten oder Konfirmationen kann es auf dem Weg über die Klärung organisatorischer Fragen zu seelsorgerlichen Momenten kommen. Gemeinsam ist allen Handlungsfeldern der Anspruch, Menschen in Lebens- und Glaubensfragen zu begleiten. Dies geschieht im persönlichen Gespräch, je nach Situation aber auch durch Gebet, tröstende und aufmunternde Worte aus der Bibel, durch Segensgesten, aber auch durch soziale Unterstützung und praktischen Rat.

Eine einheitliche Definition von Seelsorge gibt es nicht. Wohl aber besteht ein weitgehender Konsens dahingehend, dass es sich bei Seelsorge um ein Gespräch im kirchlichen Kontext handelt. Man könnte Seelsorge auch als ein motiviertes Bemühen um den Menschen in seiner Ganzheitlichkeit und dessen Beziehung zu Gott bezeichnen. Dabei sind mindestens zwei Arten von Seelsorge zu unterscheiden:

- Seelsorge im Sinne des Beistehens, Mittragens und des Sich-Einfühlens bei Menschen in Notlagen und Krisen, zu der jeder Christ berufen und befähigt ist.
- Seelsorge durch kirchlich bestellte Seelsorger, deren seelsorgerliches Handeln über den rein begleitenden Aspekt hinausgehen und in eine beratende Seelsorge münden kann. In diesem Fall geht es um einen nach methodischen Gesichtspunkten gestalteten Problemlöseprozess, durch den die Eigenbemühungen des Ratsuchenden unterstützt und optimiert werden.

Ich möchte mich im Folgenden beschränken auf die zweite Art von Seelsorge, auf die Arbeit *professioneller* Seelsorgerinnen und Seelsorger – also Menschen, die *beruflich* seelsorgerlich tätig sind oder dieses im Rahmen eines geordneten Ehrenamtes mit entsprechender Ausbildung tun – wie z.B. in der Telefonseelsorge oder in der Hospizarbeit.

Die Frage ist: Was macht eine gute Seelsorge aus? Wie ist die Arbeit eines Theologen oder einer Theologin oder auch eines kirchlichen Laien zu bewerten, wenn er bzw. sie Seelsorge bei einzelnen Gemeindemitgliedern oder bei Patientinnen und Patienten im Krankenhaus, bei Bewohnerinnen und Bewohnern im Altenheim macht, als Mitarbeiterin der Telefonseelsorger oder als Spezialist in einem der oben genannten Bereiche? Wie und mit wem werden die Schwerpunkte der Arbeit und der Arbeitszeit verabredet und verteilt, die eine Seelsorgerin in einer Gemeinde, in einem Krankenhaus, in einem Altenheim, bei der Polizei, als Notfallseelsorgerin zur Verfügung hat? Wie muss eine Aussegnungsfeier für eine Krebspatientin, die lange auf der Palliativstation war, aussehen, wenn sie das Prädikat „patientengerecht", um nicht zu sagen „kundengerecht", erhalten soll? Wie ist die Qualität eines Trauergesprächs bei den

45

Eltern eines 14-jährigen Mädchens zu bewerten, das nach sexuellem Missbrauch ermordet wurde? Was bedeutet Qualität in der Telefonseelsorge bei einem Telefonat mit einem Menschen, der seinen Selbstmord plant? Aber auch: Was qualifiziert einen Geburtstagsbesuch zum 80. Geburtstag als ein seelsorgerliches Gespräch?

Das Thema Qualitätsmanagement (QM) provoziert in der Regel zustimmende und ablehnende Reaktionen bei Theologinnen und Theologen. Sind Management-Instrumente, die ursprünglich beim Militär und in der Kriegsindustrie entwickelt wurden, überhaupt auf die so sensible und individuelle Arbeit von Seelsorgern zu übertragen? Bleibt das ‚Wehen des Geistes‘ nicht letztlich unverfügbar für uns Menschen? Beide Reaktionsformen – zustimmende wie ablehnende und alles, was dazwischen liegt – sind aus meiner Sicht berechtigt.

QM bedeutet in erster Linie: Transparenz herstellen über die eigenen Dienstleistungen. Transparenz nach außen dient dazu, die erbrachte oder „vorgehaltene", also zur Verfügung stehende, Dienstleistung gegenüber Geldgebern, beauftragenden Gremien – z. B. Presbyterien, Kreissynodalvorständen –, der Öffentlichkeit und potentiellen Klienten zu legitimieren. Transparenz nach innen erleichtert die Verständigung über Schwerpunkte und unverzichtbare Standards der eigenen Arbeit. Damit hilft sie, die eigene Arbeit als solche und die dafür notwendigen Rahmenbedingungen abzusichern. Zugleich hat QM die Aufgabe, die eigene Arbeit überprüfbar zu machen – für sich selbst und für andere – und sich auf einen Weg der ständigen Leistungsverbesserung zu begeben.

Die Kritik am Thema QM spiegelt die Sorge vor der Dominanz fachfremder Sprach- und Denksysteme wider. Eindeutig ist, dass der Ursprung von QM in der Rüstungsindustrie zu finden ist. Befürchtet wird – und das nicht ganz zu Unrecht –, dass systematische Maßnahmen des QM zu endlosen Besprechungen führen und den Einsatz von Arbeitszeit erfordern: Arbeitszeit, die immer knapp ist und die der Gemeinde, den Patienten im Krankenhaus, den Hilfesuchenden bei der Telefonseelsorge zur Verfügung stehen sollte. Verbringen wir nicht in der Kirche auch so schon viel zu viel Zeit in Gremien auf allen möglichen Ebenen? Ist es zu vertreten, dass Energien in das Entwickeln von Standards und Abläufen gesteckt wird – in Papier statt in Menschen? Schließlich ist doch zu befürchten, dass das „Wesentliche", das, worauf es ankommt, oder gar das, was uns „unbedingt angeht", mit den vorhandenen Instrumenten gar nicht zu erfassen und zu messen ist.

Ich möchte im Folgenden versuchen, die Chancen und die Grenzen von QM für die Seelsorge etwas genauer in den Blick zu nehmen. Einwände, Zweifel und Fragen müssen dabei nicht zu Blockaden werden. Als kritische Impulse können sie vielmehr dazu dienen, den Prozess des QM weitgehend selbstbestimmt und effizient zu betreiben. Ich versuche dabei, nicht über QM allgemein zu reden, sondern die spezielle Arbeit als Seelsorgerin und Seelsorger im Blick zu behalten und tue dieses in vier Schritten.

2. Widerstände gegen Qualitätsmanagement

Das Thema „QM in der Seelsorge" oder überhaupt „QM in der pastoralen Arbeit" ist nicht wirklich neu, steht aber zumindest im Bereich der verfassten Kirche fast überall noch am Anfang – auch nach der Veröffentlichung der 12 „Leuchtfeuer". Dafür, dass sich QM bei der Kirche bisher wenig durchgesetzt hat, gibt es vermutlich mehrere Gründe. Ich möchte einige aufzählen:

(1) Ganz überwiegend fehlt im Bereich der verfassten Kirche die Verpflichtung durch gesetzgeberische oder hierarchische Instanzen, wie sie z. B. im Gesundheitswesen oder der Sozialen Arbeit seit Mitte der 1990er Jahre zunehmend üblich ist.

(2) Vielfach wird kritisch auf die umfängliche Bürokratisierung der Arbeit durch QM hingewiesen. Kostbare Energie gehe in Qualitätszirkel, Ablaufbeschreibungen und detaillierte Verschriftlichung banaler Alltagspraxis. Dadurch verändere sich dann aber nichts wirklich. „Aufgeschrieben ist längst noch nicht getan" – das weiß jeder, der Erfahrungen mit Konzeptarbeit und Teambesprechungen hat. Die aktuelle Diskussion um die Notengebung für Altenheime zeigt diese Problematik nur zu deutlich. Qualität, die nur auf dem Papier steht, ist noch längst keine erlebbare Qualität. Allerdings gilt ebenso: „Auch gewollt ist noch nicht getan".

(3) Es wird auch eingewandt, die Intensität der direkten zwischenmenschlichen Beziehungen werde durch standardisierte Verfahren eher behindert als gefördert.

(4) Die Vorbehalte scheinen aber auch mit einer eigentümlich verstandenen evangelischen Freiheit zusammenzuhängen. In der pastoralen Arbeit gibt es kaum Stellenbeschreibungen oder verbindliche Aufgabenkataloge, geschweige denn Leistungserfassung oder Überprüfung. Auch die in manchen Landeskirchen eingeführten Formblätter zum Mitarbeitergespräch scheuen z. T. klare Rückmeldungen zur pastoralen Leistung. Theologinnen und Theologen entdecken zwar mehr und mehr, dass sie Arbeitnehmer sind und auch ein Recht auf Freizeit und Privatleben haben. Aber die Freiheit, ihre Arbeit nach eigenem Geschmack zu gestalten, eigene Schwerpunkte zu setzen und Leistungsumfang und -niveau letztlich

selbst festzulegen, scheint weiterhin sehr hochgeschätzt zu werden. Die Schattenseite davon ist: Wer das, was er tun will, nicht definiert – was ja wörtlich bedeutet: abgrenzt –, der wird in einem Arbeitsfeld, in dem es tendenziell unbegrenzt Arbeit gibt, selten das Gefühl haben, mit seiner Arbeit fertig zu sein und Erfolge zu haben. Die Scheu vor QM hat wohl auch etwas zu tun mit einer negativen Besetzung des Begriffes Kontrolle. Kontrolle hat aber durchaus positive Aspekte: Sie ist die Suche nach der Möglichkeit zum Lob.

(5) Beim Qualitätsmanagement greifen zudem grundsätzliche theologische Vorbehalte: Kann und darf eine Arbeit, die sich weitgehend auf das Wirken des Geistes beruft, dermaßen geplant, strukturiert und evaluiert werden? Können wir das, was wir tun, in bewertbare Kategorien, gar in Kennziffern packen? In der „sichtbaren Kirche" mag so etwas möglich sein – da wird z. B. in vielen Gemeinden die Zahl der Abendmahlbesucher und der Taufen akribisch erfasst. Aber sind nicht gerade die Seelsorgerinnen Vertreterinnen der wahren, der unsichtbaren Kirche? Und ist nicht auch die Unabhängigkeit des Predigers und des Seelsorgers wichtig – nur seinem Gewissen sowie Schrift und Bekenntnis verpflichtet und nicht irgendwelchen äußerlichen Soll-Ziffern? Werden dem Wehen des Geistes durch Kirchenordnungen und Agenden nicht schon mehr Fesseln angelegt, als gut ist? Muss das nun noch in einer der letzten Enklaven passieren, die noch nicht detailliert geregelt sind?

Ich denke, manche dieser Einwände und Bedenken sind nicht unberechtigt. Ich möchte aber versuchen, sie wenigstens teilweise zu widerlegen und im Folgenden etwas Lust und Mut auf QM zu machen.

3. Was ist Qualität und wer ist der Kunde?

Theodor Heuss, der wertorientierte Bundespräsident, war noch der Meinung, Qualität bedeute einfach „das Anständige". In der heutigen Qualitätsdiskussion ist das so einfach nicht mehr. Qualität wird in der alten Definition der Norm ISO 8402 als „die Gesamtheit von Eigenschaften und Merkmalen eines Produktes oder einer Dienstleistung, die sich auf deren Eignung zur Erfüllung festgelegter oder vorausgesetzter Erfordernisse beziehen" verstanden.[3] In dieser Definition schreit nahezu jedes Wort nach Interpretation. Die sehr weite und abstrakte Begriffsbestimmung erhält ihren Inhalt erst im konkreten situativen Kontext. Festzuhalten gilt: Es gibt kein objektives Maß für Qualität. Die Beschreibung und Bewertung sozialer und auch pastoraler, seelsorgerlicher Dienstleistungsqualität bleibt eine Aufgabe, die im Aushandeln zwischen verschiedenen Partnern – Kunden/ Klienten, Dienstgebern, Teams, Finanziers usw. – zu geschehen hat.

Schauen wir uns nun die Teile dieser Definition genauer an: Es geht um
– *ein Produkt oder eine Dienstleistung (1)*
– *mit einer Gesamtheit von Eigenschaften und Merkmalen (2)*
– *und deren Eignung zur Erfüllung von Erfordernissen (3),*
– *die festgelegt oder vorausgesetzt sind (4).*

Zu den einzelnen Aspekten:
(1) ein Produkt oder eine Dienstleistung
Ich erbringe eine Dienstleistung immer für einen oder mehrere Kunden bzw. Kundengruppen. „Kunden" sind in der

---

3   Die Norm 8402 wurde im Dezember 2000 zurückgezogen und durch EN ISO 9000:2001 ersetzt (jetzt EN ISO 9000:2005).

Sprache der QM-Literatur alle Personen und Institutionen, die sich über die Qualität einer Dienstleistung ein Urteil bilden können. Je nachdem, wie sie als Kunden auf das Dienstleistungsangebot reagieren, beeinträchtigen oder fördern sie die Akzeptanz der Dienstleistung. *Kunden* sind nach dieser Definition nicht allein *externe* Kunden wie die Klienten, ihre Angehörigen, die Kostenträger usw., sondern als *interne* Kunden auch Mitarbeiter und Teams, für die Dienstleistungen erbracht werden. Für die Seelsorgerin kann das bedeuten, dass sie in einem Gemeindeteam von Haupt- und Ehrenamtlichen oder in einem Stationsteam im Altenheim oder Krankenhaus bei einer Fallbesprechung mitwirkt oder eine Mitarbeiterin seelsorglich berät. Beides wäre als *interne Dienstleistung* zu verstehen. Die Einführung des Kundenbegriffes in der Sozialen Arbeit vor ca. 15 Jahren wurde in der Fachdiskussion von kritischen Kommentaren und heftigen Diskussionen begleitet. Weitgehend durchgesetzt hat sich die Auffassung, dass der Begriff „Kunde", soweit er den Klienten betrifft, wenig geeignet ist, die Wirklichkeit wahrheitsgemäß abzubilden. D. h. der Kundenbegriff ist für ein Gemeindeglied, das seelsorgerliche Begleitung wünscht oder bei dem die Seelsorgerin zur Vorbereitung der Beerdigung eines Angehörigen einen Hausbesuch macht, kein brauchbarer *analytischer* Begriff. Diese Menschen bewegen sich nicht wirklich auf einem offenen Markt mehrerer Anbieter, zwischen denen sie frei wählen. Als *strategischer* Begriff hat er allerdings einen hohen pragmatischen Nutzwert. Der besteht vor allem in dem Erfordernis einer kundenfreundlichen Haltung gegenüber dem Klienten: Als Kunde behält der Klient, der pastorale Dienstleistungen nutzt, etwas von seiner Würde, denn der Kundenbegriff mahnt dazu, das Gegenüber mit seinen Interessen zu verstehen und ernst zu nehmen und in eine prinzipiell gleichwertige Austauschbeziehung einzutreten.

In der betriebswirtschaftlichen Diskussion wird für den Bereich des Non-Profit-Managements statt dieses analytisch falschen Kundenbegriffes gerne der Begriff der Stakeholder – der Anspruchsgruppen – gebraucht. Welches sind die Anspruchsgruppen für Seelsorgerinnen und Seelsorger? Ich möchte das ohne Anspruch auf Vollständigkeit am Beispiel der Krankenhaus-Seelsorge darstellen:

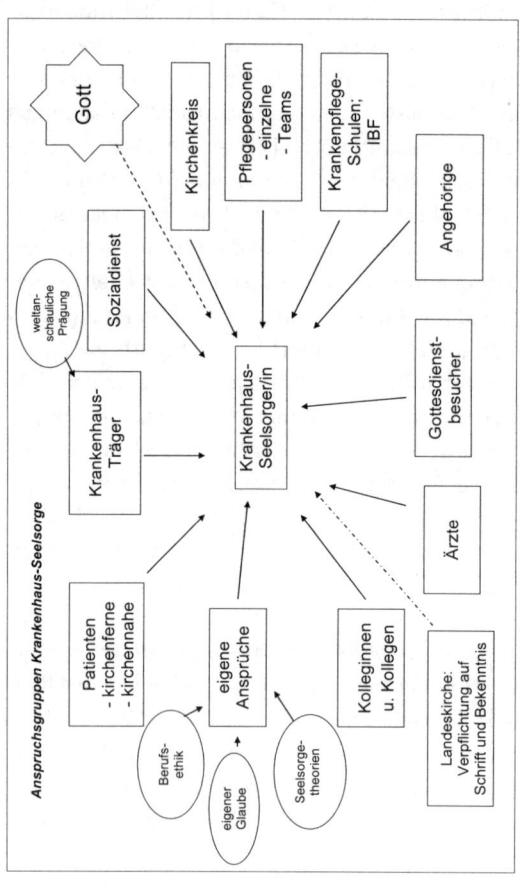

Die erste, entscheidende Frage ist also, welche Dienstleistungen ich für welchen dieser Kunden bzw. für welche dieser Anspruchsgruppen erbringen will oder soll. Im Rahmen von QM wird es dabei im Wesentlichen um die Beschreibung von *Kernkompetenzen* und *Kernprozessen* gehen. Denn QM will keinesfalls alles und jedes regeln und dokumentieren, sondern will das für den Erfolg bzw. die Aufgabenerledigung wirklich Wichtige in den Blick nehmen: Was sind die *Kernkompetenzen* eines Seelsorgers, welche zentralen Leistungen werden von ihm erwartet?

Diese Sichtweise ist möglicherweise für Theologen starker Tobak: Nicht das "was Christum treibet" – um mit Luther zu sprechen –, soll sein Handeln bestimmen, sondern die Bedürfnisse, Anforderungen und Erwartungen desjenigen, der ein seelsorgerliches Gespräch sucht! Wer sich als Theologin in ein bestehendes QM-System integrieren will oder soll oder wer für seine Arbeit ein eigenes QM-System aufbauen will, wird sich entscheiden müssen: Will ich dieses Grundprinzip der Orientierung am Kunden bzw. an den unterschiedlichen Kundengruppen bejahen oder nicht – wenn nicht, wird sie offenlegen und beschreiben müssen, welche *dann* ihre Maximen sind. Ganz neu ist das allerdings nicht für ein Seelsorgeverständnis, das beispielsweise von den praktischen Theologen Dietrich Stollberg und Klaus Winkler geprägt ist.

Welche Dienstleistungen können nun die Seelsorgerinnen erbringen? Ich habe – wieder am Beispiel der Krankenhausseelsorge – einige aufgelistet:

- Verkündigung des Wortes Gottes in Gottesdiensten, Andachten, Seelsorge-Gesprächen,
- Seelsorge an einzelnen Menschen, um ihre individuelle Situation erträglicher zu machen oder neu zu deuten,
- Besuche bei einzelnen Gemeindemitgliedern zu besonderen Anlässen, damit sie sich freuen, nicht vergessen zu

sein, oder sich geehrt fühlen, weil so wichtige Menschen wie die Pfarrerin an sie denken,

- Begleitung von einzelnen Mitarbeitern oder Mitarbeitergruppen im Sinne von (Fall-)Supervision, oder um ihre Arbeitssituation erträglicher zu machen,
- Anwalt sein für ethische Fragen in Grenzsituationen des Lebens, Mitarbeit in Ethik-Kommissionen und bei ethischen Fallentscheidungen,
- Querdenker und Mahner sein in einer Gesellschaft, in der die sozialen Unterschiede immer krasser werden, und in einem Gesundheitswesen, in dem ökonomische Aspekte immer bedeutsamer werden (prophetisches Amt),
- verbindliche Sterbebegleitung jenseits von Schichtdiensten und Überlastung.

An welchen dieser Dienstleistungen, die *ich* anbieten könnte oder möchte, haben „meine Anspruchsgruppen" ein Interesse, wofür gibt es „Nachfrage"? Mit dieser Frage beginnt m. E. der spannende Prozess des QM bezüglich seelsorgerlicher Dienstleistungen.

(2) mit einer Gesamtheit von Eigenschaften und Merkmalen
Hier geht es um die *Beschreibung* der Dienstleistung. Wie sieht ein seelsorgerliches Gespräch mit Gemeindemitgliedern, mit Patienten, wie das mit Angehörigen in der Notfall-Seelsorge aus? Was ist mein Spezifikum; worin unterscheide ich mich vom mitfühlenden Laien, worin vom Eheberater, worin vom therapeutischen Psychologen? Wie soll eine Aussegnung oder Beerdigung aussehen – im Blick auf die dort anwesenden Anspruchsgruppen? Wie muss sich ein Pastor oder eine Pastorin verhalten, damit sein oder ihr Haus- oder Krankenhaus-Besuch als das gewertet und geachtet wird, was der Besuchte erhofft hat?

(3) die sich auf die Erfüllung von Erfordernissen beziehen
Das bedeutet in der uns vertrauteren Sprache: Die von mir erbrachte Dienstleistung soll so gestaltet sein, dass damit ein *Ziel* bzw. ein vorher bestimmter *Zweck* erreicht wird. Ohne eine solche Ziel- oder Zweckfestsetzung ist eine Messung oder Bewertung der Zielerreichung – also der „Erfüllung der Erfordernisse" – nicht möglich. Dabei sind mit *Ziel* nicht wolkige Absichtserklärungen gemeint, sondern ein erwünschter Zustand am Ende der Dienstleistungserbringung.

(4) die festgelegt oder vorausgesetzt worden sind
Die Ziele sollten demnach formuliert und *festgelegt*, d. h. auch: dokumentiert sein oder so selbstverständlich und einvernehmlich sein, dass sie *vorausgesetzt* werden können. Diese Festlegung bzw. die Klärung, was wirklich einverständlich vorausgesetzt werden kann, ist wiederum an einen Aushandlungsprozess gebunden. Ziele müssen im QM-Verständnis
- klar definiert, also eindeutig,
- messbar, also nach Möglichkeit quantifizierbar,
- zeitlich festgelegt, also terminiert sein.

So weit zur Definition von Qualität. Die Schwierigkeiten, die sich in einem so komplexen und oft auch unklaren Bereich wie dem Erbringen seelsorgerlicher Dienstleistungen ergeben, liegen auf der Hand. Soll man also gleich die Flinte ins Korn werfen?

4. Struktur-, Prozess- und Ergebnisqualität

Qualitätskriterien werden in Strukturqualität, Prozessqualität und Ergebnisqualität unterteilt.

Unter *Strukturqualität* werden die notwendigen Rahmenbedingungen definiert, die für eine kundenorientierte, den Erfordernissen angemessene pastorale Arbeit nötig sind – so z. B. die zur Verfügung stehende Arbeitszeit, die Qualifikation des Seelsorgers, geeignete Räume, begleitende Hilfsmittel wie ein Getränk, eine Broschüre oder auch materielle Hilfe. Aber auch: Wie schnell reagiere ich auf einen Gesprächswunsch? Usw.

Prozessqualität umfasst die Planung, Strukturierung und den Ablauf der Dienstleistungen, beschreibt damit aber auch die Vernetzungen, Kooperationen und gegenseitigen Abhängigkeiten sowie die Art und Intensität der Dokumentation. Wie wird z. B. sichergestellt, wenn ein Patient im Krankenhaus oder in der Diakoniestation verbal oder nonverbal nach einem Seelsorger verlangt oder Angehörige – vielleicht nur nebenbei – einen solchen Wunsch äußern, dass der zuständige Seelsorger (ist der überhaupt bekannt?) davon erfährt? Wie ist die Arbeit der Seelsorgerin in die Ethikkommission integriert? Was wird nach einem intensiven seelsorgerlichen Gespräch dokumentiert – nur die Tatsache als solche (oder nicht einmal die), ein Stichwort zum Inhalt, eine Beschreibung der Reaktion des Gesprächspartners? Gibt der Klinikseelsorger den pflegenden Mitarbeitern oder den behandelnden Ärzten einen Hinweis, wie sie mit Reaktionen umgehen sollen, die ggf. aus dem Seelsorgegespräch resultieren, oder einen Hinweis auf die psychisch kritische Situation, in der sich ein Patient befindet? Oder greift da schon das Seelsorge-Geheimnis? Wie geht der Seelsorger damit um, wenn ihm im Gespräch Straftaten bekannt werden? Wie reagiert er auf krankhafte suizidale Situationen? Wie auf Menschen, die offensichtlich „verrückt" sind und möglicherweise sich und andere gefährden?

Bei der *Ergebnisqualität* geht es um das Resultat, den Zielerreichungsgrad, um die Beschreibung objektiver und subjektiver Faktoren: Wie ist das erreichte Ergebnis zu bewerten, etwa die Zufriedenheit eines Patienten, eines Angehörigen oder eines Teams mit einer pastoralen Dienstleistung? Hier handelt es sich ohne Zweifel um die schwierigste Qualitätsebene. Sie zwingt zur Auseinandersetzung mit der Frage, was ich als Pastor mit meinen sehr begrenzten Ressourcen und Möglichkeiten erreichen soll, will und kann. Sie drängt auch eine schwierige theologische Frage auf: „Mit unsrer Macht ist nichts getan, wir sind gar bald verloren" – wenn also (fast) alles Gnade ist und der Geist weht, wie er will, wie ist dann Ergebnisqualität zu messen? Die Überprüfung der Zielerreichung ist in der sozialen und pflegerischen Arbeit insgesamt schwieriger als im Bereich von Produktion oder Handwerk. Sie stellt sich im Pastoralen Dienst und in der Seelsorge noch einmal mit besonderer Brisanz. Trotzdem sollte sie in weiten Bereichen möglich sein – wenn man bereit ist, „vom Kunden aus" zu denken. Entscheidend ist allerdings immer, dass das Ziel oder der Zweck des Seelsorgegespräch klar ist – andernfalls ist keine Bewertung oder Beurteilung der erbrachten Zielerreichung möglich. *Transzendente* Ziele allerdings werden sich kaum bewerten lassen – wenn als Zweck des Gottesdienstes z. B. definiert wird: „Gott dient den Menschen mit der Gabe seines Wortes und Sakramentes" oder „Die Gemeinde dient Gott mit Lob und Anbetung". Wohl aber lassen sich *diesseitige* Ziele oder Zwecke definieren und auch messen wie z. B.: „Die Gottesdienst-Besucher sollen Kraft und Mut bekommen", „sie sollen Gemeinschaft erleben" oder schlicht „gerne wieder in den

Gottesdienst kommen wollen". Oder im Seelsorge-Gespräch: „Der Gesprächspartner ist sichtbar erleichtert oder getröstet, sieht wieder eine Perspektive für sich, kann jetzt professionelle Beratung oder ärztliche Hilfe in Anspruch nehmen."

Vielleicht rufen diese Beispiele ein ungutes Gefühl hervor: Wird damit das Wesentliche, das Eigentliche seelsorgerlicher Arbeit wirklich erreicht? Wenn man allerdings darüber nachdenkt, welche zufriedenen oder unzufriedenen Kommentare Seelsorger zu ihrer pastoralen Arbeit erhalten, stellt man schnell fest: Auch diese Kommentare liegen oft in dem Bereich, den man nicht als das „Eigentliche" oder „Wesentliche" bezeichnen möchte: „Es hat mir gutgetan"; „Das war ein schöner Gottesdienst"; „Sie haben mir wirklich Trost gegeben"; „Das war ein wichtiger Impuls, den ich nicht vergessen habe"; „Es ist gut, dass Sie für mich in diesen schweren Stunden da waren"; oder, kritisch: „Es ging über meinen Kopf hinweg"; „Ich hätte gerne länger mit Ihnen gesprochen"; „Als wir Sie gebraucht haben, waren Sie nicht da".

Aus diesen – und anderen – Äußerungen über die pastoralen Angebote können *Indikatoren* oder *kennzeichnende Handlungen* entwickelt werden. Indikatoren drücken das aus, was an einem beschriebenen Qualitätsmerkmal oder Qualitätskriterium messbar ist.

Beispiel für einen Indikator in der Krankenhaus-Seelsorge:

Qualitätsmerkmal: „Unser pastorales Beratungsangebot ist patientenfreundlich."
Indikator: Äußert ein Patient einen Gesprächswunsch, dann beträgt die Wartezeit in 90 % aller Fälle weniger als zwei Tage. Im Not- und Bedarfsfall steht 24 Stunden am Tag ein seelsorgerlicher Bereitschaftsdienst zur Verfügung, der binnen einer Stunde vor Ort ist. Das Gespräch findet in einem geschützten Rahmen statt, soweit dieses organisatorisch möglich ist.

Beispiel für einen Indikator für Gemeinde-Seelsorge in Zusammenarbeit mit der Diakoniestation:
Qualitätsmerkmal: „Unser pastorales Beratungsangebot ist gemeindenah und mitgliederorientiert."
Indikator: Der Wunsch eines Patienten oder Angehörigen eines Patienten der Diakoniestation wird innerhalb eines Tages per E-Mail an den zuständigen Gemeindepfarrer weitergegeben. Dieser nimmt innerhalb von 72 Stunden Kontakt mit dem Hilfesuchenden oder seinen Angehörigen auf.

Anstelle von Indikatoren sind auch *kennzeichnende Handlungen* zur Beschreibung von Prozess- und Ergebnisqualität möglich.

Beispiel: Seelsorge-Geheimnis
Kennzeichnende Handlung: Inhalte eines seelsorgerlichen Gesprächs werden ohne Zustimmung einer Patientin grundsätzlich nicht an andere Personen oder Institutionen weitergegeben, auch nicht in Stichworten.

5. Gründe für Qualitätsmanagement in der Seelsorge

Zurück zu der Frage: Warum ist Qualitätssicherung in der Arbeit von Seelsorgerinnen und Seelsorgern wichtig?
Antwort 1: Für Seelsorge in Institutionen wie Krankenhäusern, Altenheimen, bei der Polizei usw. gilt: Wer im dortigen Qualitätsmanagement-System nicht vorkommt, kommt auf Dauer vielleicht gar nicht mehr vor. Wer in der Beschreibung der von einer Einrichtung erbrachten Leistungen nicht erscheint, ist offensichtlich für die Arbeit nicht wirklich wichtig. Wer überzeugt ist, dass pastorale Dienstleistungen mehr als ein Sahnehäubchen sind, kann sich aus der Leistungsbeschreibung dieser Einrichtungen nicht herausstehlen. Damit sind die Fragen verbunden: Bin ich als Seelsorgerin „drin" im

59

System oder nicht? Verstehe ich meine Arbeit als ein von außen kommendes, zusätzliches Angebot oder als einen integralen Bestandteil der Arbeit der Einrichtung? Habe ich Interesse daran, auf die Gestaltung der Arbeit in der Einrichtung Einfluss zu nehmen – z. B. um ethische Aspekte einzubringen? Wenn ich das will, muss ich mich an der Qualitätsdiskussion beteiligen – und zwar in *den* Bereichen der Qualitätsmatrix, auf die ich Einfluss nehmen kann oder in denen ich mit meinem Angebot vorkommen möchte.

Antwort 2: Ein QM-System ist dann ein sinnvolles Instrument meiner Arbeit, wenn ich folgende Fragen mit einem Ja beantworten kann: Habe ich Interesse daran, dass meine Arbeit *transparent* ist? Möchte ich differenzierte und hilfreiche Rückmeldungen auf meine Arbeit bekommen? Möchte ich die Chance haben, meine Arbeit zu evaluieren und systematisch zu verbessern? Möchte ich meine Arbeit besprechbar machen und Anregungen und Hilfen aus dem Team der Kollegen bekommen, statt weiterhin weitgehend Einzelkämpfer zu sein?

Antwort 3: Beteiligung am QM kann der Sprung von einer überwiegenden Fremdbestimmung zu einem Mehr an Selbstbestimmung sein – auch wenn das zunächst paradox erscheinen mag –, wenn ich mir folgende Fragen vor Augen führe: Möchte ich auf geordnete Weise Klarheit darüber bekommen – im Aushandeln und Festlegen von Leistungsstandards –, welche der vielen potenziellen Anspruchsgruppen im Krankenhaus, im Altenheim, in der Gemeinde von mir Leistungen erwarten dürfen und welchen Anteil meiner Arbeitszeit ich dafür einsetze – und welche Anspruchsgruppe eben nicht „bedient" wird? Möchte ich in Zahlen wissen, in welchem Umfang meine seelsorgerlichen Angebote tatsächlich angenommen werden? Oder will ich weiter mit einem schlechten Gewissen herumlaufen, weil ja noch so viel zu tun ist, bis das Reich Gottes auf Erden – und eben auch in meiner Gemeinde, in meinem Krankenhaus – errichtet ist, und weil ich überwiegend sehe, was ich *nicht* schaffe?

6. Ausgestaltung des Qualitätsmanagements in verschiedenen Arbeitsbereichen der Seelsorge

Seelsorgerinnen und Seelsorger in diakonischen Einrichtungen finden häufig Aussagen zur Qualitätspolitik in den dort vorhandenen *Leitbildern* oder *Unternehmensgrundsätzen*. Ich zitiere einige:

> Wir sehen unsere besondere Verantwortung darin, die Würde unheilbar kranker und sterbender Menschen zu wahren und sie selbst und ihre Angehörigen bei der Bewältigung ihrer Situation zu unterstützen.

> Wir bieten Raum für die Auseinandersetzung mit Sinnfragen. Wir achten den Menschen in seiner Individualität und seiner Würde. Jeder Mensch erlebt Grenz- und Belastungssituationen und ist auf Gemeinschaft angewiesen.

> Unsere diakonische Kultur leben wir in der Gestaltung christlicher Tradition und gottesdienstlicher Veranstaltungen. Durch Seelsorge, religiöse Lebensbegleitung und Raum für vielfältige Formen von Spiritualität ist Glaube möglich und erlebbar.

> Nach den Bedürfnissen und Wünschen der Menschen, für die wir arbeiten, gestalten wir unser Angebot. Gemeinsam mit ihnen schaffen und erhalten wir Lebensräume, in denen sie sich wohlfühlen. Wir begegnen ihnen grundsätzlich freundlich, mit Respekt vor ihrer Eigenständigkeit und Selbstbestimmung und behandeln sie fachlich kompetent.

Ein anderer Qualitätsansatz findet sich beispielsweise in den Ethik-Richtlinien der Deutschen Gesellschaft für Pastoralpsychologie (DGfP[4]):

§ 9 Ethische Richtlinien

1. Die DGfP verpflichtet ihre Mitglieder in ihrer pastoralpsychologischen Arbeit auf die Einhaltung ethischer Grundsätze, vor allem zum Beachten der Grenzen der eigenen Kompetenz und Qualifikation, zum Verzicht auf Indoktrination, zum Beachten der durch den Beruf entstehenden Abhängigkeit von Klientinnen und Klienten in Gruppen oder in der Arbeit mit einzelnen Personen z. B. im finanziellen Bereich, zum Respektieren der persönlichen Integrität der Person, zur uneingeschränkten Abstinenz im sexuellen Bereich gegenüber Klientinnen und Klienten, zur Einhaltung der Schweigepflicht.
2. Im Fall von Beschwerden Betroffener führt die DGfP ein eigenes Verfahren durch. Beschwerden sind an die/den erste/n Vorsitzende/n zu richten.

Wie kann nun die Mitarbeit bei der Qualitätsentwicklung und -sicherung praktisch aussehen?

6.1 Beteiligung an Teilen des Gesamtprozesses des Qualitätsmanagements

Soweit Seelsorger in einer Institution arbeiten, finden sie häufig schon ein QM-System vor oder können sich an dessen Entwicklung beteiligen. Oft ist es sinnvoll, sich in dieses System mit einzubringen und zu schauen, wo sich eine Zusammenarbeit mit den Kollegen der anderen Disziplinen anbietet und wo eigenständige, von anderen weitgehend unabhängige Angebote bestehen oder entwickelt werden sollen. Für viele Spezial-Seelsorger gibt es inzwischen Qualitätsrichtlinien oder Ähnliches. Wer sich auf den Weg macht,

---

4 <http://www.pastoralpsychologie.de/satzung-ethische-richtlinien.html>.

Qualitätskriterien für die Seelsorge zu entwickeln, muss nicht von vorn anfangen. Viele diakonische Werke und Krankenhäuser haben Qualitätskriterien entwickelt, die DGfP hat eine Qualitätskommission, die Deutsche Gesellschaft für Beratung hat Mindeststandards veröffentlicht.[5] Ähnliches gilt z. B. für die Notfallseelsorge[6] und die Telefonseelsorge[7]. Hier kann vieles für den eigenen Bereich übernommen werden.

6.2 Qualitätsmanagement für Arbeitsfelder, in denen kein QM-System besteht

Für diejenigen, die z. B. in der Gemeinde Seelsorge betreiben, wird es nicht sinnvoll sein, umfangreiche QM-Handbücher und -Ablaufschemata zu entwickeln. Oft ist es schon ein guter Anfang, sich mit den fünf Fragen des Managements von Peter Drucker[8] auseinanderzusetzen und die gefundenen Antworten zu dokumentieren und zu operationalisieren:

(1) **Was ist unser Geschäft?** – also: Wie definiere ich meine Kernaufgabe als Seelsorger? Was erwartet mein Arbeitgeber, mein Auftraggeber von mir? Wie sieht unser Seelsorge-Konzept aus? Wer ist an der Entwicklung beteiligt? Gibt es vor- und nachrangige Ziele?

(2) **Wer ist unser Kunde?** – also: Wer erwartet etwas von uns und für wen wollen wir da sein? Wen definiert mein Arbeitgeber/Auftraggeber (z. B. Presbyterium, Kreissynodalvorstand ...) als Anspruchsgruppen (Kerngemeinde, Randsiedler, „Kartei-Leichen"; Senioren, Familien von Kindergarten-Kindern; Schwerkranke und Sterbende ...)?

---

5 <http://www.dachverband-beratung.de/beratungsv.php>.

6 <http://www.notfallseelsorge.de/Infos/info.pdf>.

7 <http://www.telefonseelsorge.de>.

8 Vgl. Peter F. Drucker, Die fünf entscheidenden Fragen des Managements, Weinheim 2009.

(3) Was erwartet der Kunde von mir? – also: Weiß ich, was die Seelsorge-Nachsuchenden von mir wollen? Erhebe ich dieses, frage ich nach, dokumentiere ich es?

(4) Was sind unsere Ergebnisse? – *Quantitativ*: Wie viele seelsorgerliche Kontakte habe ich? Nehmen sie ab oder zu? Verändern sich die Zielgruppen? *Qualitativ*: Wie ist die Intensität der Gespräche? Gibt es längere seelsorgerliche Begleitungen? Dokumentiere ich meine Gespräche? Werte ich seelsorgerliche Gespräche aus, um Verbesserungspotenziale zu entdecken? Gibt es neben der Selbst- auch eine Fremdevaluation?

(5) Was sind unsere Pläne? – Welchen Stellenwert soll Seelsorge in unserem Gemeindekonzept haben? Welche Bereiche der Seelsorge möchten wir intensivieren? Wo soll die Qualität gesteigert werden, z. B. durch eine Weiterbildung in Klinischer Seelsorge, durch eine supervisorische oder beraterische Weiterbildung, durch eine Qualifizierung zum spirituellen Begleiter oder regelmäßige kollegiale Beratung/Intervision?

Das sind Fragen, die einen guten Einstieg bieten und nicht in Bürokratismus enden. Sie sind beliebig ausbaubar; bei der dritten Frage könnten z. B. Kundenbefragungen, bei der vierten Frage Erhebungen quantitativer Art (Zahl der Einzelkontakte in der Seelsorge, der Anfragen von Teams im Kindergarten, der Jugendarbeit, der Diakoniestation, Inanspruchnahme als Notfall-Seelsorger etc.) oder qualitativer Art (Befragungen in der Gemeinde, in der Diakoniestation, bei denen auch die Nutzung und Qualität von Seelsorge abgefragt wird, usw.) eingesetzt werden.

7. Ausblick

„Was nicht zur Tat wird, hat keinen Wert." hat einer der Väter der Diakonie, Gustav Werner aus Reutlingen, vor 150 Jahren formuliert. Es geht nicht darum, einer Qualitäts*mode* hinterherzulaufen – deren Begrenztheit auch schon längst erkannt ist. Sondern es geht darum, zu einer kontinuierlichen Verbesserung der Situation von Menschen zu kommen, die Hilfe und Unterstützung in existenziellen Krisen suchen und die Hilfe kirchlicher Seelsorger erbitten. Es geht darum, Menschen Angebote zur Sinndeutung zu geben, sie in Beziehung zu bringen zu ihrer eigenen Kraft und Energie, ihnen Hoffnung und dem Leben Perspektive geben zu können. Und es geht darum, sie in Beziehung zu bringen zu Gott. Schließlich geht es auch darum, kirchliche Angebote auf dem konkurrierenden Markt (religiöser) Aktivitäten und Sinndeutungen attraktiv und zukunftsfähig zu gestalten.

Ich glaube, dass die Beteiligung an Maßnahmen der Qualitätsentwicklung und -sicherung für die Arbeit von Theologinnen und Theologen gute Chancen bietet – aber es ist keine Frage von Heil oder Unheil, keine Frage, die man mit theologischer Grundsätzlichkeit behandeln sollte. Es ist eine praktische und pragmatische Frage – nicht mehr, aber auch nicht weniger.

Regina von Diemer

Qualität durch Wertschätzung[1]
Qualitätsmanagement ist, was man daraus macht!

Qualitätsmanagement heißt Lernen

Qualitätsmanagement ist ein Ausdruck der Lernbereitschaft und des Lernvermögens des Menschen im heutigen dynamischen beruflichen Umfeld. Immer hat der Mensch nach Verbesserung gestrebt, gute Erfahrungen konserviert und weitergegeben, schlechte Erfahrungen genutzt, um sie zukünftig zu vermeiden. Qualitätsmanagement praktizierten bereits unsere Vorfahren, damals genauso wie heute getragen von dem Anspruch, Risiken zu minimieren und Chancen zu eröffnen. Risikominimierung bedeutet dabei vor allem, Schäden zu vermeiden, um so dem Kunden keinen Grund zur Unzufriedenheit zu geben, aber auch, um darauf zu achten, dass Leistungserbringung und Produkterstellung nicht aufwändiger gestaltet werden, als die zur Verfügung stehenden Ressourcen es erlauben. Ein nicht zu unterschätzender Nebeneffekt der Dokumentation von Qualitätsmanagement ist die Abwehr von etwaigen Haftungsansprüchen.

Die Chancen des Qualitätsmanagements liegen aber auch darin, dass Verbesserungspotenziale erkannt und genutzt werden und die Effizienz in Herstellungs- und Vertriebsprozessen gesteigert wird. Die Kundenperspektive spielt eine entscheidende Rolle, Innovationen werden erarbeitet mit dem Ziel der Erzeugung von Nachhaltigkeit.

---

1 Überarbeitete Version eines Vortrags in Hildesheim zur Eröffnung des Zentrums für Qualitätsentwicklung im Gottesdienst vom 24.2.2010.

Am Anfang beschränkte sich der Qualitätsbegriff lediglich auf das Produkt oder die Dienstleistung selbst. Messen, Prüfen und Kontrollieren halfen, Gutes von Schlechtem zu unterscheiden. Mehr und mehr reifte dann die Erkenntnis, dass neben Planungs- und Erstellungsprozessen sowohl Führung als auch Supportfunktionen wesentliche Bestandteile sind, in denen Möglichkeiten liegen, Risiken zu minimieren und Chancen zu eröffnen.

So sind z. B. die strategische Ausrichtung einer Organisation, deren interner und externer Umgang mit relevanten Daten und Informationen und das wirkungsvolle Umsetzen von dazugehörigen Maßnahmen entscheidend, ob die Organisation auch zukünftig noch Bestand haben wird. Vielleicht gelingt es ihr darüber hinaus, den zukünftigen Wirkungsgrad auszubauen und so die Existenz zu festigen.

In den 1980er Jahren wurde erstmals dieses umfangreiche Erfahrungswissen in einer Normenreihe (ISO = International Standard Organisation) als Modell für die Gestaltung von Qualitätssystemen zusammengeführt. Die Nachweisnormen (Modelle mit Anforderungen an ein QM-System) wurden geschaffen, um die Beziehungen zwischen Kunden und Lieferanten zu regeln und um die Wirksamkeit eines QM-Systems auch von Dritten durch ein Zertifikat bestätigen zu lassen. Konsequente Prozess-, Kunden- und Ergebnisorientierung charakterisieren die überarbeitete ISO 9000 ff. und in einer erweiterten Form auch die Business-Excellence-Modelle. Als Basis allen Lernens erweist sich dabei die Wertschätzung. Denn Lernen kann nicht absehen von den bereits vorhandenen Ressourcen und Potenzialen, sondern knüpft daran an. Auch das über Jahre und Jahrzehnte, ja vielfach über Generationen angesammelte Erfahrungswissen, das oft unbewusst angewandt wird, wird in einem lernenden QM-Prozess in seiner Wirkung und seinem Nutzen bewusst gemacht und so für die aktuelle und zukünftige Bewältigung von Herausforderungen verfügbar. Schließlich gehört zu einem erfolgreichen Lernen das wertschätzende Wahrnehmen der vorhandenen Lernfähigkeit und Lernbereitschaft.

Begriffe – hilfreiche Klärung

Qualitätsmanagement löste 1993 den Begriff Qualitätssicherung als Oberbegriff aller qualitätsbezogenen Tätigkeiten ab, da das Qualitätsverständnis ganzheitlicher und der Führungsaspekt bedeutender wurden.

Die Begriffe im Qualitätsmanagement muten oft eher sachlich distanziert, manchmal auch fast technisch an. Lässt man sich aber auf sie ein, wird vielleicht sogar neugierig, ergibt sich eine Vielzahl von Fragen, die helfen können, den eigenen Standpunkt zu reflektieren, die Ziele und beabsichtigte Wirkungen klarer zu fassen, die unterschiedlichen Perspektiven der Beteiligten zu integrieren und den Dialog unter Beteiligten zu fördern. Begriffe sind hilfreiche Unterstützer und Reflektoren von Verbesserungsprozessen. In diesem Sinne folgt hier ein kleines Glossar von zentralen Begriffen des Qualitätsmanagements:

- *Qualitätsmanagement* sind die Tätigkeiten zum Leiten und Lenken einer Organisation bezüglich Qualität.
- *Qualitätsmanagementsystem* ist das darauf ausgerichtete Managementsystem.
- *Qualitätsplanung* legt die Ziele, die Ausführungsprozesse und die Ressourcen fest.
- *Qualitätslenkung* sind die Tätigkeiten, die auf die Erfüllung der Anforderungen gerichtet sind (Maßnahmen).

- *Qualitätssicherung* sind Tätigkeiten, die Vertrauen erzeugen, dass die Anforderungen erfüllt werden (Nachweise, Ergebnisse, Wirksamkeitsanalysen).
- *Qualitätsverbesserung* ist die Erhöhung der Fähigkeit zur Erfüllung von Forderungen (lernendes System, PDCA: Plan, Do, Check, Act)[2].

Die Chancen, die sich durch die Begriffe im Qualitätsmanagement ergeben, liegen vor allem darin, dass sich in der Auseinandersetzung mit ihnen eine distanzierte Wahrnehmung einstellt, die es erlaubt, unterschiedlichste Perspektiven und Bilder zu erleben. Kurz gesagt, man vermag besser über den Tellerrand hinauszublicken, wird konkreter und fördert so einen qualifizierten Dialog zur kontinuierlichen Verbesserung.

Ganzheitliche Sichtweise

Qualitätsmanagement fördert eine ganzheitliche Sichtweise, indem es ermöglicht, die Arbeitsprozesse an allen Interessenspartnern zu spiegeln: Interessenspartner sind über den Kunden hinaus die Mitarbeiter, die Eigentümer, die Lieferanten und die Gesellschaft. Allein die Diskussion „Wer ist mein Kunde intern/extern oder wer soll nicht mein Kunde sein und wer ist morgen mein Kunde ..." hat viele Denk- und kreative Suchprozesse ausgelöst (auch bei nicht produzierenden Organisationen, z. B. sozialen Dienstleistungen, öffentlichen Verwaltungen).

---

2   Unter dem PDCA-Zirkel versteht man die Abfolge planmäßigen Handelns: Planen, Erproben, Überprüfen, Handeln.

Je nach Form und Größe einer Organisation kann es zu Besonderheiten in der Betrachtungsweise kommen. Bei Vereinen und Verbänden (z. B. Berufsverbänden) können Eigentümer gleichzeitig Kunden in Form von Mitgliedern sein. Wie wird in einem solchen Fall beispielsweise das Spannungsfeld einer Geschäftsstelle gestaltet zwischen dem Anspruch der Kunden (Mitglieder) auf eine umfangreiche, immer verfügbare Dienstleistung (Mitgliederservice) und der Eigentümererwartung (Mitglieder) nach einer äußerst kostengünstigen Abwicklung der Dienstleistung? Wie muss also der Geschäftsprozess aussehen, der beides miteinander verbindet?

Die Wahrnehmung des vernetzten Zusammenspiels der Interessenspartner erlaubt, Sichtweisen zu erweitern und deutlicher in Wirkungen und Ergebnissen zu denken. Die Prozesse innerhalb einer Organisation sind daraufhin so zu gestalten, dass die gewünschten Wirkungen und Ergebnisse auch entstehen können. Die ISO 9000 ff. stellt hierfür ein prozessorientiertes Modell vor, das vom Kunden (Forderungen, Erwartungen) zum Kunden (Ergebnisse, Zufriedenheit) denkt und arbeitet. In acht QM-Grundsätzen, die wiederum die Interessenspartner integrieren, werden Absichten und Denkhaltungen einer „lernenden", auf Verbesserungen ausgerichteten Organisation dargelegt.

Die acht QM-Grundsätze dienen der Orientierung und der Anregung, die eigenen Prozesse zu betrachten und ggf. weiterzuentwickeln. Die ganzheitliche Sichtweise des QM zeichnet sich also aus durch die Wertschätzung aller Interessenspartner und ihrer Positionen und schafft damit eine möglichst optimale Balance der Interessen, was für die Überlebensfähigkeit von Organisationen sehr bedeutsam ist.

Ziele – das Fenster zur Zukunft

Die Ziele einer Organisation sind wesentliche Energieressourcen eines Managementsystems. Gute Ziele wirken im Sinne einer *self-fulfilling prophecy*. Die Zielpyramide wird angeführt durch das Selbstverständnis (die „Mission") der Organisation. Aus ihm heraus werden lang-, mittel- und kurzfristige Ziele entwickelt, die dann in konkrete Maßnahmen münden. Das Selbstverständnis ist gewissermaßen der Grundauftrag der Organisation, der auf die Leitfrage antwortet: Wer sind wir, was sind unsere Kompetenzen, was macht uns stark?

Die langfristigen Ziele werden in der „Vision" beschrieben. Sie benennt, wohin sich die Organisation entwickeln und wozu sie beitragen will. Die ersten bzw. nächsten Schritte können sodann aus den mittel- und kurzfristigen Zielen abgeleitet werden. Sie münden in konkrete Maßnahmen. An der Zielerreichung oder -nichterreichung lässt sich zugleich messen, ob die Organisation auf dem richtigen Weg ist. Wichtig ist, dass die Maßnahmen sich an den Zielen ausrichten, nicht umgekehrt! Die Ziele einer Organisation sollten so gewählt sein, dass keinem der Interessenspartner ein Nachteil daraus entsteht. Damit Ziele ihre Kraft entfalten, müssen sie wirksam kommuniziert werden. „Wir wollen zufriedene Kunden" wird erst dann zu einem Motor, wenn es möglich ist, eine Vorstellung von „zufriedenen" Kunden zu entwickeln. Die Kriterien, die der Begriff Kundenzufriedenheit konkret beschreibt, sind gleichzeitig die ausgesprochenen oder unausgesprochenen Anforderungen, die in Qualitätsmerkmale eines Prozesses in der eigenen Organisation umzuwandeln sind. Es könnten bei einer Dienstleistung z. B. diese sein: Verfügbarkeit, Schnelligkeit, Übertragbarkeit oder Nachhaltigkeit. Sie müssten zur Umsetzung weiter konkretisiert werden.

Die Ziele und der Zielfindungsprozess einer Organisation sind das Fenster mit Blick auf ihre Zukunft. Sie basieren auf der Wertschätzung der vorhandenen Kompetenzen und geben eine gute Orientierung für den Weg in die Zukunft.

Nutzen erlebbar machen – „Nichts ist so erfolgreich wie der Erfolg selbst!"

Aus der Historie von Managementsystemen ist eindeutig nachzuweisen, dass sich langfristig kein Engagement der Beteiligten aufrechterhalten lässt, wenn nicht der Nutzen für den Einzelnen und die Organisation erfahrbar ist. Nur wegen einer äußeren Anerkennung werden keine der geforderten Aktivitäten dauerhaft beibehalten. Werden die Aktivitäten sogar mit Macht aufgezwungen („verordnet"), empfinden das die Beteiligten als Kontrolle und reagieren mit Widerstand.

Damit sich der Nutzen entfalten kann, sind folgende Fragen zu Beginn der Einführung hilfreich: Was wollen wir mit Qualitätsmanagement bewirken? Was soll hinterher anders sein? Woran werden wir merken, dass wir erfolgreich sind? Der Nutzen eines QM-Systems beschränkt sich dabei keineswegs auf das Produkt oder die Dienstleistung selbst und deren Optimierung, sondern wirkt im Wesentlichen auch auf die strategische Orientierung einer Organisation, die Gestaltung der Führungs- und Supportprozesse und die Gestaltung der Wechselwirkungen von Interessenspartnern.

Daher ist es entscheidend, Erfolge und Fortschritte in der Entwicklung nicht nur erfahrbar zu machen, sondern selbst dann zu würdigen, wenn es nur in kleinen Schritten vorangeht.

Zusammenfassung

Erfolgreiches Qualitätsmanagement ist also ein Instrument, das geeignet ist, nach außen Vertrauen und Sicherheit zu geben, nach innen Verbesserungs- und Lernprozesse zu generieren und das Fortschreiten in diesen Prozessen bewusst wahrzunehmen. Dies ist häufig eine wesentliche Ressource für jeden Einzelnen, besonders in einem sich schnell verändernden Umfeld.

Chancen und Erfolg eines Qualitätsmanagementsystems liegen in unserer Hand. Wesentlicher als die Erlangung eines Zertifikats ist das Erkennen des Nutzens für uns selbst, für unsere Kunden und für die Zukunft, deren Herausforderung wir sicher meistern wollen. Die entscheidende Basis für ein wirkungsvolles Qualitätsmanagement sind gegenseitige Wertschätzung, Unterstützung und Toleranz.

Theologische Annäherungen

David Plüss

Die Qualitäten des Gottesdienstes – am Beispiel des Segens[1]

1. Warum sich die Qualität des Gottesdienstes nicht ohne Weiteres managen lässt

Der Gottesdienst erweist sich als eigenartig resistent gegenüber dem Qualitätsmanagement. Diese Resistenz liegt in der liturgischen Handlungsform und in der Funktion des Gottesdienstes für die Kirche begründet.

Qualitätsdebatten bestimmen dagegen die Liturgik von Anfang an. Diese zumeist implizit geführten Debatten gilt es, ins Licht zu rücken. Liturgik ist vermehrt als Qualitätstheorie des Gottesdienstes zu konzipieren. Dabei gilt es, zwei Grenzen zu beachten: Einseitige theologische Bestimmungen der liturgischen Qualität lassen Qualitätkriterien unpraktisch werden, weil sie in symbolischer Sprache Gott als Handlungssubjekt des Gottesdienstes einsetzen, dessen Handeln sich gerade nicht managen lässt. Wird dagegen nur auf das Verhalten der Liturgin fokussiert, suggerieren liturgische Qualitätsstandards eine geistliche oder gar magische Machtfülle – man denke an Manfred Josuttis' Mystagogie –, die ihnen nicht zukommt. Daraus folgt: Eine liturgische Qualitätstheorie ist dann gut, wenn sie auf das Handeln der Menschen im Gottesdienst fokussiert, aber dieses nicht als Ziel, sondern nur als Mittel betrachtet, um ein anderes Handeln auf einer anderen Bühne anzuregen und zu kultivieren.

---

1   Überarbeitete Version eines Vortrags in Hildesheim zur Eröffnung des Zentrums für Qualitätsentwicklung im Gottesdienst vom 23.2.2010.

Diese Thesen werden im Folgenden expliziert, indem zunächst die Entwicklung der Qualitätsdebatte in der Praktischen Theologie der letzten Jahre nachgezeichnet und anschließend aktuelle liturgische Ansätze auf deren Qualitätskonzepte hin abgeklopft werden. Auf der Folie dieser Konzepte sollen drei grundlegende Qualitätsperspektiven entwickelt und im letzten Teil auf den liturgischen Segen angewandt werden.

2. Die Qualitätsdebatte in der Praktischen Theologie

Der Qualitätsbegriff im Sinne des Qualitätsmanagements ist bisher kaum Gegenstand der Grundlagendiskussion akademischer Praktischer Theologie. Im neuen „Handbuch Praktische Theologie"[2] aus dem Jahr 2007 suchen wir den Begriff sowohl bei den Artikeln als auch im Sachregister (auf „Publizistik" folgt „Radioandacht") vergeblich. Dasselbe gilt – nicht ganz unerwartet – für das ökumenische Grundlagenwerk der empirischen Wende, „Praktische Theologie Heute" von 1974,[3] sowie für Gert Ottos damals durchaus innovatives Handbuch von 1970[4] (auf „Psychotherapie" folgt im Sachregister „Rationalität"). Auch im Lexikon der Religionspädagogik von 2001[5] fehlt ein Artikel zu Qualität. Ebenso

---

2   Wilhelm Gräb/Birgit Weyel (Hg.), Handbuch Praktische Theologie, Gütersloh 2007.

3   Ferdinand Klostermann/Rolf Zerfass (Hg.), Praktische Theologie Heute, München/Mainz 1974.

4   Gert Otto (Hg.), Praktisch-theologisches Handbuch, Hamburg 1970.

5   Norbert Mette/Folkert Rickers (Hg.), Lexikon der Religionspädagogik, 2 Bde., Neukirchen-Vluyn 2001.

im Handbuch der Seelsorge von 2007[6] sowie in den meisten Lehrbüchern. Fündig wurde ich bisher einzig bei Michael Klessmanns Seelsorge-Lehrbuch von 2008 sowie in seiner Pastoralpsychologie von 2006 (3. Aufl.).[7]

Die Zeitschriften-Recherche ergibt folgenden Befund: Qualität wird vor allem in der Diakonie und der Diakoniewissenschaft thematisiert und konzeptualisiert (mit einem ersten einschlägigen Jahrbuch von 2001). An zweiter Stelle kommt die Seelsorge, maßgeblich befördert durch Michael Klessmann und Themenhefte der „Wege zum Menschen" von 1998 und 2002. Auf dem dritten Rang folgt die Religionspädagogik mit einem Jahrbuch von 2006. Mit der Denkschrift „Kirche der Freiheit" der EKD vom selben Jahr wurde die Begrifflichkeit programmatisch lanciert und füllt seither den kirchlich-theologischen Blätterwald in den Bereichen Kybernetik und Ekklesiologie.

Aus dieser ersten Übersicht ergibt sich zusammenfassend: Der Qualitätsbegriff im spezifischen Sinne des Qualitätsmanagements kommt in der Praktischen Theologie erst seit 15 Jahren langsam auf. Er hat sich zuerst im Bereich der Diakonie, dann aber auch in der Seelsorge und in der Religionspädagogik etabliert. In den praktisch-theologischen Handbüchern und also in der Grundlagenreflexion akademischer Praktischer Theologie kommt der Begriff Qualität im oben genannten Sinn hingegen kaum vor. Eine prinzipielle, eine theologische Auseinandersetzung wird erst in Ansätzen geführt. Akademische Praktische Theologen be-

---

6 Wilfried Engemann (Hg.), Handbuch der Seelsorge. Grundlagen und Profile, Leipzig 2007.

7 Vgl. Michael Klessmann, Seelsorge und Professionalität. Eine Problemanzeige, in: PTh 40/2005, 283–290; ders., Pastoralpsychologie. Ein Lehrbuch, Neukirchen-Vluyn 2006; ders., Qualität in Seelsorge und Beratung, WzM 61/2009, 119–132.

handeln Qualitätssicherungskonzepte bislang mit spitzen Fingern.

Der Qualitätsbegriff wird somit vor allem von Praktikern und in pragmatischer Hinsicht aufgegriffen und angewandt. Dabei ist es kein Zufall, dass er zuerst in der Diakonie, in der Seelsorge und in der Religionspädagogik Eingang fand. Sie sind diejenigen Bereiche, die entweder durch Mittel der öffentlichen Hand mitfinanziert oder in öffentlichen Einrichtungen wie Spitälern, Schulen und Beratungsstellen vollzogen werden. Mit dem Qualitätsbegriff verbindet sich somit eine dezidierte Außenperspektive auf kirchliche Praxis: der Blick auf das öffentlich wahrnehmbare Christentum, mithin auf die *visible religion*, sofern sie christlicher Herkunft ist und ihr gesellschaftliche Bedeutung beigemessen wird. Allerdings ist es gerade diese Bedeutung, die gemessen, quantifiziert und mit der Mittelvergabe korreliert werden soll.

Mit dem Impulspapier „Kirche der Freiheit" von 2006 veränderte sich die Situation grundlegend. Der Qualitätsbegriff wird nun auch auf interne, weniger öffentliche Bereiche kirchlicher Praxis angewandt: auf den Gottesdienst, die Kasualien, die Mitarbeiter – insbesondere die Pfarrerschaft –, die Kirchenräume oder die Kirchenleitung, um nur einige Beispiele zu nennen. Damit werden nicht nur die Kybernetik, sondern auch die Ekklesiologie und die Pastoraltheologie mit Konzepten konfrontiert, deren nicht theologische Herkunft notorisch ist. Entsprechend skeptisch oder zumindest verhalten fallen denn auch die ersten Reaktionen seitens der akademischen Zunft aus.

Eine letzte Beobachtung: Alle die genannten Debatten um Qualität in den verschiedenen Bereichen kommen dann auf, wenn die jeweilige Praxis und deren Qualität gerade infrage steht: wenn andere, vermeintlich professionellere Anbieter auf den Markt sozialer Dienstleitungen drängen, wenn die Konfessionalität von Bildungsangeboten in die Kritik gerät oder wenn der therapeutische Effekt seelsorgerlicher Leistungen angezweifelt wird. Qualitätsdebatten sind somit Indizien für Infragestellungen und Krisen. Dies gilt ebenfalls für das Impulspapier der EKD, auch wenn der ehemalige Ratsvorsitzende und Alt-Bischof Wolfgang Huber nicht müde wird, die Chancen der Gegenwart für die evangelische Kirche hervorzuheben.

3. Qualitätstheorien des Gottesdienstes

Ganz anders verhält es sich, wenn wir nicht den Begriff und die damit verbundenen Managementkonzepte, sondern die Sache ins Auge fassen, um die es im Ganzen geht. Die Praktische Theologie insgesamt und die Liturgik im Besonderen können als groß angelegte Qualitätssicherungskonzepte verstanden werden. Die Praktische Theologie als Wissenschaft wie auch die Liturgik entstanden, als das Handeln der Kirche seine Selbstverständlichkeit verlor, als der Gottesdienst im Zusammenhang von Aufklärung und Säkularisierung im 19. Jahrhundert in eine fundamentale Krise geriet.[8] Seit der späten Aufklärung wurde versucht, die Wirkungen des Gottesdienstes zu verbessern, sowohl sein erzieherisches als auch sein geistliches Erbauungspotenzial zu steigern. Ziel und Zweck des Gottesdienstes seien die „Belehrung des Verstandes", die „Erbauung und Ermunterung des Ge-

---

8   Vgl. Peter Cornehl, Art. Gottesdienst, VII: Evangelischer Gottesdienst von der Reformation bis zur Gegenwart, TRE XIV (1985), 54–85, 62–65; Alfred Ehrensperger, Die Theorie des Gottesdienstes in der späten deutschen Aufklärung (1770–1815), Zürich 1971.

müths" und „das öffentliche Bekenntnis der Religiosität".[9]
Die Liturgik war die Theorie, mittels derer der Gottesdienst
insgesamt und in seinen Teilen analysiert und daraufhin
befragt wurde, ob und in welcher Weise er seiner Zielbe-
stimmung entspreche: ob er verständlich sei, eindeutig,
einfach und abwechslungsreich. Liturgien wurden nach diesen Kriterien gestrafft und umgestaltet. Sodann wurde die
klassische Rhetorik rezipiert, um die Wirkung der Predigt zu
verbessern.[10] Die Aufklärungsliturgik setzte sich somit als
Qualitätsentwicklungstheorie des Gottesdienstes – insofern
ihrer Zeit voraus – in Szene, indem sie den liturgischen Status quo analysierte, die Ziele bestimmte und die Mittel zu
deren Erreichung bereitstellte.

Die Liturgik der Gegenwart schließt beinahe nahtlos
daran an, sowohl was das Krisenszenario als auch was die
strategischen Leitlinien, die Fokussierung auf das inszena-
torische liturgische Handeln anbelangt. Die viel geschmäh-
te Liturgik der Aufklärung erweist sich somit als erstaunlich
aktuell, um nicht zu sagen: spätmodern!

4. Qualitätsperspektiven des Gottesdienstes

Es soll im Folgenden darum gehen, zumindest ansatzweise
grundlegende Qualitätsperspektiven des Gottesdienstes zu
entwickeln. Diese Qualitätsperspektiven sollen gewissermaßen als Achsen des Koordinatensystems liturgischer Qualitätstheorie dienen. Sie sollen also die liturgische Qualitätsdebatte in grundlegender Weise orientieren helfen. Damit
sie dies tun können, müssen sie mehreren Kriterien genügen:

---

9 K. G. Ribbeck, zit. nach Ehrensperger, a. a. O. (Anm. 8), 56.

10 Vgl. Cornehl, a. a. O. (Anm. 8), 62; Ehrensperger, a. a. O. (Anm. 8), 143 ff.

(1) Ihre Zahl muss übersichtlich sein, sonst werden sie unpraktisch und können nicht als Achsen in einem Koordinatensystem dienen.

(2) Sie müssen grundlegenden Charakter haben und sich auf den Gottesdienst als Gesamtkunstwerk, als komplexen Handlungsvollzug beziehen lassen. Sie sind somit auf der Ebene eines Leitbildes oder der Studienziele eines Curriculums angesiedelt – vergleichbar mit den oben genannten Zwecken des Gottesdienstes der Aufklärungszeit.

(3) Sie müssen sich auf das Handeln und Verhalten der am Gottesdienst beteiligten Menschen beziehen lassen, sonst sind sie für eine Qualitätstheorie des Gottesdienstes untauglich. Denn diese hat die Liturgie als menschlichen Handlungsvollzug zum Gegenstand – wohl verstanden: *sub specie aeternitatis*, also unter dem Blickwinkel der Ewigkeit. Eine einseitig theologische Bestimmung des Gottesdienstes fällt deshalb außer Betracht.

Folgende drei Qualitätsperspektiven scheinen mir diesen Kriterien zu genügen:

a) Ritualität

Liturgien sind Rituale. Als Rituale gehören sie zur Ursprache von Religion überhaupt. Der Basler Praktische Theologe Walter Neidhart war es, der die Ritualität von Kasualgottesdiensten vor 40 Jahren mit einem Fanfarenstoß auf die Tagesordnung der Praktischen Theologie setzte. Mit seinem 1968 erschienenen Aufsatz „Die Rolle des Pfarrers beim Begräbnis"[11] hat er hohe Wellen geschlagen und die „empi-

---

11 Vgl. Walter Neidhart, Die Rolle des Pfarrers beim Begräbnis (1968), in: Christoph Barben, Aporien aushalten – dennoch handeln, Stuttgart/Berlin/Köln 1997, 210–219.

rische Wendung" in der Praktischen Theologie maßgeblich befördert. Der Beitrag erschien in der Festschrift zum 80. Geburtstag von Eduard Thurneysen, welcher sich über die Festgabe nicht so recht freuen mochte, was Neidhart erstaunte, so wird berichtet – was ja seinerseits erstaunlich ist. Denn Neidhart provozierte seine Basler Kollegen Barth und Thurneysen mit der Feststellung, dass der Pfarrer am Grab zunächst nicht *verbi divini minister*, nicht Diener am göttlichen Wort, sondern vor allem Zeremonienmeister sei: „Je besser er seine Rolle als Zeremonienmeister versteht, desto größer wird der Spielraum [...], in welchem er noch etwas anderes sein kann als Zeremonienmeister."[12]

Dass Liturgen am Grab oder im Kirchenraum mehr und anderes sind als Zeremonienmeister, versteht sich auch für Neidhart von selbst. Aber sie sind nur dann Diener am göttlichen Wort, wenn sie ihre Rolle als Leiter eines Rituals ernst nehmen, wenn sie dezidiert Zeremonienmeister sind. Die Verkündigung erfolgt nach Neidhart in, mit und unter dem liturgischen Ritual.

Nach Neidharts Fanfarenstoß war es lange Zeit still um die Ritualität des Gottesdienstes. Das Ritual stand für Rückständigkeit und Klerikalismus, für den Muff von 1.000 Jahren unter den Talaren. Und auch wenn neue Gottesdienstformen wie das Politische Nachtgebet oder das Feierabendmahl der Ritualität keineswegs entbehrten, vermied man es tunlichst, sie als Rituale zu beschreiben. Vielmehr wurden sie als Lernprozesse, als therapeutische Vollzüge und als politische Sit-ins konzipiert. Erst langsam und vereinzelt sickerte die Erkenntnis durch, dass auch der protestantische Gottesdienst der Gegenwart ein Ritual darstellt und mit Gewinn ritualtheoretisch bearbeitet werden kann. Werner Jetter und

---

12 A. a. O., 216.

Manfred Josuttis haben dieser Perspektive in der Liturgik Resonanz verschafft.

Gottesdienste sind Rituale. Nicht nur die Feier am Grab, sondern auch der sonntägliche Predigtgottesdienst stellt ein Ritual dar – und zwar insgesamt wie auch in seinen Teilen. Kein Teil der Liturgie entbehrt der Ritualität. Dies gilt in besonderer Weise für den Schlusssegen, das gemeinsam gesprochene Vaterunser und für alle weiteren Gebete und die Lieder. Aber auch die Predigt stellt ein Ritual dar, eine ritualisierte Rede, der eine zentrale Funktion und Position im Ritus des protestantischen Gottesdienstes zukommt.[13] Damit widerspreche ich Reiner Preul, der „die Pointe des gottesdienstlichen R(itus)" so bestimmt, „dass er in seiner Mitte in Gestalt der Predigt ein geradezu antirituelles Element zum Zuge bringt und somit ein ausbalanciertes Verhältnis von psychischer Regression und Progression ermöglicht".[14] Die Predigt hätte demnach die Funktion, die durch Gebete und Lieder bewirkte Regression wieder in den Wachzustand des Bewusstseins zu befördern. Ich bezweifle diese Sicht und werde meine Zweifel weiter unten begründen. Die Ritualität des Gottesdienstes in all seinen Teilen stellt m. E. ein hilfreiches Theoriemodell für das liturgische Handeln dar.

---

13 Vgl. hierzu Manfred Josuttis, Gottes Wort im kultischen Ritual. Das Verhältnis von Predigt und Liturgie in der protestantischen Theologie, in: Erich Garhammer/Heinz-Günther Schöttler (Hg.), Predigt als offenes Kunstwerk. Homiletik und Rezeptionsästhetik, München 1998, 168–179; Karl-Heinrich Bieritz, Ritus und Rede. Die Predigt im liturgischen Spiel, in: Wilfried Engemann/Frank M. Lütze: Grundfragen der Predigt. Ein Studienbuch, Leipzig 2006, 303–319.

14 Reiner Preul, Art. Ritus/Ritual, II. Religionsgeschichtlich, 4. Christentum, c. Liturgisch (Evangelisch); III. Dogmatisch; IV. Ethisch; V. Praktisch-theologisch, RGG 7, [4]2004, 555–559, 556.

Mit der Qualitätsperspektive der Ritualität stehen folgende Aspekte liturgischen Handelns im Zentrum:

Die *Wiederholung:* Gottesdienste sind sich wiederholende Handlungssequenzen. Der Gottesdienst lebt davon, dass seine Abläufe nicht Mal für Mal neu erfunden und angeleitet werden müssen, sondern bekannt sind. Er ist nur dann als Gottesdienst wahrnehmbar, wenn vertraute Elemente wiederkehren, wie Gebete, die Predigt, Lieder oder der Segen. Mit dem Kriterium der „Beheimatung" wird auf diesen Aspekt des liturgischen Rituals angespielt. Liturgien sollen nach Möglichkeit einer Gemeinschaft ein Haus bieten, gewohnte und stimmige Formen ihrer Frömmigkeit, wiederkehrende Ausdrucksmöglichkeiten für ihre Sorgen und Hoffnungen, für ihre Schuld und die Befreiung davon.

Die *Kollektivität:* Gottesdienste sind kollektive, gemeinschaftliche Rituale. Ihre Ritualität besteht mitunter darin, dass als Gemeinde gehandelt wird: dass gemeinsam gesungen, gebetet, die Predigt meditiert und der Segen empfangen wird. Selbst die liturgische Stille lebt davon, dass sie gemeinschaftlich gehalten wird. Dies wird daran deutlich, dass die Geräusche, die in der liturgischen Stille hörbar sind, diese in der Regel nicht stören, sondern deren Wirkung noch verstärken. Gemeinsame Gebete und Lieder sind wahrnehmbare Gestalten des Leibes Christi. Durch die liturgischen Wegschritte hindurch baut sich die Gemeinde als Leib Christi auf und verändert sich, hörbar und fühlbar.

Die *Körperlichkeit:* In Gottesdiensten geht es zunächst nicht darum, Wissen zu vermitteln und die Gemeinde zu belehren. Gottesdienste sind keine Schulstunden, auch wenn sich manche so anfühlen. Sondern es geht um ein bestimmtes Handeln und Verhalten der Gemeinde. Friedrich Schleiermacher hat es ein „darstellendes Handeln" genannt und damit deutlich gemacht, dass liturgisches Handeln auf keine Wirkung nach außen abzielt, sondern gewissermaßen expressiv verfasst ist. Liturgisches Handeln ist körperliche Gestaltwerdung des Evangeliums, körperliche Darstellung des religiösen Bewusstseins. Der Glauben findet in stimmigen liturgischen Formen seinen körperlichen Ausdruck, kommt in den Gesten und Handlungen des Gottesdienstes expressiv zu sich selbst.

b) Andacht

Die zweite Qualitätsperspektive des Gottesdienstes nenne ich Andacht. Zugegeben, das klingt ein wenig altmodisch. Gleichwohl scheint mir der Begriff passend. Der Gottesdienst soll der Andacht dienen, die Liturgin soll die Gemeinde ins Gebet führen und tunlichst vermeiden, dass deren Andacht gestört wird, sei es durch launige Moderation oder durch unnötige Belehrungen. Michael Meyer-Blanck bringt die Anforderungen an die pastorale Professionalität auf den Punkt, wenn er sagt: „Pfarrerinnen und Pfarrer sind dazu da, mit anderen und für andere öffentlich zu beten."[15] Der Gottesdienst kann insgesamt als strukturiertes, als in verschiedenen Formen fortschreitendes Gebet verstanden werden. Ganz gemäß dem berühmten Diktum Luthers, der sogenannten Torgauer Formel, wonach im Gottesdienst nichts anders geschehen soll, „denn das unser lieber Herr selbs mit uns rede durch sein heilig Wort und wir widerumb mit jm reden durch Gebet und Lobgesang".[16]

Ausgehend von dieser Formulierung Luthers wurde der Gottesdienst in der protestantischen Theologie immer wieder als durch die Pfarrperson vermitteltes dialogisches

---

15 Michael Meyer-Blanck, Anmut, Glanz und Arbeit. Zur Diskussion um gottesdienstliche „Qualitätsstandards" im EKD-Impulspapier „Kirche der Freiheit", EvTh 67/2007, 350–361, 361.

16 WA 49, 588.

Wortgeschehen zwischen Gott und der Gemeinde beschrieben. Damit wird die Grundform des Gebets theologisch bestimmt. Es scheint mir allerdings wichtig zu betonen, dass Luther hier eine theologische Bestimmung vornimmt, die nicht ohne Weiteres in die liturgische Handlungslogik umgemünzt werden kann. Luther bestimmt Gott als den Handelnden und die Gemeinde als Antwortende. Die Liturgin kommt in dieser Bestimmung nicht vor. Die Qualität ihres Handelns würde demnach gerade darin bestehen, nicht vorzukommen, sich nicht in den Vordergrund zu spielen und in den Dialog zwischen Gott und der Gemeinde einzumischen. Sie soll die Andacht der Gemeinde nicht stören.

Allerdings steht dieser Anspruch in Spannung zum Sachverhalt, dass es ihr obliegt, die Gemeinde in die Andacht zu führen, „mit anderen und für andere öffentlich zu beten".[17] Als Liturgin, als Zeremonienmeisterin hat sie das liturgische Ritual zu leiten. Aber sie leitet es nur dann gut, wenn sie als Zeremonienmeisterin nicht auf der Vorderbühne agiert, sondern das liturgische Spiel der Gemeinde auf der Bühne souffliert und sich selbst diskret zurückhält, zuweilen zwischen den Kulissen verschwindet, um gleichwohl die Regie zu führen.

Der Begriff der Andacht hat im Weiteren den Vorteil, dass er gewissermaßen auf der inneren Bühne angesiedelt ist. Liturgische Vollzüge wie Gebete, Lieder oder die Stille sollen in die Andacht führen, ohne diese selbst vollziehen zu können. Sie spielen auf der äußeren, die Andacht und der Dialog zwischen Gott und der Gemeinde auf der inneren Bühne. Diese Differenz wehrt der Versuchung, den Gottesbezug liturgisch zu bewerkstelligen. Auch der andächtige Gottesdienst bewirkt keine Gotteserfahrungen aus sich heraus. Aber Gott

---

17   A. a. O. (s. Anm. 15).

begegnet in, mit und unter liturgischen Formen seiner Gemeinde.

Der andächtige Gottesdienst ist nach zwei Seiten hin begrenzt. Er hat seine Grenze an der Freiheit Gottes wie an der Freiheit des Menschen, der sich der Andacht entziehen kann. Das heißt nun nicht, dass die Andacht dem liturgischen Handeln gänzlich entzogen wäre. Dann würde sie nicht als Qualitätsperspektive dienen können. Wie aber lässt sich dieser Zusammenhang beschreiben? Um diese Frage beantworten zu können, müssen wir zuerst wissen, wie die Andacht verfasst ist.

Der Ritualtheoretiker Victor Turner hat sich intensiv und genau damit befasst. Er bestimmt den Bewusstseinszustand der Ritualteilnehmer in der zentralen Schwellenphase des Rituals mit dem Begriff und Konzept des Flow. Der Psychologe Mihaly Csikszentmihalyi[18] hat das Konzept weiterentwickelt und popularisiert. Karl-Heinrich Bieritz beschreibt das mögliche Flow-Erleben der Gottesdienstteilnehmenden folgendermaßen:

> „Alle Aufmerksamkeit konzentriert sich auf ein begrenztes Feld. Beachtet wird nur, was für die betreffende Handlung relevant ist. Die Realität wird radikal vereinfacht. Handeln und Bewusstsein verschmelzen. Die Grenzen des Selbst weiten sich, werden durchlässig. Solche Selbstvergessenheit vermag sich durchaus mit in höchstem Maße erweiterter, intensivierter, gebündelter Bewusstheit zu verbinden: Der Handelnde geht ganz in der Handlung auf und hat sie doch unter Kontrolle."[19]

---

18 Vgl. Mihaly Csikszentmihalyi, Das Flow-Erlebnis, Stuttgart 2005.

19 Karl-Heinrich Bieritz, Art. Anthropologische Grundlegung, in: Hans-Christoph Schmidt-Lauber/Michael Meyer-Blanck/Karl-Heinrich Bieritz, Handbuch der Liturgik, Leipzig/Göttingen 2003, 95–128, 123.

Die Andacht mit dem Flow-Erleben zu vergleichen und damit gewissermaßen zu psychologisieren, mag gewagt erscheinen. Dennoch scheint es mir für die Wahrnehmung der Qualität eines Gottesdienstes grundlegend zu sein, dass der spezifische Bewusstseinszustand derjenigen, die durch einen Gottesdienst berührt werden, genau ins Auge gefasst und für die Gestaltung in Rechnung gestellt wird. Ein Gottesdienst ist eben keine Schulstunde und wird nicht so erlebt. Es geht nicht darum, dass möglichst viele Inhalte der Predigt oder der Fürbitten von der Gemeinde verstanden und memoriert werden, sondern dass die Gemeinde ins Gebet, in die Andacht geführt wird. Das viel beklagte Abschweifen von den geistreichen Inhalten einer Predigt wäre dann kein Schaden, sondern gerade eine Stärke derselben. Zumindest dann, wenn dieses Abschweifen in die Andacht führt.

c) Transformation

Die Pointe der Ritualtheorie von Victor Turner besteht darin, dass Rituale nicht bloß als Prozeduren der Stabilisierung und Legitimierung herkömmlicher Verhältnisse und Machtstrukturen erscheinen, sondern – im Gegenteil – als Prozesse der Veränderung, der Transformation oder gar der Revolution. Nach Turner drängen Rollen und Strukturen, die sich überlebt haben und disfunktional geworden sind, gewissermaßen von sich aus zu Ritualen der Transformation, aus denen neue, lebensdienlichere Strukturen und Rollen hervorgehen.

Mir scheint diese Bestimmung des Rituals auch für den Gottesdienst zutreffend und weiterführend. Nicht nur Kasualgottesdienste sind eigentliche Schwellenrituale, sondern auch der Sonntagsgottesdienst. Dieser zielt darauf ab, dass Menschen von Gott berührt und verändert werden. Nach Martin Luther soll der Christ täglich in seine Taufe – gleichsam in eine Höhle – kriechen und täglich wieder herauskriechen. Der Gottesdienst wäre dann die rituelle Gestalt einer solchen wiederholten geistlichen Wiedergeburt. Szenisch vollzogen wird sie etwa in einer Tauferinnerungsfeier, im Schuldbekenntnis mit Absolution, im Abendmahl, durch den Segen oder durch die Verkündigung. Gottesdienste sind Rituale der Transformation, wobei sich diese sonntägliche Umkehr und Wiedergeburt wiederum nicht liturgisch bewerkstelligen, aber anregen und begleiten lässt.

Sehr schön bringt dies der Regisseur Peter Brook zum Ausdruck, wenn er von seinem Mitarbeiter und Freund Yoshi Oida Folgendes berichtet:

> „Einmal erzählte er mir von einem alten Kabuki-Spieler, der gesagt haben soll: ‚Ich kann einem jungen Schauspieler beibringen, mit welcher Geste man auf den Mond deutet. Alles andere, von der Fingerspitze bis zum Mond, liegt bei ihm.‘ – ‚Für mich‘, fügte Yoshi hinzu, ‚ist es ohne Belang, ob den Zuschauern nach der Vorstellung noch in Erinnerung ist, wie schön die Geste war. Mich interessiert nur eins: Haben sie den Mond gesehen?‘ Mit Yoshi habe ich viele Monde gesehen."[20]

Auch im Gottesdienst geht es nicht darum, ob die Gesten und Worte der Liturgie in Erinnerung bleiben, sondern ob Menschen Christus begegnet sind, ob sie von Christus berührt und verändert wurden. Die Qualitätsperspektive der Transformation erweist sich dann als hilfreich, wenn sie liturgische Handlungskriterien aus sich freisetzt oder anregt, die das transformatorische Potenzial der Liturgie ins Licht rücken und liturgisches Handeln daraufhin befragen. Die

---

20 Peter Brook, Vorwort, in, Yoshi Oida: Zwischen den Welten, Berlin 1994, 8; zit. nach Ulrike Suhr, Das Handwerk des Theaters und die Kunst der Liturgie. Ein theologischer Versuch über den Regisseur Peter Brook, in: Peter Stolt/Wolfgang Grünberg/Ulrike Suhr, Kulte, Kulturen, Gottesdienste. Öffentliche Inszenierung des Lebens, Göttingen 1996, 37–49, 37.

durch das Evangelium bewirkte Freiheit ist nicht Besitz und Zustand, sondern das Ereignis der Wiedergeburt, welches Sonntag für Sonntag zur Darstellung gebracht wird.

Damit sind drei liturgische Qualitätsperspektiven benannt, die m.E. für die Orientierung des liturgischen Handelns grundlegend zu sein scheinen. Denn sie haben nicht nur eine theoretische Valenz, sondern ebenso eine handlungspraktische. So wie dem ausgebildeten Seelsorger die Grundhaltungen der Wertschätzung, der Einfühlung und der Echtheit zum professionellen Habitus geworden sind, so sollten die Ritualität, die Andacht und die Transformation auch den Habitus und die Einstellung der professionellen Liturgin prägen und, um mit Thies Gundlach zu sprechen: ihre liturgische „Qualitätsmentalität" bestimmen.

Aus den bisherigen Überlegungen folgt zweierlei: Die Qualitäten des Gottesdienstes lassen sich auf der Handlungs- und Verhaltensebene weder generell bestimmen noch so, dass sich daraus ein liturgisches Qualitätssicherungssystem im strengen Sinne ableiten ließe. Aber es scheint mir möglich, normative Grundperspektiven liturgischen Handelns zu beschreiben, welche die Mentalität und den Habitus der professionellen Liturgen prägen sollen. Damit ist die liturgische Qualitätsdebatte gewissermaßen auf die Ebene professioneller Kompetenz transferiert, wo sie m.E. auch hingehört.

Darüber hinaus ist es aber durchaus möglich und nötig, sich über Aspekte liturgischer Qualität auf der Ebene konkreter Vollzüge und liturgischer Sequenzen zu verständigen. Dies will ich im letzten Teil tun.

5. Beispiel Segen

Der Segen eignet sich in besonderer Weise, um die Tauglichkeit der genannten Qualitätsperspektiven zu prüfen und davon ausgehend handlungsleitende Aspekte liturgischer Qualität zu erwägen, und zwar aus folgenden Gründen: Die im protestantischen Gottesdienst seit dem 19. Jahrhundert klassische Form des Aaronitischen Priestersegens bezieht das göttliche und das menschliche Handeln aufeinander, und zwar in zugleich spannungsvoller und für die Liturgie paradigmatischer Weise: Gott weist die Priester an, das Volk zu segnen, und stellt sich zugleich vor als der Segnende. Gelegentlich wird in der Literatur von Gott als dem primären und vom Priester oder vom Liturgen als dem sekundären Subjekt des Segens gesprochen. Ob diese Begrifflichkeit glücklich gewählt ist, sei dahingestellt. Zumindest macht sie deutlich, dass hier ein Spannungsverhältnis vorliegt, das nach keiner Seite hin aufgelöst werden kann: Gott bindet sich an das Handeln des Priesters und der Priester spendet den Segen Gottes, den er von sich aus nicht spenden könnte. Damit ist das spannungsvolle Wesen des liturgischen Handelns insgesamt – bis hin zur Predigt – bestimmt.

Der Segen macht die *Ritualität* des Gottesdienstes in besonderer Weise deutlich, indem er von der Wiederholung lebt, dem Volk oder der Gemeinde gilt und wesentlich körperlich-gestisch verfasst ist. Auch die *Andacht* ist beim Segen mit Händen zu greifen bzw. an den Händen abzulesen: an den Händen der Segnenden und an den Händen der Gesegneten. Viele Menschen erleben den Segen als berührend, ja als Höhepunkt des Gottesdienstes. Und zwar gerade darum, weil nicht Inhalte vermittelt, sondern eine Gottesbegegnung gestisch in Szene gesetzt wird. Auch das *Transformationspotenzial* der Segensgeste ist augenscheinlich: Der

Segen ist ein Schwellenritual, eine liturgische Handlung auf der Schwelle, sei es als Schlusssegen, als Salutatio zu Beginn, als Friedensgruß oder als Reisesegen. Immer wird dem Gesegneten Leben mitgeteilt, Kraft vermittelt, die ihn anders und als anderen weitergehen lässt.

Wenn wir nun versuchsweise die drei genannten liturgischen Perspektiven auf den Segen anwenden, ergeben sich daraus die folgenden Qualitätskriterien für die Gestaltung des Segens:

a) Vertrautheit von Geste und Formel
Der Segen ist auf Wiederholung hin angelegt. Die Wiederholung nutzt ihn nicht ab, sondern steigert seine Kraft. Sie hilft der Gemeinde, den Segen andächtig zu empfangen, ohne sich auf predigthafte Belehrungen konzentrieren zu müssen oder durch blumige Ausschmückungen abgelenkt und auf irdische Wiesen entrückt zu werden. Johannes Calvin schrieb denn auch der Genfer Pfarrerschaft vor, den Segen immer in derselben Form zu spenden, nämlich im Wortlaut des Aaronitischen Priestersegens, mit kräftiger Stimme und erhobenen Händen.

b) Stimmigkeit der Geste
Die Segensgeste soll einfach und deutlich sein. Segensformel und Geste müssen korrespondieren. Wenn die Spendeformel verwendet wird, dann soll der Segen auch gestisch gespendet werden. Zur Stimmigkeit der Geste gehört auch, dass der Segen nicht abgelesen wird. Das zugewandte, leuchtende Angesicht Gottes erscheint durch das zugewandte Gesicht der Liturgin hindurch – oder gerät in Spannung zum Liturgen, der mit den Augen am Segenstext klebt. Zur Stimmigkeit gehört, dass der Segen auswendig gesprochen wird.

c) Resonanz des Klangraums

Die Stimme ist Teil der Segensgeste. Sie unterstützt diese oder setzt sie außer Kraft. Der Segensraum wird sowohl durch die Stimmigkeit der Bewegungen als auch durch den Klang der Stimme und die Stimmführung eröffnet und gestaltet. Geste und Stimme machen deutlich, wie grundlegend der Segen körperlich geprägt ist. Segensgeste und Stimmführung eröffnen einen Resonanzraum des Segens. Wenn sie stimmen, bewirken sie bei der Gemeinde körperliche Resonanzen. Sie vermögen dann, die im Kirchenraum verstreut sitzenden Gottesdienstteilnehmer ein letztes Mal performativ zum Leib Christi zu verbinden – wohlverstanden: *ubi et quando visum est Deo* – wo und wann es Gott gefällt.

d) Verdichtete Sprache

Aus der Perspektive der Ritualität ergibt sich das Erfordernis einer rituellen Sprache, d. h. einer Sprache, die die Handlung vollzieht, die ein Sprechakt ist – einer Sprache, die zuspricht und mitteilt. Der Segen erklärt nicht und belehrt nicht. Er mahnt auch nicht. Blumige Ausschmückungen verstärken ihn nicht; tagesaktuelle Konkretisierungen und politische Zuspitzungen finden bei einigen Beifall und verärgern andere, fallen jedoch aus der Andacht und damit aus dem Segensraum heraus. Es spricht viel dafür, den Segen nicht Mal für Mal neu zu entwerfen, sondern geprägt Formen und Formeln zu übernehmen und über längere Zeit zu verwenden.

e) Authentische Rolle

Die Rolle des Liturgen beim Segen muss sitzen. Wenn es nach Calvin geht, handelt es sich ganz klar um eine priesterliche Rolle. Sie kann theologisch auch anders bestimmt werden, aber sie muss sitzen, d. h. reflektiert und stimmig gestaltet werden. Wie wir aus dem Schauspiel, aber auch aus dem Alltag wissen: Eine Rolle sitzt erst, wenn sie von der Persönlichkeit der Trägerin geprägt ist. Die Liturgin muss die Segensrolle authentisch spielen, sie muss zu ihrer eignen Rolle geworden sein, die sie sich angeeignet und einverleibt hat. Nur so kann sie das Ritual souverän leiten und nur so die Gemeinde in ihrer Andacht begleiten.

f) Gelingender Übergang

Die Qualität des Segens bemisst sich nicht zuletzt daran, ob er die Gemeinde diskret und bestimmt über die Schwelle zu geleiten vermag: von der Andacht zur Begegnung mit Menschen und Dingen, von der Feier in den Alltag. Diese Schwelle ist nicht als Abstieg vom Berg der Verklärung, sondern als Übergang in den Gottesdienst im Alltag der Welt zu gestalten – in der Kraft, die uns gegeben ist. Daraus folgt etwa, dass sich die Gemeinde nach dem Segen nicht wieder hinsetzt und als Konzertpublikum dem Orgelspiel lauscht, sondern mit dem Schwung des Ausgangsspiels die Schwelle des Kirchenraums hinaus in den Alltag überschreitet.

Jochen Arnold

Was ist ein (guter) Gottesdienst?

Theologische Bemerkungen
aus biblisch-reformatorischer Perspektive

Was ist ein guter Gottesdienst? Ja, was ist überhaupt ein Gottesdienst? Mit diesen beiden Fragen werde ich seit Beginn meiner Arbeit im Michaeliskloster Hildesheim ständig konfrontiert. Sie brennen vielen Menschen unter den Nägeln und fordern mich heraus, mich theologisch dazu zu äußern. Sie exponieren – wie wir gleich sehen werden – das aktuelle Thema *Qualität des Gottesdienstes* in einer doppelten Weise: Sie fragen nach der *Güte* und nach dem *Wesen* eines Gottesdienstes. Beide Aspekte – so meine These vorab – lassen sich mit dem Qualitätsbegriff in Verbindung bringen, ja gerade ihre Verknüpfung ist unverzichtbar für eine Erfassung des Sachverhalts.

Im Folgenden soll daher versucht werden, die alte und neue Frage nach Qualität im Gottesdienst aus biblisch-theologischer (2. bis 4.) und systematisch-theologischer Perspektive (5. bis 7.) zu beleuchten, um am Ende eine Zusammenfassung auch unter pastoraltheologischer Perspektive zu formulieren. Der Bezug auf biblische und reformatorische Fragestellungen impliziert, dass die Suche nach Qualität im Gottesdienst kein Modethema des 21. Jahrhunderts, sondern ein christliches Grundanliegen ist. Die Zuspitzung auf die Reformation[1], deren Ausgangspunkt ein Leiden, aber auch

---

[1] Der „Altmeister der Gottesdienstlehre", Peter Brunner, betont in verschiedenen Aufsätzen, dass Reformation „in erster Linie eine Reformation des Gottesdienstes" gewesen ist (vgl. Peter Brunner, Zur Lehre vom Gottesdienst der im Namen Jesu versammelten Gemeinde, in: Leiturgia Bd. I,

ein vitales Interesse daran war,[2] geschieht nicht im Sinne einer konfessionalistischen Engführung, sondern angesichts der Tatsache, dass das Zentrum für Qualitätsentwicklung im Gottesdienst auch durch das Reformationsjubiläum 2017 motiviert ist.

1. Vorbemerkungen zum Qualitätsbegriff – Anknüpfung an das aktuelle Gespräch

Wir befassen uns nun mit einer theologischen Bestimmung von Gottesdienstqualität, die wir zunächst in den Kontext der aktuellen Qualitätsdebatte stellen wollen. Mit Folkert Fendler[3] können wir drei divergierende Qualitätsbegriffe unterscheiden, einen umgangssprachlichen, einen am Qualitätsmanagement orientierten und einen philosophischen.

Kassel 1954, 115). In einem eigenen Beitrag, Die Reformation als kritische Frage an die Zukunft, in: Ders., Bemühungen um die einigende Wahrheit, 34–57, wird dies besonders soteriologisch zugespitzt, vgl. a. a. O., 54: „Nicht die Feier der Messe ist böse, aber eine Messe, die als Werk des Priesters konkurrierend mit dem Christus praesens crucifixus in die Heilswende eingreift, ist böse."

2 Vgl. dazu Luthers Vorrede zum Kleinen Katechismus, BSLK 501 f.: „Hilf, lieber Gott, wie manchen Jammer habe ich gesehen, dass der gemeine Mann doch gar nichts weiß von der christlichen Lehre, sonderlich auf den Dörfern, und leider viel Pfarrherr fast ungeschickt und untüchtig sind zu lehren, und sollen doch alle Christen heißen, getauft sein und der heiligen Sakrament genießen, können aber weder Vaterunser noch den Glauben noch die 10 Gebote, leben dahin wie das liebe Vieh und unvernünftige Säue, und nun das Evangelium gekommen ist, haben sie es dennoch fein gelernt, alle Freiheit meisterlich zu missbrauchen."

3 Vgl. Folkert Fendler, Von der „Qualitas" zur Messung. Theologisch verantwortet von Qualität reden, in: Liturgie und Kultur 2011, 4–27.

1.1 Qualität umgangssprachlich – Qualität als Schönheit

Am weitesten verbreitet ist ein *umgangssprachlicher Qualitätsbegriff,* der mehr oder weniger synonym ist mit Güte, Exklusivität, Perfektion oder Exzellenz. Wenn wir z. B. im musikalischen Bereich von Qualität sprechen, dann meinen wir häufig:

– *einen unverkennbarer Sound* (z. B. die Stimme von Herbert Grönemeyer), *ein perfektes Zusammenspiel, einen homogenen Chorklang, eine authentische Interpretation, die dem Urtext bzw. der Intention* des Komponisten entspricht usw.;

– evtl. ist damit auch die *Musizierfreude der Ausführenden* oder die *Interaktivität des Geschehens (Musik als Kommunikation)* gemeint;

– zuweilen geht es mit Qualität um eine *originelle Inszenierung* mit *medialer Wirkung,* die den spezifisch performativen Charakter der Musik hervorkehrt wie etwa beim Flashmob mit Händels Halleluja in einer großen Shopping Mall;[4]

– *dass möglichst viele mitmachen* (man denke an Landesposaunentage oder große Chorfeste) oder mitsingen (z. B. möglichst bekannte Lieder im Gottesdienst), wird gelegentlich auch als Kriterium für Qualität ins Spiel gebracht.

1.2 Qualität im Qualitätsmanagement –
Qualität als Sollbestimmung

Auf Avedis Donabedian geht eine Unterscheidung von Qualitätsebenen zurück, die ursprünglich zur Betrachtung und Entwicklung von Pflegequalität konzipiert wurde (1966). Sie

---

4 Gesehen auf YouTube unter „Christmas Food Court Flash Mob Hallelujah Chorus" vom 13.11.2010.

hat inzwischen einen großen Siegeszug durch Wirtschaft und Wissenschaft angetreten. Donabedian definiert Qualität im Gesundheitswesen als „Grad der Übereinstimmung zwischen den Zielen des Gesundheitswesens und der wirklich geleisteten Versorgung". Er unterscheidet Struktur-, Prozess- und Ergebnisqualität. „Unter *Strukturqualität* werden dabei die vorhandene Infrastruktur, sowie die personellen und fachlichen Ressourcen verstanden. Rechtliche, bauliche und organisatorische Rahmenbedingungen gehören ebenso in diesen Bereich wie die Ausbildung, die Fähigkeiten und Fertigkeiten der Mitarbeiter und die Beschaffenheit etwa der benötigten Materialien."[5]

Ohne größere Schwierigkeit lässt sich dieser Komplex auf die *Beschaffenheit des Kirchenraums* zum einen, aber auch auf *Ausbildung und Schulung der im Gottesdienst Agierenden* übertragen, also nicht nur auf Pfarrerinnen und Pfarrer, sondern auch auf die Kirchenmusiker, Küsterinnen, Kirchenvorstände usw., die im Gottesdienst regelmäßig vorkommen. *Prozessqualität* meint dagegen „die Art und Weise des tatsächlichen Tuns (der Dienstleistungserbringung). Wie wird medizinische Beratung und Versorgung geleistet? Wie funktioniert das Controlling, welche Kontakte gibt es im Vorfeld bzw. im Nachgang medizinischer Maßnahmen?"[6]

Unschwer lässt sich dieser Begriff auf die *tatsächliche Durchführung* des eigentlichen Gottesdienstes, auf die Wahrnehmung bestimmter Rollen in der Liturgie, auf die Partizipation der Gemeinde usw. übertragen. Hier lag und liegt bis jetzt innerhalb der praktisch-theologischen Diskussion der eigentliche Schwerpunkt des Interesses, der sich mit

---

5 Fendler, Qualitas (Anm. 3), 7.
6 Fendler, a. a. O. (Anm. 3), 8.

dem Begriff der „Inszenierung"[7] in Verbindung bringen lässt. Er korrespondiert gut mit dem theaterwissenschaftlichen, aber auch mit dem ritualtheoretischen Paradigma[8] innerhalb der Liturgik.

Die *Ergebnisqualität* „schließlich schaut auf das tatsächlich Erreichte: die Leistungen (Outputs) und die Wirkungen (Outcomes), im Pflegebeispiel den Gesundheitszustand der Patienten, das Kosten/Nutzenverhältnis aber auch auf die (subjektive) Zufriedenheit der Kunden. Die Unterscheidung erwies sich als von solch grundlegender Bedeutung, dass sie bald auch auf andere Bereiche übertragen wurde. Mittlerweile zählt sie zu den klassischen Unterscheidungen des Qualitätsmanagements."[9]

Im Blick auf den Gottesdienst wird es daran anknüpfend um die Entwicklung einer *Nachbereitungskultur* gehen, wie sie in der Vergangenheit am ehesten in Form eines Predigtnachgesprächs stattgefunden hat, bis jetzt aber kaum wirklich entwickelt ist. Dazu gehört auch ein explizites Feedback zum Gottesdienst im Anschluss (z. B. mit Rückmeldebögen oder- büchern). Dies wäre der sogenannte *Output*. Darüber hinaus – und dies ist bis jetzt eine große Leerstelle der Forschung – gilt es, in Zukunft nicht nur Momentaufnahmen zum Gottesdienst abzufragen, sondern etwa durch Lang-

---

7 Vgl. exemplarisch Michael Meyer-Blanck, Inszenierung des Evangeliums, Göttingen 1997.

8 Vgl. Ursula Roth, Die Theatralität des Gottesdienstes, Gütersloh 2006 (PThK 18). Helmut Schwier, Liturgische Praxis und Theorie vor der Qualitätsfrage, in: Michael Meyer-Blanck u. a. (Hg.) Gottesdienst feiern. Zur Zukunft der Agendenarbeit in den evangelischen Kirchen, Gütersloh 2009, 171–179, ordnet den performativ-ästhetischen Aspekt als ein Paradigma in die liturgische Debatte ein und betont daneben u. a. auch das rituelle Paradigma. Vgl. den Beitrag von David Plüss in diesem Band.

9 Vgl. Fendler, a. a. O. (Anm. 3), 8.

zeitstudien das Partizipationsverhalten und die individuelle Bedeutung des Gottesdienstes für die Gottesdienstbesucher zu ermitteln (*Outcome*). „Die Unterscheidungen
Donabedians (Struktur-, Prozess- und Ergebnisqualität)
weiten also den Blick von der Fixierung auf die *tatsächliche
Gestalt* eines Gottesdienstes hin zu seinen *kirchlichen und
gesellschaftlichen Rahmenbedingungen und der Vor- und
Nachbereitungskultur.*"[10]

Eine weitere hilfreiche Unterscheidung könnte die Trias
*Grund- und Leistungsanforderungen bzw. Begeisterungsfak-
toren*[11] sein: Welche Grundanforderung (bestuhlt, geheizt,
beleuchtet) sind für das Gelingen eines Gottesdienstes notwendig? Welche expliziten und impliziten Leistungsanforderungen (Vorbereitung und Ausführung seitens der Predi-
gerinnen, Liturgen und Musikerinnen, Absprachen im Team)
gibt es? An welchen Stellen hat der Gottesdienst besonders
berührt, begeistert, bewegt (*Begeisterungsfaktoren*)? Festzuhalten bleibt, dass Qualität im Qualitätsmanagement eine
relative Größe ist, die – je nach vorheriger Festsetzung von
Anforderungen – zu klaren Sollbestimmungen und damit
auch zu Bewertungen führt.

*1.3 Philosophische Spuren von Qualität –
Qualität als Wesensbestimmung*
Seitens der Philosophie gibt es einen Qualitätsdiskurs, der
viel älter ist.[12] Der Begriff kommt ja eigentlich vom lateini-
schen *qualitas*, was so viel heißt wie: Beschaffenheit, Wesen,

---

10 A. a. O., 27 (Hervorhebungen Arnold).

11 Vgl. Folkert Fendler, Gottesdienstqualität. Von der Grunderwartung zur
    Begeisterung, in: Für den Gottesdienst 71/2010, 16 f.

12 Die Darstellung des aristotelischen Qualitätsverständnisses in diesem und
    dem nächsten Absatz lehnt sich zum Teil eng an: Fendler, a. a. O. (Anm. 3),
    4–7.

Eigenschaft. Aristoteles war der Erste, der sich systematisch mit ihm befasste. Qualität (griechisch *poiótes* – ποιότης) ist Teil seiner berühmten Kategorienlehre. „Sie enthält den Versuch, die innere Ordnung der Welt zu erfassen. Zehn Kategorien fand der griechische Philosoph: Substanz, Quantität, Qualität, Relation, Wo, Wann, Lage, Haben, Tun und Leiden. Diese zehn Kategorien sind bei Aristoteles nicht gleichwertig, vielmehr steht der Grundbegriff der Substanz den neun anderen Kategorien gegenüber. Die Substanz ist das Wesen einer Sache, das selbständig existieren kann. Die neun anderen Kategorien demgegenüber, die so genannten Akzidenzien, können das nicht."[13] Ihr Hauptmerkmal ist, dass sie sich als sogenannte Verfassungen (griechisch *diatheseis* – διαθέσεις) jeweils verändern können, was im Blick auf das Wesen (vgl. griechisch *hexis* – ἕξις, auch Beschaffenheit, Zustand) nicht ohne Weiteres möglich ist.

Ist eine Rede vom Wesen ohne nähere Bestimmung der Eigenarten denkbar? Aristoteles unterscheidet in seiner Metaphysik eine *erste Qualität*, die er „Unterschied des Wesens" nennt, von einer *zweiten Qualität*, die er als Eigenschaften bezeichnet.[14] In seiner Kategorienlehre schreibt er: „Unter Qualität verstehe ich das, aufgrund dessen etwas (bzw. Leute) irgendwie beschaffen genannt wird (bzw. werden)."[15] Vier Arten der Qualität werden dabei unterschieden.[16] Sie kann erstens eine Haltung (*Wissen* bzw. *Tugend als Gerechtigkeit, Besonnenheit*) bezeichnen, die dauerhaft oder zeitlich be-

---

13 A. a. O., 4 f.

14 Aristoteles, Met. 1020 b 2. 14 ff.

15 Aristoteles, Cat. 8 b 25.

16 Vgl. Christoph Markschies, Der genaue Blick: Welche Moden haben uns wo die Qualität verdorben? In: Ders./Elisabeth Lack (Hg.), What the hell is quality? Qualitätsstandards in den Geisteswissenschaften, Frankfurt a. M 2008, 134 f.

grenzt dem Konkreten zukommt. Sie sei zweitens *Veranlagung* (vgl. Begabung) bzw. das natürliche Vermögen oder Unvermögen (vgl. Fähigkeit zum Laufen, zum Faustkampf beim Sport). *Affektive* Qualitäten nennt er drittens Eigenschaften, die sinnliche Reaktionen auslösen (*Angst, Freude*), aber auch dauerhafte oder kurzfristige Gemütsverfassungen beschreiben. Viertens sei Qualität die *äußere Gestalt und Form einer Sache* (vgl. Dreieck, Viereck bzw. andere Eigenschaften von Gegenständen).

Aristoteles stellt mit seinen Kategorien also meist anthropologische Bezüge her, die sich in Richtung Gottesdienst weiterdenken lassen. Sowohl eine kognitive als auch eine ethische Dimension entdecke ich unter der Überschrift *Haltung* – ein Begriff, der auch in der aktuellen Praktischen Theologie vielfach positiv gebraucht wird. Er könnte das pastoraltheologische Ethos in der Gottesdienstvorbereitung, aber auch schlicht Besonnenheit oder intellektuelle Redlichkeit und Wahrhaftigkeit in der Predigt beschreiben. Der zweite Aspekt lässt sich unschwer als *natürliche* (eher *physische*, vgl. z. B. Fähigkeit zu singen) *Begabung* verstehen und lenkt den Blick auf die im Gottesdienst zum Einsatz kommenden Menschen mit ihren vom Schöpfer geschenkten (und vom Geist aktivierten) Gaben. Beim dritten Aspekt spielt die affektive Dimension offenbar eine Schlüsselrolle. Die *emotionale* Seite menschlicher Erfahrung wird damit ernst genommen und trifft sich mit dem, was viele Menschen spontan als Erstes nach einem Gottesdienst sagen: „Ich habe mich wohlgefühlt" oder „Das hat mir gutgetan", aber auch „Das hat mich geärgert". Dies deckt sich wiederum mit aktuellen empirischen Untersuchungen. So geben etwa in der vierten Kirchenmitgliedschaftsuntersuchung (KMU 4) ca. zwei Drittel der Kirchenmitglieder an, dass sie sich eine zuversichtliche Grundstimmung im Gottesdienst wünschen.[17] Denkbar ist eine Unterscheidung von Gefühlen, die schon mitgebracht werden und ausgedrückt werden wollen (*Expression* von Trauer oder Freude), und solchen, die erst einmal geweckt werden sollen (*Impression*, z. B. Hoffnung, Zuversicht, Vertrauen, Geborgenheit).

Der Formbegriff am Ende lässt sich unter Umständen auf Gegebenheiten des Kirchenraumes, ja vielleicht sogar im übertragenen Sinne auf sprachliche Formen des Gottesdienstes beziehen. Folgt man dieser Spur des griechischen Philosophen, so wird deutlich, dass natürliche Gegebenheiten im *affektiven* und *kognitiven*, aber auch im *leiblich-sinnlichen* Bereich im Blick auf den Gottesdienst zu bedenken sind.

Im Folgenden werden Aspekte des umgangssprachlichen, des philosophischen aber auch des wertenden Gebrauchs von Qualität aufgenommen und es wird versucht, biblisch-theologisch (2.–4.) und systematisch-theologisch (5.–7.) nach dem Guten und Schönen, dem Wesen eines Gottesdienstes und seiner angemessenen Gestaltung zu fragen, um daraus weitere Überlegungen für den Qualitätsbegriff und die Bedeutung des Gottesdienstes für unsere Kirche und die Gesellschaft zu folgern.

---

17 Vgl. zur Frage, was Menschen im Gottesdienst wichtig ist: Jan Hermelink u. a. (Hg.), Kirche in der Vielfalt der Lebensbezüge, Bd. 2: Analyse zu Gruppendiskussionen und Erzählinterviews, Gütersloh 2006.

2. „... zu schauen die schönen Gottesdienste des Herrn"!? – Biblisch-theologische Perspektiven zur Schönheit des Gottesdienstes

Die folgenden Überlegungen zum *Schönen in der Bibel* sind m. E. insofern besonders relevant, als in der Praktischen Theologie seit etlichen Jahren eine (rezeptions-)ästhetische Grundeinstellung vorherrscht, deren heimliches Leitbild das Schöne bzw. dessen Wahrnehmung und Deutung zu sein scheint.[18] In einer grundlegenden systematisch-theologischen Arbeit mit dem Titel *Gott und das Schöne* von Matthias Zeindler (1993) heißt es: „Vom Menschen gestaltetes Schönes wird in der evangelischen Theologie vor allem in zwei Problemkreisen thematisch: im Zusammenhang mit der *Kunst* und, da im *Gottesdienst* von jeher auch die Künste ihren Platz haben, im Zusammenhang mit diesem."[19] Hat diese Aussage auch eine biblische Grundlage?

---

18 Vgl. dazu grundsätzlich Albert Grözinger, Praktische Theologie und Ästhetik. Ein Beitrag zur Grundlegung der Praktischen Theologie, München 1987, und homiletisch: Gerhard Marcel Martin, Predigt als „offenes Kunstwerk"? Zum Dialog zwischen Homiletik und Rezeptionsästhetik, in: Ev Th 1984, 46–58.

19 Matthias Zeindler, Gott und das Schöne, Göttingen 1993, 173. Etwas weiter unten, 175 f., resümiert er: „Im Zusammenhang der Lehre vom Gottesdienst kommt die Schönheit vergleichsweise selten zur Sprache, und dort, wo es geschieht, in der Regel nur am Rand. Eine ausführliche Behandlung erfährt das Problem lediglich bei Peter Brunner. Freilich fehlt bei Brunner so sehr wie bei den anderen beiden erwähnten Beiträgen (Althaus, Asmussen) eine ästhetische Bestimmung des Schönen. Alle drei heben allerdings einen wichtigen ästhetischen Aspekt an der Schönheit hervor: ihre Zweckfreiheit, die sie zur Ausdrucksform christlicher Freiheit werden lassen kann" (vgl. Brunner, Lehre [Anm. 1], 313–332).

Vielfach stößt man schnell auf folgendes Zitat aus Ps 27 (Lutherübersetzung):[20]

> Eines bitte ich vom Herrn, das hätte ich gerne,
> dass ich im Hause des Herrn bleiben könne mein Leben lang:
> zu schauen die schönen Gottesdienste des Herrn
> und seinen Tempel zu betrachten.

Dieser Vers aus dem berühmten Vertrauenslied spricht eine vermeintlich unmissverständliche Sprache. Freilich wird man beim Lesen des Urtexts schnell eines Besseren – vielleicht noch Spannenderen! – belehrt: Denn die genaue Übersetzung von V. 4 lautet anders:

> Eines habe ich von Jahwe erbeten, das begehre ich:
> Zu wohnen in Jahwes Haus alle Tage meines Lebens –
> zu schauen Jahwes Freundlichkeit
> und auszuspähen in seinem Tempel.[21]

Es geht in Ps 27,4 im Grunde also um noch viel mehr: um eine Schau der Freundlichkeit, ja des lieblichen Wesens Gottes selbst.[22] Für die Frage nach Gottesdienstqualität ist dies exegetisch eine Entdeckung. *Nach der Schönheit des Gottesdienstes fragen, heißt, nach Gott, nach Gottes Schönheit, suchen.*

---

20 Vgl. dazu Christian Binder, Zu schauen die schönen Gottesdienste des Herrn – Perspektiven zur Wahrnehmung von Gottesdiensten, in Liturgie und Kultur 2011, 28–37, und die Handreichung der Evangelischen Kirche im Rheinland <www.ekir.de/www/service/gottesdienst-12399.php>.

21 Vgl. Hans-Joachim Kraus, Die Psalmen, Bd I, ³1961, 220. Vgl. die Stelle bei Alfons Deissler, Die Psalmen, Düsseldorf 1985, 111: „zu schauen Jahwes holdes Wesen/und Umschau zu halten in seinem Tempel."

22 Damit sind wir, was die Qualitätsfrage angeht, wieder nahe an der dritten (philosophischen) Definition (vgl. 1.3).

2.1 Gottes Schönheit (Lichtglanz) im Schöpfungshymnus
(Ps 104 und 19)

Gott selbst bekommt das Prädikat der Schönheit an etlichen Stellen der Bibel explizit zugesprochen. In den Schöpfungshymnen des Psalters heißt es:

> Herr, mein Gott, du bist sehr herrlich, du bist schön und prächtig geschmückt. Licht ist dein Kleid, das du anhast (Ps 104,1). Die Himmel erzählen die Schönheit (Ehre) Gottes, und seiner Hände Werk zeigt an das Firmament (Ps 19,2).[23]

Damit wird die ganze Schöpfung zum glanzvollen Schauplatz der Schönheit Gottes. Indirekt enthält die tönende Natur die stetige Aufforderung an den Menschen, es der rühmenden Schöpfung gleichzutun. Adolf Köberle schreibt, dass „alle Schöpfungswerke einen Abglanz von der Herrlichkeit und Schönheit Gottes"[24] an sich tragen und Gott gerade durch Kunst und Musik Menschen würdigt, ihn und seine schönen Werke zu preisen.[25] Begrifflich stößt man, von Ps 19 und anderen herkommend, besonders auf das offenbarungstheologisch zentrale Wort *kabod/doxa/gloria* (Herrlichkeit, Lichtglanz, Ehre), das sich als Wesenbeschreibung Gottes begreifen lässt und biblisch-theologisch eine wichtige christologische Brücke ins Neue Testament (vgl. Joh 1) bildet:

---

23 Zur kunstvollen Form von Ps 19 als Diptychon vgl. Hartmut Gese, Die Einheit von Psalm 19, in: Ders. Alttestamentliche Studien, Tübingen 1989, 139–148, und Jochen Arnold, Theologie des Gottesdienstes, Hannover ²2008, 463–475.

24 Adolf Köberle, Kunst und Schönheit in christlicher Schau, in: Günther Sigel (Hg.), Das Bild der Welt in christlicher Schau, Stuttgart 1949, 76–100, 86.

25 Vgl. ähnlich Zeindler, a. a. O. (Anm. 19), 176.

„Fragt man nach der Vorstellung einer Schönheit Gottes in der Bibel, ist man in erster Linie an den mit den Begriffen *kabod Jahwe* und *doxa theou* umschriebenen Traditionskomplex gewiesen. Kabod Jahwe und doxa theou meinen Gott, sofern er sich in seiner Macht manifestiert. Der Begriff benennt jeweils im Alten wie im Neuen Testament Gottes *Wesen*, sein Gottsein im Modus vollständigen Offenbarseins und wird zutreffend an den meisten Stelen mit ‚Herrlichkeit' übersetzt. ‚Herrlichkeit' ist nicht gleichbedeutend mit ‚Schönheit', es ist aber deutlich geworden, dass der göttlichen Herrlichkeit nach biblischer Vorstellung der Aspekt des Schönen zukommt. [...] In Jesus Christus ist aber die *doxa* für den Glauben offenbart worden, so dass die Herrlichkeit Gottes – mit ihrer Schönheit – schon hier und jetzt Gegenstand eines spezifischen Sehens des Glaubens werden kann."[26]

Prominentester Ort für dieses „Hier und Jetzt" ist natürlich der Gottesdienst, in dem hymnische Texte wie Kol 1,15–20 und Joh 1,1–18 gelesen, aber auch Psalmen wie Ps 19 und 104 explizit zur *Verherrlichung Gottes* angestimmt werden. Damit bekommt die Herrlichkeit Gottes einen Ort unter den Menschen, einen spirituellen „Sitz im Leben" am Sabbat[27], am Sonntag, aber auch im Alltag der Welt.[28] Reicht dies schon aus, um eine Theologie der Schönheit, ja womöglich eine *theologia gloriae*[29] zu proklamieren? Gewiss nicht ein-

---

26 Zeindler, a. a. O. (Anm. 19), 232 f.

27 Vgl. dazu Gerhard von Rad, Theologie des Alten Testaments I, 375–379, mit dem Spitzensatz, dass Israel im Loben Jahwes „der Wirklichkeit des Schönen in seiner höchsten Form begegnet sei" (375).

28 Bedenkt man etwa, dass Ps 19 und 104 vielfach Eingang in große oratorische Musik gefunden haben (vgl. Haydns Schöpfung), so dürfte unschwer deutlich sein, dass sie auch an vermeintlich „säkularen Orten" aufgeführt und gehört werden (z. B. im Konzertsaal), also gleichsam zur Welt zurückgefunden haben.

29 Dieser Begriff ist seit Luthers Heidelberger Disputation, WA 1, 362 f., ein ausgeprägtes theologisches „Schimpfwort". Es bezeichnet eine Theologie,

fach so. Dann würde der Bruch, der durch die Sünde in die Welt kam, gleichsam ausgeklammert. Deshalb ist – etwa von Röm 1–3, aber auch Joh 1,10 f. her – eine weitere Dimension festzuhalten: „Die *doxa* realisiert sich in der Gemeinschaft zwischen dem Vater und dem Sohn und wird erfüllt in der Selbsthingabe Jesu zugunsten der Welt. Sie ist damit die Herrlichkeit von Gottes *Liebe.*"[30] Die Schönheit göttlicher Herrlichkeit erweist sich demnach im „Zur-Welt-Kommen Christi", sie meint das erfreuliche Leuchten der göttlichen Liebe in der Ambivalenz von Natur und Geschichte. Diese theologisch aufregende Verbindung von *Schönheit und Liebe* gilt es zunächst festzuhalten. Gottes Schönheit ohne seine Liebe zur gefallenen Menschheit wäre hohl und eitel, sie entspräche der glatten Schönheit eines griechischen Götterbildes.

Um der Verknüpfung von göttlicher Schönheit und Liebe nachzuspüren, blicken wir deshalb zunächst auf unsere Erfahrungswelt, auf ihre menschliche Gestalt.

2.2 Schönheit der Liebenden

Vielfach ist im Alten Testament davon die Rede, dass Menschen schön waren: Sara, Rebekka und Rahel, aber auch Joseph und David gehören dazu.[31] Im Hohenlied Salomos, einer der wunderbarsten poetischen Sammlungen der Weltliteratur – lateinisch *Cantica Canticorum,* Lieder der Lieder –, finden wir eine ebenso elementare wie schöne (!) Art und Weise, von Schönheit zu reden. Es ist die Sprache der Liebe,

---

die sowohl in soteriologischer als auch ethischer Hinsicht ohne das Kreuz Christi auszukommen meint.

30 Zeindler, a. a. O. (Anm. 19), 233.

31 Vgl. dazu Zeindler, a. a. O. (Anm. 19), 302: „Das Alte Testament beurteilt die menschliche Schönheit, von wenigen Ausnahmen in der Weisheit abgesehen, durchgehend positiv."

die im Gegenüber Schönheit entdeckt und sie ihm werbend zuspricht:

> Der liebende junge Mann sagt: Siehe meine Freundin, schön bist du, deine Augen sind wie Taubenaugen. Sie antwortet: Siehe mein Freund, du bist schön und lieblich. Unser Lager ist grün ... (Hhld 1,15 f.)

Unschwer hört man die Freude an einem schönen Körper, an der Attraktivität des anderen Geschlechts, die Begehren weckt und auf das Ausleben der Gefühle zielt. Erstaunlich freizügige Aussagen über die körperliche Liebe gehören folgerichtig auch zu den weiteren Gedichten der *Cantica canticorum*.[32] Was folgt daraus? Die Möglichkeit, sich über sinnliche Schönheit zu freuen, ist auch mit dem Sündenfall nicht aufgehoben. Gerade das Alte Testament ist voll von Geschichten, die das Miteinander von Mann und Frau unbefangen erzählen. Das Hohelied ist in seiner erotischen Unmittelbarkeit bald allegorisiert worden (z. B. als Bild für Gott und Israel bzw. für Christus und die Kirche, vgl. Hos 2 und Mt 25,1–13; Eph 5,32; Offb 22), fand aber trotzdem kaum Eingang in den Kanon der zu predigenden Texte im Kirchenjahr.

2.3 Königliche Schönheit (Ps 45)
Im Psalter finden wir dazu eine weitere (auch literarisch verwandte) Spur. Ps 45 macht eine königliche Hochzeit zum Thema der Dichtung, die voll ist von schillernden Adjektiven:

---

32 Das spannungsvoll sich ergänzende Gegenüber der Menschen (vgl. Gen 2) hat im priesterlichen Schöpfungsbericht auch ein Gegenüber bei Gott (vgl. Gen 1,27). Damit kommt das göttliche Schöpfungswerk an sein Ziel. Nicht zufällig kommentiert der priesterliche Erzähler in Gen 1,31 den letzten Schöpfungstag mit der gesteigerten Billigungsformel: Und siehe, es war sehr gut.

> Mein Herz dichtet ein feines Lied, einem König will ich es sin-
> gen; meine Zunge ist ein Griffel eines guten Schreibers. Du
> bist der *Schönste* unter den Menschenkindern, voller Huld
> sind deine Lippen, wahrlich Gott hat dich gesegnet für ewig.
> (Ps 45,2 f.)

Vollmundig wird zunächst die Schönheit des Königs, danach
auch die seiner Prinzessin besungen, die von Gottes ewi-
gem Segen überschüttet werden.[33] Damit stellt dieser Psalm
eine einzigartige Besonderheit da. Allerdings gilt es zu beachten: Hier wird kein Mensch *vergöttlicht* wie etwa in der
griechischen Mythologie, sondern die Schönheit des Menschen weist über sich hinaus auf ihren Geber, den göttlichen
Schöpfer, dessen Fantasie damit indirekt gepriesen wird. Zugleich deutet sich aber schon eine andere Perspektive an, die
auf Gottes Königtum und sein rettendes Handeln in der Welt
zielt.[34] In der weiteren Wirkungsgeschichte des Psalms wird
diese Aussage, die auch ursprünglich schon auf den „größeren Salomon", also den messianischen König des Glaubens,
gemünzt gewesen sein dürfte,[35] auf Christus bezogen. Damit
bekommt das Gedicht einen gänzlich neuen Sinn und be-

---

33 Vgl. Friedrich Horst, Segen und Segenshandlungen in der Bibel, in: Ders.,
    Gottes Recht. Gesammelte Studien im Alten Testament, München 1961,
    188–202, 194: „Segen ist Lebensmacht, Lebenssteigerung, Lebensüber-
    höhung. [...] Der Ursegen, der bei der Schöpfung erging, macht Mensch
    und Tier zu Trägern des Lebensstroms, der aus Gottes segnenden Händen
    kam."

34 Vgl. Alfons Deissler, a. a. O. (Anm. 21), 187 f.: „Damit erreicht der Psalm die
    Höhe des Neuen Bundes. [...] Ohne Bruch verlängert sich die Linie des
    Psalms in die Braut-Bräutigam-Texte des NT hinein."

35 Vgl. Deissler, a. a. O. (Anm. 21), 185.

gründet die eschatologische Hoffnung auf eine himmlische Hochzeit bei Gott.[36]

Um das Wesen des Zusammenspiels von Liebe und Schönheit zu ergründen, gilt es nun allerdings auch, die Abgründe des Menschlichen und die Gegenseite von Schönheit zu beleuchten. Ist die Liebe, zumal die Liebe Gottes, auch ohne Schönheit eines Gegenübers wirksam? Gibt es auch eine göttliche Schönheit, die verborgen unter ihrem Gegenteil und damit womöglich noch stärker ist als die glatte Schönheit äußerer Gestalt? Schauen wir dazu auf einen weiteren zentralen Text der biblischen Tradition.

2.4 Ohne Schönheit – das Lied vom leidenden Gottesknecht
Im vierten Gottesknechtslied des Deuterojesaja heißt es:

> Er hatte keine Gestalt und Hoheit (Schöne). Wir sahen ihn, aber da war keine Gestalt, die uns gefallen hätte. Er war der Allerverachtetste und Unwerteste, voller Schmerzen und Krankheit. Er war so verachtet, dass man das Angesicht vor ihm verbarg. (Jes 53,2 f.)

Diese Aussagen sprechen eine ganz andere Sprache als das bisher Gehörte. Auch hier finden wir wie in Ps 45 verdichtete messianische Erwartungen, allerdings zutiefst gebrochen: Im Leiden seines Knechtes erweist Gott seine Nähe bei denen, die geschlagen und verachtet sind. Was auf den ersten Blick sadistisch wirkt, erweist sich als solidarische Aktion. Der Gottesknecht nimmt stellvertretend Leiden auf sich,

---

36 Vgl. dazu besonders das Kirchenlied *Wie schön leuchtet der Morgenstern* von Philipp Nicolai, zu dem ich mich an folgenden Stellen geäußert habe: Arnold, Theologie (Anm. 23), 506–514, und ders., Von Gott poetisch-musikalisch reden, Göttingen 2009, 335–339.

um es durch Gottes Hilfe zu überwinden. Er ermutigt uns, selbst Schwachen beizustehen, und bringt damit eine neue Sicht der schönen und hässlichen Dinge in die Welt.[37] Wir werden gut daran tun, diese Einsicht nicht aus den Augen zu verlieren, wenn wir nun noch einmal auf den Gottesdienst schauen.

2.5 Schöne Gottesdienste in der Spannung von theologia gloriae und theologia crucis

Unsere Überlegungen haben gezeigt, dass Gottes Herrlichkeit (Schönheit) und menschliche Schönheit in der biblischen Tradition einen nicht unwesentlichen, ja bisher vielleicht zu wenig beachteten Raum einnehmen.[38] Vielfach sind sie gepaart mit Aussagen zur göttlichen Liebe, was bedeutet: Gottes Schönheit genügt sich nicht selbst, sie ist auf Beziehung hin ausgerichtet. Das ist an Gottes Handeln in Christus abzulesen. Es macht deutlich, dass Gott auch das menschlich Verachtete, ja das Hässliche lieben kann. Am Kreuz Christi wird dies in besonderer Weise sichtbar und erfahrbar. Peter Brunner expliziert dazu Folgendes:

---

37 Albrecht Grözinger meint, man könne angesichts von Jes 53 und 1 Kor 1,26–29 einer „unkritischen Vorrangstellung" der Schönheit in einer theologischen Ästhetik keinesfalls zustimmen. Er möchte deshalb eine „Verherrlichung des Schönen ebenso vermeiden wie eine Verklärung des Hässlichen". Vgl. Grözinger, a. a. O. (Anm. 18), 110 f.

38 Vgl. dagegen die Äußerungen zum Gottesdienst in orthodoxer Tradition etwa bei Sergei Bulgakov, Die Orthodoxie, Trier 1996, 198: „Das Element der Schönheit als der Ruhm Gottes, der die Kirche erfüllt, nimmt im orthodoxen Gottesdienst einen eigenständigen Platz ein, [...] es ist, wenigstens in seiner Absicht, eine geistige Kunst, die ‚kirchlichen Liebreiz' gibt." Vgl. dazu Arnold, Theologie (Anm. 23), 64 f.

„Das Gericht, das im Kreuz über uns und unser Werk ergeht, schafft unsere Begnadigung. Der Gekreuzigte ist der Auferstandene. In seltsamer Kontrastharmonie tritt zu dem Wort vom leidenden und sterbenden Gottesknecht das prophetische Wort vom Messiaskönig: ,*Du bist der Schönste unter den Menschenkindern, Holdseligkeit ist ausgegossen auf deine Lippen*' (Ps 45,3). [...] Dieses Miteinander und Ineinander von tiefster Entstellung und höchster Glorie gehört wesentlich zu den Geheimnissen Jesu Christi. Denn die Schönheit, die in Jesus Christus erscheint, ist die Schönheit des vollen Gehorsams des Sohnes dem Vater gegenüber."[39]

Für eine christologisch fokussierte und geerdete Beschreibung des Gottesdienstes folgt daraus zweierlei:

a) Die schöne Feier eines Gottesdienstes ohne die abgründige Wahrheit des Kreuzes wäre enthusiastisch. Sie braucht die Klage mit der seufzenden Kreatur (Röm 8,19) ebenso wie das rettende Wort vom Kreuz (1 Kor 1,18–25 und 2 Kor 5,17–21).

b) Ohne die frohe Botschaft der Auferstehung (vgl. 1 Kor 15) wäre die Feier eines Gottesdienstes dagegen depressiv und beklemmend. Sie braucht die österliche Freude des hymnischen *Christ ist erstanden* und findet Gestalt in einer Mahlfeier, welche die Gemeinschaft mit Gott schon jetzt erfahren lässt.

Diese theologisch fruchtbare Spannung von *theologia crucis* und *theologia resurrectionis* lässt sich als Qualitätskriterium im Blick auf die Schönheit des Gottesdienstes aufgrund des Gesamtzeugnisses der biblischen Offenbarung festhalten.[40]

---

39 Brunner, Lehre (Anm. 1), 308.

40 Das gilt übrigens auch für die Gestaltung der Kirchenräume. In den meisten sind wir auf das Kreuz im Osten der Kirche „orientiert". Gibt es zugleich auch Auferstehungsdarstellungen, z. B. in den Fenstern oder an anderer Stelle?

2.6 Die eschatologische und doxologische Dimension
des schönen Gottesdienstes

Das Schöne in der Kunst und der Musik – sofern es sich überhaupt genau greifen oder klanglich bestimmen lässt – weist aber nicht nur auf das Christusereignis zurück. Es greift noch weiter aus. Es vergegenwärtigt die Schönheit des Morgens der ersten Schöpfung (vgl. EG 455) und bringt schon jetzt die ewige Schönheit himmlischer Herrlichkeit (vgl. EG 450 u. a.) zum Leuchten, die uns noch erwartet. Damit ist sie eingebunden in die große Bewegung Gottes mit seiner Welt zwischen Alpha und Omega, Anfang und Ende, der Geschichte. Sie zielt darauf, dass Menschen zu Gott erhoben werden, dass sie ihn lieben und loben. Das überschwängliche Lob ist daher Ziel aller Wahrnehmung des Schönen und kommt in einer kosmischen Symphonie zusammen, die gemeinsam mit allen Geschöpfen schon in den Psalmen erklingt:

Halleluja, lobet den Herrn.
Denn unseren Gott loben, das ist ein köstlich Ding,
und solches Lob ist lieblich und schön. (Ps 147,2)

Halleluja! Lobet im Himmel den HERRN, lobt ihn in der Höhe!
Lobet ihn all seine Engel, lobet ihn all sein Heer!
Lobt ihn, Sonne und Mond, lobt ihn, alle leuchtenden Sterne!
Ihr Könige auf Erden und alle Völker, Fürsten und Richter auf Erden,
Jünglinge und Jungfrauen, Alte mit den Jungen!
Die sollen loben den Namen des HERRN, denn sein Name allein ist hoch,
seine Herrlichkeit (Schönheit) reicht, so weit der Himmel ist.
(Ps 148,1–3.11–13)

3. Einspruch: Vom Misslingen des Kultes und der schönen Feier

Nun mag man gleich kritisch einwenden, dass damit doch wohl noch nicht alles gesagt sei, was biblisch-theologisch zum Thema Qualität im Gottesdienst zu erheben ist. Das ist zutreffend.

3.1 Der Zusammenhang von Recht und Kult, Diakonie und Liturgie

An einigen Stellen unterschiedlicher Schichten der Bibel stoßen wir nämlich ganz im Gegensatz zu den hymnischen Psalmen auf eine *harsche Kritik am Gottesdienst*. Beim Propheten Amos heißt es: „Ich bin euren Feiertagen gram und verachte sie und mag euere Versammlungen nicht riechen ... Tu weg von mir das Geplärr deiner Lieder, ich mag dein Harfenspiel nicht hören!" (Am 5,21.23)

Liest man – zunächst einmal irritiert – weiter, findet man allerdings rasch eine Antwort auf die Frage, was den Propheten so empört: Gottesdienste, die ohne Rücksicht auf Recht und Weisung Gottes, ohne Achtsamkeit gegenüber den Armen geschehen. Amos formuliert die Alternative in einem Bild: „Es ströme aber das Recht wie Wasser und die Gerechtigkeit wie ein nie versiegender Bach" (V. 24). Wir sehen: Die kritische Rückfrage nach dem Leben im Alltag, nach der „Gerechtigkeit" der Feiernden, bleibt eine Herausforderung für die Liturgie. Glaube und Recht, Kult und Ethos haben untrennbar miteinander zu tun.

Diese Spur finden wir auch im Neuen Testament. Mit der in allen Evangelien überlieferten Tempelreinigung (Mk 11,15–18par), die vielfach in der Kunst revolutionäre Züge angenommen hat, setzt auch Jesus einen deutlich kultkritischen Akzent, der allerdings wiederum nicht dem Tempelgottesdienst an sich gilt. Jesu Kritik richtet sich unter Berufung auf Jes 56 („Mein Haus soll ein Bethaus sein allen Völkern") gegen eine Kommerzialisierung des Opferwesens am Jerusalemer Tempel, ja mehr noch gegen eine Einschränkung des Zugangs zum Tempel für bestimmte Personen.[41]

Auch Paulus kritisiert seine Gemeinde in Korinth und ihre Praxis: „Ihr kommt nicht zum Guten, sondern zum Bösen zusammen!" Er übt damit Kritik an ihrer gottesdienstlichen Praxis und schärft den Feiernden ein, mit dem gemeinsamen Mahl aufeinander zu warten, damit nicht die Reichen, die weniger arbeiten müssen, bereits satt oder gar betrunken sind, wenn die Armen erschöpft und hungrig dazukommen. Die berühmte Formulierung vom „unwürdigen Essen" hatte also ursprünglich eine sozialdiakonische Bedeutung (vgl. 1 Kor 11,17–29), die sich nicht auf die Sündenlehre bezog.

Insgesamt wird deutlich: Es geht in allen drei Bezügen um die sachliche Verbindung von Liturgie und Diakonie, von Glaube und Leben.

3.2 Gottesdienste für andere –
Liebe und Gastfreundschaft als gemeinsamer Nenner
Die Beispiele markieren auch heute eine wichtige Rückfrage an die liturgische Praxis: Sind unsere Gottesdienste „achtsam" für unser Umfeld, für den bedürftigen Nächsten, auch wenn er nicht zur Kirche gehört? Welche Rolle spielt die Kollekte, das „Dankopfer" in der Liturgie? Aber auch: Sind Gottesdienste für alle Feiernden verständlich und relevant für ihren Alltag? Dienen sie der „Auferbauung" des Einzelnen und der Gemeinschaft?

---

41 Im Johannesevangelium wird dieser Impetus bestätigt, zugleich christologisch überhöht und zu einer Zeichenhandlung stilisiert, die auf Kreuz (Zerschlagen des Tempels) und Auferstehung Jesu (neuer Aufbau) verweist (Joh 2,13–25).

Diakonisch zentral ist für das Neue Testament in allen seinen Schichten das Gebot der *Geschwisterliebe* (vgl. Röm 13,8): *Liebt euch untereinander, denn wer den anderen liebt, hat das Gesetz erfüllt* (vgl. auch Gal 5,13 und 6,2). Das Liebesgebot wird zum Wesensprädikat der Gemeinde Jesu Christi und ihrer Versammlungen. Gerade um der Liebe zu „anderen" und auch immer „andersartigen" Menschen willen sind uns deshalb, dem Vorbild Jesu folgend, auch *verschiedenartige* Gottesdienste aufgetragen. Es geht darum, dass der Gottesdienst in unterschiedlichen Formen dazu in der Lage ist, dass wir „den Juden ein Jude" und „den Heiden ein Heide" werden (vgl. 1 Kor, 9,20–23), dass möglichst viele Menschen sich eingeladen und angesprochen fühlen. Direkt oder indirekt wendet sich jeder Gottesdienst auch an Menschen, die noch nicht zur Kirche gehören, geschweige denn an Gott glauben. Ein Gottesdienst ist immer daraufhin zu prüfen, ob er auch jenen etwas zu sagen hat, die ihr Ohr gewissermaßen von außen an die Kirchenmauer gelegt haben.

4. Biblische Beispiele von „good practice" – Versuch einer Synthese

Lassen sich die Überlegungen zur Schönheit Gottes und seiner Verehrung sowie die Forderung nach einem Gottesdienst, der im Sinne des Evangeliums alle Menschen einlädt und anspricht, in positiver Weise zusammenbringen? Wir versuchen eine Synthese.

4.1 *Beständig und einladend – die Idealskizze der Urgemeinde*
Im Gegensatz zur paulinischen Kritik an der korinthischen Praxis zeichnet Lukas ein Idealbild von Gottesdienst in

Apg 2,42: „Sie blieben aber beständig in der Apostel Lehre, in der Gemeinschaft, im Brotbrechen und im Gebet." Ein guter Gottesdienst enthält demnach – äußerlich betrachtet – die Konstanten von *Verkündigung, Mahlfeier* und *Gebet*. Bei all dem wird *Gemeinschaft* erlebbar. Ein wesentlicher Gesichtspunkt ist dabei die *Beständigkeit*, das „Dranbleiben", vielleicht dürfen wir darunter sogar Kontinuität, Stabilität oder Wiedererkennbarkeit verstehen. Dann fährt Lukas fort: „Und sie waren täglich und stets beieinander einmütig im Tempel und brachen das Brot hin und her in den Häusern, nahmen die Speise mit Freuden und lauterem Herzen, lobten Gott und fanden Gnade bei dem ganzen Volk" (V. 46). Damit wird die Perspektive wesentlich erweitert: Gottesdienste *verschiedener Art* finden an unterschiedlichen Orten (Tempel und Häuser) statt. Sie haben Ausstrahlung aufgrund der Freude an Gott und der Liebe untereinander, aber auch durch ihre Offenheit und Gastfreundschaft (Mahlzeiten). Das bleibt nicht ohne Konsequenzen. Solche Gottesdienste sind einladend. Lukas resümiert deshalb am Ende: „Und Gott tat hinzu täglich viele" (V. 47). Er macht damit deutlich, dass ein einladender Gottesdienst eine unmittelbar missionarische Wirkung entfaltet.

Überlegen wir weiter: Die lukanische Idealskizze verweist auf die Bedeutung *elementarer liturgischer Formen* (Brotbrechen, Gebet etc.), benennt aber auch *inhaltlich-atmosphärische Kriterien* (Gemeinschaft, Liebe untereinander, Gehorsam vor Gott) für Gottesdienstqualität. Der Blick auf Apg 6 zeigt, dass die diakonische Frage selbstverständlich auch im Blick war! So wird deutlich: Der Gottesdienst ist keine *isolierte Inszenierung* von etwas Heiligem, die nichts mit dem zu tun hat, was sonst in der Gemeinde stattfindet. Im Gegenteil: Auf das gute Zusammenspiel, eine Symphonie des Glaubens und der Liebe, kommt alles an. Entscheidend sind dabei die Einmütigkeit und die Freude. *Leiturgia und Martyria, Koinonia und Diakonia* gehören als Lebensäußerungen von Kirche unmittelbar zusammen. Daran hat sich bis heute nichts geändert.

4.2 Klingendes Wort Christi –
Einsetzungsworte der Kirchenmusik

Eine wichtige Ergänzung zur Beschreibung in Apg 2 ist die knappe apostolische Paränese in Kol 3,16 f. Hier fehlt der Hinweis auf die Sakramente, dafür ist die Musik stärker, ja vorwiegend im Blick.[42] Es handelt sich um eine Ermutigung zum christusgemäßen Handeln aus der Kraft des Evangeliums:

> Das Wort Christi wohne in seinem ganzen Reichtum unter euch: Lehrt und ermutigt einander in aller Weisheit mit Psalmen, Hymnen und geistlichen Liedern, singt Gott dankbar in euren Herzen. Und alles, was ihr tut, mit Worten oder mit Werken, das tut alles im Namen Jesu und preist Gott, den Vater, durch ihn.

Der einleitende Hauptsatz markiert den Reichtum des Evangeliums als aufbauendes Christuswort: Der *logos tou Christou* steht prominent an der Spitze. Um ihn soll es zuerst und zuletzt gehen. Von Christus und seiner Liebe ist im Gottesdienst die Rede (*gen. obiectivus*), ja mehr noch: *Christus selbst teilt sich seiner Gemeinde mit* (*gen. subiectivus*). Nicht bescheiden, spärlich, sondern reichlich möge das geschehen, denn Gottes Geist ist in Fülle auf die Getauften ausgegossen, vielfältig sind seine Gaben (vgl. 1 Kor 12;14). Wichtig ist dabei

---

42 Damit verbindet sich die grundsätzliche These, dass es im Gegensatz zum eucharistisch geprägten Gottesdienst einen der synagogalen Tradition folgenden Gottesdiensttyp mit Wort, Gebet und Musik gegeben habe. Vgl. dazu J. C. Salzmann, Lehren und Ermahnen. Zur Geschichte des christlichen Wortgottesdienstes in den ersten drei Jahrhunderten, Tübingen 1994.

das Prinzip der Gegenseitigkeit und einer lebendigen (dialogischen) Kommunikation. Von konkreten Ämtern (vgl. Eph 4) ist hier nicht die Rede.

Die Entfaltung des Obersatzes lässt sich sprachlich als modaler Anschluss begreifen, der eine Außen- und eine Innenseite hat. Der Reichtum des Wortes Christi ist *voller Worte und Klänge*, die in *Weisheit*, d. h. mit Bedacht und Sorgfalt zu kommunizieren sind. Sie bringen beides zur Geltung: Zuspruch (*lehren*) und Anspruch (*ermutigen*).

Psalmen als poetisch-musikalische Formen der jüdischen Tradition singt sich die Gemeinde ebenso gegenseitig zu wie kunstvolle Christuslieder (vgl. Phil 2; Kol 1; Joh 1 usw.). Aber auch spontane, vom Geist eingegebene Gesänge erklingen (vgl. 1 Kor 14,26). Das neue Lied soll also nicht ausbleiben, es entspricht dem ganz anderen Inhalt des Evangeliums. Die innere Haltung derer, die singen – und das ist die ganze Gemeinde, nicht nur ein Chor oder der Kantor –, ist nicht von Selbstgefälligkeit geprägt, sondern von Dankbarkeit Gott gegenüber. Das geistliche Lied beginnt gleichsam im Innern des Menschen, im Personzentrum des Herzens. Dieser „Sound" klingt hinein in den Alltag, er trägt weiter als nur eine sonntägliche Stunde. Deshalb schließt V. 17 unmittelbar an mit dem eucharistischen Lob im Alltag, bildet gleichsam die Motivationsbrücke hinüber zur berühmten Ermahnung des Paulus (Röm 12,1 f.), dass unser Leben ein vernünftiger, man könnte auch sagen, ein „*logos*gemäßer" Gottesdienst sein soll.[43] Geistliches Leben und Gottesdienst sind vom

---

43 Vgl. dazu Joseph Ratzinger, Der Geist der Liturgie, in: Ders., Gesammelte Schriften, Bd. 11, Freiburg i. Br./Basel/Wien ²2008, 59: „In dieses Gebet zieht Jesus die Menschen durch die Eucharistie hinein, die so das immer offen stehende Tor der Anbetung und das wahre Opfer, das Opfer des Neuen Bundes, der ‚logosgemäße Gottesdienst' ist."

Neuen Testament her nicht ohne Musik denkbar, sondern Musik ist fundamentaler Bestandteil und tragende Kraft eines Priestertums aller Getauften.

4.3 Christusbegegnung – der Weg nach Emmaus als gottesdienstliches Paradigma

Ein drittes Beispiel soll einen gelungenen Gottesdienst in zunächst ungewohnter Weise beschreiben: die Ostergeschichte von Emmaus. Auf den ersten Blick ist sie eher seelsorgliches als liturgisches Paradigma, geradezu „unliturgisch" in der narrativen Gestalt. Und doch können wir hier Stationen eines Gottesdienstes entdecken.

Die Eröffnung markiert den *Beginn eines Weges*, auf den sich nur zwei Menschen begeben. Im Gegensatz zu Apg 2,47 ist hier also nicht von großen Zahlen die Rede, es geht um eine andere Qualität, darum, dass der auferstandene Christus (zunächst inkognito) sich seiner Verheißung gemäß (Mt 18,20) mit den verzagten Jüngern aufmacht. Immer wieder bleiben sie stehen und stellen Fragen, zeigen ihre Traurigkeit und Enttäuschung angesichts dessen, was sie gerade erlebt haben. Die Beschreibung der Eingangssequenz bekommt viel Zeit in der Erzählung. Auch die Eröffnung des Gottesdienstes braucht Zeit. Warten können, Stille erleben, Trauer ausdrücken (V. 17), einander zuhören, ins Gespräch kommen, damit Gebet überhaupt erst möglich wird. Im zweiten Teil dürfen die Jünger ihre aktuellen Erfahrungen berichten, indirekt werden sie zu Predigern der Geschichte von Kreuz und Auferstehung. Ihre Schilderung von Ostern klingt so lebendig, als wäre es eben erst passiert (V. 24 f.). Auch werden Gefühle immer wieder dicht beschrieben, Gefühle der Angst und neu aufkeimende Hoffnung (V. 21 f.). Ein Höhepunkt ist dann das Aufleuchten der Gottesgeschichte im Wort, wenn Christus ihnen Schrift und Propheten auslegt, wenn sich in ihren Köpfen und Herzen Dinge zusammenfügen, die vorher unklar, ja widersprüchlich waren.

Gute Gottesdienste bringen menschliche und göttliche Geschichte zusammen, lassen bisher Unverstandenes und Unverdautes zueinanderfinden, auch wenn vielleicht nicht alle Fragen gelöst werden. Damit ist die Geschichte noch nicht zu Ende. Sie verdichtet sich noch einmal.

Auf die Bitte der Jünger hin bleibt Jesus bei ihnen, wenn es dunkel wird und die Nacht hereinbricht. Er setzt sich mit ihnen an den Tisch und hält Mahlgemeinschaft. Erst jetzt werden ihre Augen geöffnet, dass sie ihn erkennen. In der *communio* des Essens und Trinkens geschieht eine Intensität der Begegnung, wie sie Worte allein nicht ausrichten konnten (V. 30 f.). Dann entzieht er sich ihnen wieder, bleibt nicht verfügbar – und ist doch nicht einfach weg. Denn er lässt seine Nähe und seine Gedanken bei Menschen mit brennenden Herzen zurück, die sich aufmachen in die Welt, um dieses Erlebnis weiterzusagen, die sich wieder versammeln mit anderen, um die Erfahrung von Ostern zu teilen (vgl. V. 35).
Unschwer können wir im Ganzen einen Vierschritt erkennen:
- sich aufmachen (V. 13–18),
- einander erzählen und die Schrift auslegen (V. 19–24.25–27),
- essen und schauen (V. 28–31),
- weitergehen und weitersagen (V. 32–35).[44]

4.4 Visionen des Neuen und Ewigen –
das Hoffnungspotenzial biblischer Verheißung
Neben alledem finden wir noch eine größere gottesdienstliche Perspektive in der Bibel. Bis heute lebt die Kirche von

---

44 Vgl. dazu auch Arnold, Was geschieht im Gottesdienst, Göttingen [2]2011, 18–22.

einem ganz anderen Impuls, von prophetischen Visionen aus dem Mund Gottes, die bestimmend wurden für eine Theologie der Hoffnung:

„Ich will ein Neues machen, jetzt wächst es auf, erkennt ihr es denn nicht?" (Jes 43,19). Gott schafft schon jetzt ein Neues, er gestaltet die Welt ganz anders, als wir es uns vorstellen. Gottes Wirken bleibt nicht ohne Echo, es soll ankommen bei uns. Darum lautet die Fortsetzung: „Freut euch und seid fröhlich immerdar über das, was ich schaffe."

Von dieser schöpferischen Qualität auf der einen und der fröhlichen Resonanz auf der anderen Seite berichtet einer der bedeutendsten Texte des Alten Testaments, die Vision vom universalen Mahl der Völker auf dem Zion (Jes 25,6–9): Beschrieben ist das Bild eines festlichen Essens mit köstlichem Wein, mit dabei sind alle Völker, um einen Tisch versammelt. Und Gott? Ist dabei. In der Mitte ist Gott selbst, der mitfeiert und alle Tränen abwischt. Dieses großartige, unvergleichliche Geschehen bleibt nicht ohne Resonanz: Es ruft eine begeisterte Reaktion hervor. Die Menschen jubeln: „Lasst uns fröhlich sein über sein Heil."[45]

Wir sehen: Die prophetische Ansage des Neuen, die in die Gegenwart hineinreichende Schöpfung einer anderen Welt, bleibt nie ohne Echo. Sie evoziert vor allem musikalische Reaktionen: „Singet dem Herrn ein neues Lied", heißt es deshalb an vielen Stellen der Bibel, nicht nur in den Psalmen.[46] Kraftvoll bricht diese Hoffnung etwa in Jes 42,9 f. akustisch

---

45 Damit sind noch lange nicht alle Bilder des kommenden Himmels und der neuen Erde entfaltet; zu ergänzen und für den Gottesdienst fruchtbar zu machen wären z. B. die Wallfahrt der Völker zum Zionsberg (Jes 2,2–5 par Mi 4), die eschatologischen Bilder der blühenden Steppe/Wüste und der friedlich zusammenlebenden Tiere (Jes 35), aber auch die Straße durch die Wüste, auf der die Gefangenen Zions heimkehren (vgl. Jes 40; Ps 126 u. ö.).

46 Vgl. Ps 33,3; 96; 98; 144,9.

hervor: „So verkündige ich euch auch Neues, ehe es denn aufgeht, lasse ich es euch hören. Singet dem Herrn ein neues Lied, seinen Ruhm an den Enden der Erde."

Aus den Bildern und Visionen des Neuen innerhalb der Bibel werden sich schwerlich eindeutige liturgische Grundlegungen oder gar agendarische Anweisungen herleiten lassen. Eins aber ist deutlich: Der Glaube lebt mit Visionen des Neuen, Gottes Reich beginnt schon hier und jetzt als ein *anderer*, neuer Ort, an dem Liebe und Güte für alle Menschen verkündigt, gefeiert und gelebt werden. Dieser prophetischen Gabe und Aufgabe ist jeder gute Gottesdienst verpflichtet. Denn: „Mit ihrer Botschaft wie mit ihrer Ordnung" bezeugt die Kirche Jesu Christi, dass sie „in Erwartung seiner Erscheinung lebt und leben möchte"[47]. Vielleicht wird man hier von einer gottesdienstlichen „Gegenkultur" sprechen dürfen, in der eben nicht mehr das gilt, was anderswo in dieser Welt noch zählt.[48]

5. Die dreifache Gabe des Dreieinigen im Gottesdienst

Nach der biblisch-theologischen Besinnung soll nun – gleichsam als Bündelung des bisher Gesagten – ein systemati-

---

47 Vgl. Martin Heimbucher/Rudolf Weth (Hg.), Die Barmer Theologische Erklärung. Einführung und Dokumentation, Neukirchen-Vluyn, [7]2009, 39.

48 Vgl. Reinhard Schmidt-Rost, Massenmedium Evangelium. Das „andere Programm", Hannover 2011, 28: „Das Evangelium, die Botschaft des Jesus von Nazareth, entwickelte sich in der Tradition der Prophetie und Weisheit Israels zu einer universal sich verbreitenden unausgesetzten Irritation des Kampf-Kultur-Schemas durch die Vorstellung, dass die höchste denkbare Macht (Gott, der Schöpfer) in die Grenzen des Lebens als das Gute für alle, als entgegenkommende Liebe, Güte wirkend, wieder eintritt, [...] um die [...] Voll-Macht des Empfangens, der Pflege und Entfaltung zur Wirkung zu bringen."

scher-theologischer Impuls folgen, der in zwei Schritten vorgeht: Unter 5. wird versucht, die Frage nach dem Wesen des Gottesdienstes trinitarisch aufzunehmen, unter 6. wird im Zueinander von Werk Gottes und Werk der Kirche auch nach den Sollbestimmungen gefragt.

Der deutsche Begriff *Gottesdienst* weist dazu in eine interessante, ja entscheidende Richtung.[49] Martin Luther hat ihn im Sinne eines doppelten Genitivs verstanden, als Dienst Gottes an uns und Dienst unserseits vor Gott.[50] Damit ist indirekt gesagt: *Gott ist in seinem Wesen ein dienender Gott* (vgl. Mk 10,45) oder anders: *Wer Gottesdienst feiert, bekommt es mit dem dienenden Gott zu tun.* Diese Aussage zielt auf den Verheißungscharakter und das Wesen des Gottesdienstes (vgl. unten 5.1–5.3). Zum anderen: Die Feier des Gottesdienstes enthält die indirekte Aufforderung, dass wir Gott dienen, ihn loben sollen. Diese Aussage zielt auf den menschlichen Gehorsam bzw. die „Güte des Gottesdienstes" (vgl. 6.2).

In diesem Sinne versuchen wir zunächst eine dichte Beschreibung des göttlichen Dienens: Gott bückt sich zu uns herunter, redet uns an durch Worte, Lieder und Zeichen, Bilder und Räume. Er ist aber auch selbst ansprechbar und hört uns zu. Wir haben im Gottesdienst Audienz beim Schöpfer, Erlöser und Vollender des Himmels und der Erde. Gottesdienst ist also etwas Leibliches, nichts rein Geistiges, denn Gottes Liebe hat ein Gesicht: „Das Wort ward Fleisch und wohnte unter uns und wir sahen seine Herrlichkeit." Was

---

49 Vgl. dazu Arnold, Theologie (Anm. 23), 17 f., 254 ff., u. ö., und ders., Gottesdienst (Anm. 44), 12–18.

50 In diesem Zusammenhang ist besonders an Luthers sogenannte Torgauer Formel zu erinnern, vgl. WA 49, 588, in der allerdings der Begriff des Gottesdienstes nicht vorkommt, sondern das gottesdienstliche Geschehen als Dialog zwischen Gott und Mensch beschrieben wird.

der Evangelist Johannes (Joh 1,14) von der Menschwerdung Jesu schreibt, gilt auch für den christlichen Gottesdienst. Der menschenfreundliche Gott kommt leiblich zu uns. Er spricht durch fehlbare Menschen hindurch und ruft uns zu: „Fürchte dich nicht! Ich bin für dich da." Diese Zusage ist reines Geschenk ohne Vorbedingung. Sie ist nicht an unser Tun oder an unsere Person gebunden. Im Gottesdienst geschieht daher – unabhängig von unserem Glauben und Zutun – *Begegnung mit Gott*. Denn er hat es so versprochen. Zeit und Ewigkeit berühren sich, Gottes Geschichte wird mit unserer Lebensgeschichte verbunden.[51]

Am Anfang eines jeden Gottesdienstes steht der Name des Dreieinigen. Das Votum „Im Namen des Vaters und des Sohnes und des Heiligen Geistes" erinnert uns an unsere Taufe und verspricht Gottes Gegenwart für eine Versammlung, die als Veranstaltung Gottes ausgerufen wird. *Gott selbst ist Gastgeber. Diejenigen, die Gottesdienst feiern, lassen sich einladen und geben Gottes Gastfreundlichkeit weiter.* Das Fest im Namen Gottes bringt ein dreifaches Geschenk zur *Aufführung und Austeilung*, das in jedem Gottesdienst gefeiert wird.

5.1 Jeder Gottesdienst: Sabbatzeit zum Durchatmen

Im Gottesdienst lässt uns der Schöpfer des Himmels und der Erde teilhaben an seinem Sabbat, an der Ruhepause, die er einlegte, als die Welt gemacht war.

Jeder Gottesdienst ist eine Einkehr in die schöpferische Pause, die Gott sich selbst gönnte, nachdem er die Welt in sechs Tagen geschaffen hatte. Gottesdienst unterbricht unseren Alltag, wir dürfen einfach kommen und sein, wie wir sind, hier müssen wir im Gegensatz zur täglichen Arbeit nichts

---

51 Vgl. dazu auch Arnold, Theologie (vgl. Anm. 23), 22–26.

leisten. Diese Unterbrechung tut uns gut, Leib und Seele dürfen aufatmen. Zugleich ist jeder Gottesdienst ein kreatives Geschehen. Der Schöpfer gibt uns Anteil an seinem Ideenreichtum, animiert uns zum Staunen über eine Welt, die er sehr gut geschaffen hat, öffnet unsere Ohren und Lippen, Herzen und Hände zum Dienst vor ihm und füreinander.

Gottesdienst heißt also: *Sabbatzeit, geschenkte Zeit*, oder besser: *geschenkte Ewigkeit* zum Aufatmen, und damit immer auch: Gedächtnis der Schöpfung. Deshalb brauchen wir den Sonntag auch als (staatlich) gesicherte Insel der Ruhe. Hier gewinnen wir die Freiheit zum fröhlichen Spiel der Kinder Gottes zurück, die uns im hektischen Alltag so oft verloren geht. So leuchtet das Licht des Schöpfungsmorgens neu auf, wie es im Lied (EG 455,2) heißt: „Sanft fallen Tropfen, sonnendurchflutet, so lag auf erstem Gras frischer Tau. Dank für die Spuren Gottes im Garten, grünende Frische, vollkommnes Blau."

5.2 *Jeder Gottesdienst ein Osterfest*

Gottes Sohn schenkt neues Leben: Jeder Gottesdienst ist ein kleines Osterfest und vergegenwärtigt Jesu Kreuz und Auferstehung. Durch seinen Sieg über die lebensfeindlichen Mächte werden wir frei von Schuld. Ja mehr noch: Uns steht der Himmel offen. Im Gottesdienst erfahren Christen deshalb Vergebung der Sünden und erleben den Vorgeschmack des Himmels. Die „Grundstimmung" eines christlichen Gottesdienstes ist deshalb österliche Freude.

Martin Luther schreibt dazu treffend in einer Gesangbuchvorrede:

> „Singet dem Herrn ein neues Lied! Denn Gott hat unser Herz und Mut fröhlich gemacht durch seinen lieben Sohn, welchen er für uns gegeben hat zur Erlösung von Sünden, Tod und Teufel. Wer solches mit Ernst glaubt, der kann's nicht lassen, er

muss fröhlich und mit Lust davon singen und sagen, dass es andere auch hören und herzukommen."[52]

Dieser Zusammenhang des den Tod verschlingenden Lebens (vgl. 1 Kor 15,55–58) wird auch in vielen Kirchenräumen sichtbar. Häufig sieht man in der Apsis oder auf dem Altar ein Kreuz, das an den Tod Jesu erinnert. Darüber kann man bisweilen im Glasfenster eine lichtdurchflutete Darstellung des Auferstandenen entdecken. Der Blick nach Osten versinnbildlicht daher das Wesen österlicher Hoffnung.[53]

5.3 Jeder Gottesdienst ein Pfingstfest

Auch Gott, der Heilige Geist, beschenkt uns. Er weitet unseren Horizont, stiftet uns an zur Begeisterung für Gott und zu Taten der Versöhnung in der Welt. Damit ist jeder Gottesdienst auch ein kleines Pfingstfest. Gottes Geist lässt uns spüren, dass es noch etwas anderes gibt als die Gesetze von Macht und Kapital, Leistung und Erfolg. Er wirkt es, dass sich im Gottesdienst Maßstäbe verändern und unser Blick in die Welt verwandelt wird.

Gottes Geist erweitert unseren Blick in die Vertikale und die Horizontale: Zum einen öffnet sich unsere Perspektive „nach oben": Christus hat uns den Himmel geöffnet und den Weg zu Gott frei gemacht. Er lehrt uns, den Vater bitten und rufen (Röm 8,15 f.), glauben und bekennen (Röm 10,9 f.), lieben und hoffen. Zum anderen weitet der Geist auch unseren Blick in die Welt und für die Welt. Gottes Dienst im Heiligen Geist löst keine Weltflucht aus, fördert nicht einen kirchlichen Tunnelblick, sondern macht die Räume weit und hell. Im Gottesdienst gewinnen wir nicht nur einen neuen

---

52 WA 35, 477 (Vorrede zum Babstschen Gesangbuch 1545).

53 Vgl. dazu das Osterlied von Zink und Hufeisen, Wir stehen im Morgen, LebensWeisen 35.

Selbst- und Gottesbezug, sondern auch ein neues Verhältnis zu unserer Erde und ihren Menschen. Die *Welt* bleibt – trotz ihrer Sünde und Todesverfallenheit – *Gottes* Welt. In jedem Gottesdienst geschieht ein „Nachhause-Bringen der Schöpfung" zum Schöpfer.[54]

Wo und wie wird das erfahrbar? Im Abendmahl etwa schmecken wir nicht die allgegenwärtige Pflicht des „Du sollst", sondern empfangen Gottes „kategorische Gabe"[55] mit dem schlichten Zuspruch der Einsetzungsworte: „Das ist mein Leib, der für euch gegeben wird." Hier findet eine Umbewertung von Normen statt, wie sie grundsätzlicher kaum sein kann: Die berechnende Logik dieser Welt wird unterbrochen und eine andere Kultur vernehmbar als die des Gesetzes der globalen Märkte. Hier leuchten Mensch und Welt in einem anderen Licht, im Licht Gottes. So geschieht *Kultivierung der Welt durch das Evangelium.* Daniel W. Hardy und David F. Ford sprechen in diesem Zusammenhang ebenso pointiert wie überschwänglich von einer „logic of overflow", einer Logik des Überfließens, die gerade nicht kalkulierbar ist![56] Dieses überfließende Potenzial hat, wie schon gesagt, eine *vertikale und eine horizontale Richtung.* Gottesdienst ist Verherrlichung Gottes, aber auch Dienst an der Welt und in der Welt. Zur Verherrlichung Gottes in der Liturgie gehört das Zeugnis im Alltag in Wort und Tat. Sie gehören zusammen wie zwei Seiten einer Medaille und lassen sich verstehen als Gottesdienst I und Gottesdienst II.

In der Fürbitte und beim Einsammen des Dankopfers (Kollekte) passiert dieser Perspektivwechsel. Wir werden hinein-

---

54 Vgl. Oswald Bayer, Theologie (HST 1), Gütersloh 1994, 397–399.

55 Vgl. Bayer, a. a. O., 400, im Blick auf das Abendmahl, das deshalb eben kein Opfer ist.

56 Vgl. Daniel W. Hardy/David. F. Ford, Jubilate. Theology in Praise, London ²1984, 19 f.

genommen in die Verantwortung für die Schöpfung und die Bewahrung des Friedens unter den Menschen. Wir werden hineingezogen in das Erbarmen Gottes, in seine Hingabe an die Welt. Denn: Wer selbst den Segen Gottes gehört und gesehen, geschmeckt und gespürt hat, der wird ihn auch fröhlich an andere weitergeben, mit innerer Beteiligung wahrnehmend zunächst, dann aber auch aktiv. Denn wer mit Herz und Mund bei Gott ist, der ist auch mit Händen und Füßen bei den Menschen in einer Welt und für eine Welt, die Gott liebt. Dann tragen wir den Dienst Gottes an uns hinaus in den Gottesdienst im Alltag der Welt (vgl. Röm 12,1 f. bzw. Kol 3,17).

Gottes Geist erfrischt uns. Ohne ihn würden wir auf die Dauer ausbrennen. Denn aus uns selbst heraus ist es nicht möglich, andere Menschen anzunehmen und Verantwortung für die Bewahrung der Schöpfung, Gerechtigkeit unter den Völkern und Frieden in der Welt zu übernehmen. Durch den im Gottesdienst wirksamen Geist von Pfingsten bekommen Christen immer wieder neu Orientierung für den Alltag und tragen die Vision von Gottes neuer Welt weiter. Reformatorisch gesprochen ist dies der Zusammenhang von Rechtfertigung und Heiligung bzw. von Versöhnung in Christus, Gottesdienst und Nachfolge.[57]

Zusammengefasst: Gottesdienst nach christlichem Verständnis enthält ein dreifaches Geschenk: *Einkehr in die göttliche Schöpfungsruhe, Feier des österlichen Sieges über den Tod* und die *erfrischende Inspiration des göttlichen Geistes*. Wir dürfen durchatmen, bekommen neue Hoffnung und lassen uns begeistern für Gottes neue Welt schon hier und jetzt.

---

57 Er wird z. B. durch die aufeinanderfolgenden Artikel IV–VI in der Augsburger Konfession treffend gekennzeichnet. Versöhnung in Christus (CA IV) – Austeilung der Botschaft im Gottesdienst (CA V) – Nachfolge/neuer Gehorsam (CA VI), vgl. BSLK, 58–60.

Wir haben bisher immer im Indikativ gesprochen: Ein Gottesdienst *ist*, im Gottesdienst *geschieht* ..., also nicht: wir
müssten, bräuchten, sollten usw. Mit gutem Grund: Weil
Gott selbst es so versprochen hat, weil an seinem Wesen
das Wesen der Welt genesen wird und nicht an unserem.
Ich fasse mit einer theologischen These zusammen: Im Gottesdienst der christlichen Kirche geschieht Darstellung und
Austeilung der Menschenfreundlichkeit des dreieinigen
Gottes. Glaube wird geweckt und vergewissert, Gemeinschaft gestärkt und Gottes Name gelobt.

6. Gottesdienst als Werk Gottes und der Kirche – eine reformatorische Besinnung

6.1 Opus Dei *und* opus hominum*?*
Zur schwierigen Unterscheidung von göttlichem
und menschlichem Handeln im Gottesdienst
Folkert Fendler und Christian Binder haben sich an anderer
Stelle schon zur Sache geäußert und die Ansicht vertreten,
die Unterscheidung von Werk Gottes und Werk des Menschen im Gottesdienst sei theologisch zwar aufrechtzuerhalten: Beide Aspekte – um eine christologische Figur aufzunehmen[58] – müssten also unterschieden werden, dürften
aber auch nicht getrennt werden. Diese Bestimmung sei für
die Qualitätsfrage jedoch nicht wirklich weiterführend.[59] Im
Gegensatz zu ihnen meine ich, dass der sogenannte „pneu-
matologische Vorbehalt" recht verstanden auch für das Qualitätsthema ertragreich und im Blick auf den gottesdienstlichen Vollzug auch durchaus sinnvoll ist. Damit frage ich nun

---

58 Vgl. dazu die berühmte Formulierung des Konzils von Chalkedon (451), wonach die Naturen Christi „unvermischt" und doch „ungetrennt" sind.

59 Vgl. dazu Fendler, Qualitas (Anm. 3), 24 f., bzw. Binder, Gottesdienste
(Anm. 20), 28 f.

nochmals nach dem Zueinander von Wesen und Sollen im Gottesdienst.

6.2 Äußeres und inneres Werk des Heiligen Geistes (Wesensbestimmung)

Wie lässt sich die Frage nach dem Wesen des Gottesdienstes genauer auf das Wirken des Heiligen Geistes beziehen? Wir sahen: *Gott dient uns.* Es entspricht seinem Wesen, dass er ein dienender und darin ein liebender Gott ist. Dieser Dienst geschieht leiblich, vollzieht sich buchstäblich mit Hand und Fuß, unter menschlicher Anmutung und Gestalt. In Analogie zum Christusgeschehen dürfen wir sagen: Auch Gott, der Heilige Geist, inkarniert sich. Genau darin besteht seine Schönheit und Güte. Er tut dies im Werk der Kirche, die er als sein Instrument benützt. Wie Christus zugleich Gott geblieben ist, bleibt auch Gottes Geist schöpferisches Gegenüber, geht nicht in unserem Handeln auf. Was bedeutet das im Blick auf das Zueinander von *opus Dei* und *opus hominum* im Gottesdienst? Bemühen wir dazu Aussagen von Melanchthon und Luther: Wir dürfen erwarten, dass in jedem (!) Gottesdienst, weil Christus es so versprochen hat (vgl. Mt 18,20), „Gott zu uns redet" (Torgauer Formel) und selbst handelnd auf dem Plan ist. Treffend heißt es dazu im Augsburger Bekenntnis: „Der Heilige Geist wird durch Wort und Sakrament als durch Mittel gegeben."[60] Nicht vielleicht, unter bestimmten Umständen, wenn wir uns besonders anstrengen, sondern weil Gott es so verspricht. Deutlicher gesagt: Gottes Geist ist mit Sicherheit da, denn schließlich geschieht auch die ganze Veranstaltung in seinem Namen. Der Heilige Geist teilt das Evangelium von der *Versöhnung in Jesus Christus*

---

60 Vgl. BSLK, 58, „Nam per verbum et sacramenta tamquam per instrumenta donatur Spiritus sanctus".

durch das *leibliche Wort der Verkündigung,* durch *Lieder und Sakramente* aus. Evangelium ist also untrennbar beides: die ein für alle Mal in Jesus geschehene *Heilstat der Versöhnung* und das immer neu zu verkündigende *Heilswort als aktuelle Heilstat des Geistes.*[61]

Damit ist beschrieben, was Luther das *äußere Werk des Heiligen Geistes (verbum externum)* nennt: als *Lesung und Predigt, Abendmahl und Taufe, Absolution und Segen,* aber auch als *gesungener* Zuspruch. Alle diese Worte sind „klare Ansagen", mithin *Versprechen* der *Treue* des barmherzigen und gnädigen Gottes selbst durch die Bezeugung von Menschen hindurch. Dies ist die äußere Seite des Heilsworts und als solche schon Werk des Geistes, nicht etwa bloßes *opus hominum*; wir können dies pneumatologisch mit der Chiffre „Geist I" (Oswald Bayer) bezeichnen.

Luther schreibt: „Weil aber solche Gnade niemand nütze wäre, wo sie so heimlich verborgen bliebe und zu uns nicht kommen könnte, so kommt der heilige Geist und gibt sich uns auch ganz und gar, der lehrt uns solche Wohltat, uns erzeiget, erkennen, hilft sie empfangen und behalten, nützlich brauchen und austeilen, mehren und fordern, und tut dasselbige beides, innerlich und äußerlich. Innerlich durch den Glauben und andere geistliche Gaben, äußerlich aber durchs Euangelion, durch die Taufe und das Sakrament des Altars."[62] Damit Menschen berührt und getröstet werden, braucht es also noch ein Zweites: Der Heilige Geist eröffnet,

---

61 Vgl. Edmund Schlink, Ökumenische Dogmatik. Grundzüge, Göttingen ²1993, 3: „Indessen verkündigt das Evangelium nicht nur Gottes einst geschehene Tat an Jesus und durch Jesus. Vielmehr ist das Evangelium zugleich Gottes Tat an denen, die diese Botschaft hören. [...] Es ist nicht nur die Botschaft von der Errettung durch ihn, sondern durch das Evangelium geschieht Rettung."

62 WA 26, 505 f. (Vom Abendmahl Christi, abschließendes Bekenntnis, 1528).

„wann und wo er will"[63], Sinn und Wahrheit der Heilstat Christi dem *inneren, genauer: dem glaubenden Menschen.* Nur so kann *Gewissheit der Gotteskindschaft* (Röm 8,15 f.) und *Anbruch neuen Lebens* (2 Kor 5,17; Joh 3,5) entstehen. Dies ist ein Ereignis, das der kirchlichen Verkündigung prinzipiell unverfügbar bleibt, ja, an dem sie auch nicht wirklich beteiligt ist. Es könnte vereinfacht „Geist II" genannt werden.

Beides zusammen macht das gottesdienstliche Geschehen dem Wesen nach zu einer *Offenbarung Gottes,*[64] einer Mitteilung des Evangeliums von Jesus Christus durch den Heiligen Geist. Der Heilige Geist sagt dem Menschen die Wahrheit des Evangeliums von Jesus Christus zu und öffnet ihm, wo und wann er will, das Herz zum Glauben. Diese Offenbarung ist und bleibt Gottes Geheimnis. Sie geschieht also – nach lutherischem Verständnis – stets gebunden an das schöne, heilsame, lebendige Wort, wie es (nicht exklusiv, aber doch) besonders leuchtend im Gottesdienst vernehmbar wird. Insofern sind göttliches und menschliches Handeln im Gottesdienst auch in pneumatologischem Sinne sehr wohl zu unterscheiden, wenngleich nicht zu trennen: Das äußere Werk geschieht durch das Handeln und Bezeugen der Kirche hindurch, das innere Werk des göttlichen Geistes ist exklusiv Gottes Sache.

---

63 Vgl. CA V, BSLK, 58.

64 Vgl. Eilert Herms, Offenbarung, in: Ders., Offenbarung und Glaube. Zur Bildung des christlichen Lebens, Tübingen 1992, 168–220, 215: „Reformatorische Theologie erfaßt Offenbarung als das Geschehen der durch den Geist Gottes geweckten Erschließung von Sinn und Wahrheit des Lebenszeugnisses Jesu, wobei sie dieses geistliche Erschließungsgeschehen *notwendig* bedingt weiß durch ein menschliches Reden und Hören, das bestimmten kanonischen Regeln folgt."

6.3 Wort und Sakrament im Gefälle von Gebot und Gehorsam (Sollbestimmung)

Jeder christliche Gottesdienst ist jedoch nicht nur Gabe, sondern auch Aufgabe, nicht nur Geschenk Gottes, sondern auch *gehorsames Werk der Kirche* nach dem *Auftrag* Jesu Christi. Das Evangelium von der freien Gnade Gottes soll *allen Menschen recht, d. h. auftragsgemäß*, verkündigt und die Gemeinschaft am Leib Christi *mit allen Christen einladend, d. h. der biblischen Verheißung entsprechend*, gefeiert werden. Das Augsburger Bekenntnis hat dies im 7. Artikel jedenfalls so ähnlich formuliert und damit schon eine erste gottesdienstliche Kriteriologie bzw. eine am gottesdienstlichen Grundereignis orientierte Ekklesiologie entworfen.

Eine gute Predigt zielt auf Christus, sie lädt ein zum Glauben, sie deckt den Tisch des Wortes reichlich, verkündigt das Evangelium.[65] Allerdings benennt sie auch das Kritische und entlarvt die Sünde, orientiert zu guten Werken, ermutigt zu einem Leben in der Nachfolge. Rechte Sakramentsverwaltung heißt nach evangelischem Verständnis: der *Einsetzung Christi gemäß zu feiern* und *alle Getauften* – auch die Angehörigen anderer Konfessionen – *an seinen Tisch einzuladen*. In diese Richtung weist auch die Erklärung des vierten (lutherisch: dritten) Gebotes zur Heiligung des Sabbats im Heidelberger Katechismus (Frage 103):

Was will Gott im vierten Gebot? Gott will [...], dass das Predigtamt und die christliche Unterweisung erhalten bleiben

---

65 Damit ist die Herkunft bzw. das lebendige Zusammenspiel von Gesetz und Evangelium keineswegs bestritten, wie es etwa in der Konkordienformel (1580) beschrieben wird. Dabei kommt es zur m. E. entscheidenden Wertung, dass das Gesetz *Christi fremdes*, das Evangelium dagegen *sein eigentliches Werk* sei, vgl. FC V, Von Gesetz und Evangelium, Solida Declaratio, BSLK, 951 f.

und dass ich, besonders am Feiertag, zu der Gemeinde Gottes fleißig komme. Dort soll ich Gottes Wort lernen, die heiligen Sakramente gebrauchen, den Herrn öffentlich anrufen und in christlicher Nächstenliebe für Bedürftige spenden. [...] So fange ich den ewigen Sabbat schon in diesem Leben an.

Hier klingt das Motiv der Relation von Gebot Gottes und menschlichem Gehorsam deutlich an. Es ist besonders ein Anliegen der reformierten Tradition. Karl Barth schreibt dazu passend in seiner Auslegung der Schottischen Konfession (1938):

> „Was auch in ihm [sc. dem Gottesdienst] geschehe, es kann sich nur um den Vollzug des Willens und Befehls ihres Herrn handeln. Dieser Wille und Befehl lautet dahin, daß Kirche *sei* und *bleibe*."[66]

Auf die Frage nach dem „sekundären *Grund*" des Gottesdienstes antwortet Barth,

> „daß das, was der Mensch in dieser Sache zu leisten hat, schlichter *Gehorsam* ist. [...] Wir sind also nicht nach unseren Bedürfnissen und Möglichkeiten, sondern nach unserem Gehorsam gefragt [wie er] dem gnädigen Willen des in der Mitte der Kirche gegenwärtigen und handelnden Jesus Christus am Besten *entsprechen* möchte."[67]

Lässt sich die Forderung, Gottes Verheißung und Gebot zu entsprechen, d. h. sein Wort zu verkündigen und ihm die Ehre zu geben, theologisch noch weiter zuspitzen? Wie ist sie mit der lutherischen Wesensbestimmung des gottmenschlichen Dialogs (Torgauer Formel) vereinbar? Oder noch präzi-

---

66 Karl Barth, Gotteserkenntnis und Gottesdienst nach reformatorischer Lehre. Zwanzig Vorlesungen (Gifford Lectures) über das Schottische Bekenntnis (1937/38), Zollikon/Zürich 1938, 187, vgl. ähnlich CA VII, s. Anm 65.

67 A. a. O., 194 f.; Hvh. J. A.; vgl. Barmen II und III.

ser: Wie müssen Werk Gottes und Werk der Kirche, das Zueinander gottesdienstlicher Sprach- und Lebensformen im Zusammenspiel der Liturgie näher beschrieben werden?

6.4 Die Unterscheidung der Sprechakte als theologische und praktische Aufgabe

Was bedeutet das nun konkret für Theologie und Gestaltung des Gottesdienstes? Gottes dienendes Handeln konzentriert sich für Luther neben der Wortverkündigung besonders im Herrenmahl und wird durch die schlechthin zentrale Korrelation von *göttlicher Zusage und menschlichem Glauben* scharf umrissen:

> „Gott hat niemals anders mit den Menschen gehandelt noch handelt er anders als durch das Wort der Zusage. [...] Umgekehrt können auch wir mit Gott nicht anders handeln als durch den Glauben an das Wort der Zusage."[68]

Grundlage dieses Satzes ist die rechtfertigungstheologische Einsicht, dass der sündige Mensch dort, wo ihn Gottes Gnade erreicht, zuallererst Empfangender ist, indem Gott, der Heilige Geist, unter Wortverkündigung und Sakramentsausteilung ihm das in Christus erworbene Heil erschließt und zuwendet. Damit ist der Gottesdienst in seinem Kern *soteriologisch, d. h. als rettendes Handeln Gottes* bestimmt.

In seiner reformatorischen Hauptschrift *De captivitate baylonica ecclesiae praeludium* unterscheidet der Reformator im Blick auf das Sakrament des Abendmahls drei gegensätzliche Begriffspaare, die aus der soteriologischen Bestimmung zu folgern sind:

---

68 WA 6, 516: „Neque enim deus (ut dixi) aliter cum hominibus unquam egit aut agit quam verbo promissionis. Rursus, nec nos cum deo unquam agere aliter possumus quam fide in verbum promissionis." Vgl. a. a. O., 514.

> „Diese beiden gilt es nicht zu verwechseln: die Messe (das Abendmahl) und das Gebet, das Sakrament und das Werk, das Testament und das Opfer, denn das Eine kommt von Gott durch den Dienst des Priesters zu uns und zielt auf Glauben, das Andere kommt aus unserem Glauben durch den Priester zu Gott und zielt auf Erhörung."[69]

Das eine steigt herab, das andere steigt hinauf.[70] Die theologische Begründung dafür lautet so:

> „Nun meine ich, [...] dass die Messe nichts Anderes sei, als ein Testament und Sakrament, darin sich Gott verspricht gegen uns und gibt Gnade und Barmherzigkeit."[71]

Damit ist im Grunde nichts Anderes gesagt als das, was Luther auch über die Predigt äußert:

> „Durch die Predigt kommt er [sc. Gott] herab, so kommen wir durch den Glauben hinauf."[72]

Luthers Position ist klar: Sakrament ist Sakrament und Gebet ist Gebet. Deshalb hat er den Gottesdienst, besonders aber die Liturgie des Abendmahls, von menschlicher „Werkerei" gereinigt. Dies ist z. B. daran erkennbar, dass der konkrete Sprechakt der Einsetzungsworte nicht lautlos vor sich hin

---

69 WA 6,526: „Non ergo sunt confundenda illa duo. Missa et oratio, sacramentum et opus, testamentum et sacrificium, quia alterum venit a deo ad nos per ministerium sacerdotis et exigit fidem, alterum procedit a fide nostra ad deum per sacerdotem et exigit exauditionem. Illud descendit, hoc ascendit."

70 WA 6, 526. Hier wird das in der Liturgiewissenschaft geläufige Begriffspaar „katabatisch" (vgl. *descendit*) und „anabatisch" (vgl. *ascendit*) m. W. erstmals unter gleichzeitiger Zuordnung diverser liturgischer Formen eingeführt.

71 WA 6, 364.

72 WA 12, 565, 20 f.

gemurmelt oder gar mit dem Rücken zur Gemeinde gesprochen werden soll, sondern ihr Gabecharakter soll durch eine freundliche Zuwendung zur Gemeinde deutlich werden. „Folglich drehte die Reformation deshalb im Blick auf das Abendmahl einst den Priester um: Er handelt nicht mehr Gott gegenüber im Namen der Gemeinde opfernd, sondern er wird zum Mund Gottes und richtet dessen befreiende Zusage der Gemeinde aus."[73] Aus dieser Perspektive verdunkelt ein exklusiv eucharistisches Verständnis des Herrenmahls, das *die Einsetzungsworte, ja die ganze Abendmahlsliturgie als eine große Gebetsbewegung versteht*, seinen *Gabecharakter*.

Andererseits steht es außer Frage, dass Jesus selbst innerhalb der Einsetzung des Abendmahls wie bei jeder Mahlzeit (!) ein Segens- bzw. Dankgebet sprach und gebot, es zu seinem Gedächtnis auf diese Weise zu wiederholen. Ein eucharistisches *Dank- oder Segensgebet* ist von daher zweifellos *stiftungsgemäß*, auch wenn es nicht in gleicher Weise *konstitutiv* ist. Es ist daher sachlich falsch, wenn man abstreitet, dass die Kirche im Abendmahl auch aktiv als bittende und dankende vor Gott hintritt.[74] Dennoch ist dieser Aspekt dem ersten sachlich nachgeordnet.

Wir folgern daraus: Die Sprechakte im Abendmahl bzw. im ganzen Gottesdienst im Gefälle von göttlicher Zusage und Gebet der Gemeinde lassen sich zwar nicht immer hundertprozentig trennen,[75] aber sehr wohl prinzipiell unterscheiden. Die Anrede an die Gemeinde (z. B. persönliche Begrüßung, Beginn der Predigt, Sendung und Segen) ist fast

---

73 Hans-Christoph Schmidt-Lauber, Die Eucharistie, in: Ders. u. a.: (Hg.) Handbuch der Liturgik, Göttingen/Leipzig 1995, 209–247, 225.

74 Vgl. dazu meine ausführliche Darstellung in: Arnold, Theologie (vgl. Anm. 23), 549–552.

75 Vgl. z. B. das Danklied des Psalters etc.

immer als solche vernehmbar, und auch das Gebet ist als solches durch die Gottesanreden (vgl. Psalmgebet, Vaterunser) eindeutig an Gott gerichtet. Ein Segen mit geschlossenen Augen und der Einleitung: „Wir bitten um den Segen" ist ebenso missverständlich wie politisierte Fürbittengebete, die das nachholen, was in der Predigt hätte gesagt werden sollen.

Es ist und bleibt daher eine prominente und wichtige Aufgabe, bei der theologischen Frage nach Qualität im christlichen Gottesdienst in Theorie und Praxis darauf zu achten, dass die Sprechrichtungen in der Liturgie gewahrt bleiben, den Menschen zur Klarheit und Gott zur Ehre.

7. Gottesdienst und Kultur – ekklesiologische und ethische Konsequenzen

Der Gottesdienst erweist sich nach allem Gesagten als *Gabe und Aufgabe* für die Kirche – eine Kirche, die sich von der Zusage Gottes getragen und seinem Gebot gefordert weiß. Ja mehr noch: *Kirche kommt im Gottesdienst zur Welt.* Sie entsteht und wächst dort, wo Gottes Wort im Schwang ist, mithin wo Gottesdienst gefeiert wird.[76] Kirche ist erkennbar und hat ein Profil, wo Menschen sich nach Gottes Gebot und Verheißung, d. h. auf der Grundlage der Heiligen Schrift, im Namen des Dreieinigen versammeln und offen sind für andere (vgl. unter 4.). Dies hat unmittelbare Auswirkungen auf das Verhältnis der Kirche zur Welt, genauer: auf das Verhältnis des Kultes zur Kultur.[77]

---

76 Vgl. Luther, WA 26, 64: „Si ibi verbum dei pure und ghet, est ecclesia."

77 Beide Begriffe kommen von einem gemeinsamen Verb. Das lateinische *colere* meint sowohl verehren (im kultischen Sinne) als auch bebauen.

Der Gedanke des zur Welt kommenden, sich „inkulturierenden" Evangeliums impliziert kein ungebrochenes, sondern ein doppeltes Weltverhältnis, das den Gesamtaussagen der Heiligen Schrift folgend als *kritisch* und *helfend*, als *versöhnend* und *herausfordernd* beschrieben werden kann. Daher ist der Gottesdienst Marken- und Erkennungszeichen von Kirche.

Matthias Zeindler beschreibt die eine Seite: „Da die Welt ihrer Versöhnung nicht entspricht, kommt die Kultur der Kirche konkret in ein Verhältnis des Gegensatzes zur sie umgebenden Kultur zu stehen: ‚Gleicht euch nicht dieser Welt an, sondern wandelt euch [...]' (Röm 12,2). Die Kirche ist mithin ‚Kontrastgesellschaft'. Im Kontrast bleibt sie aber als Gemeinschaft, die die Versöhnung in Christus bezeugt, stets auf die Welt bezogen."[78] Sie ist konfrontierend, weil Jesus Christus nicht nur als liebliches Kind oder machtvoller Weltenherrscher, sondern auch als der Gekreuzigte verkündigt wird (vgl. 1 Kor 1,18–25). Gottesdienst ist also gut, weil er heilsam anders, *totaliter aliter* ist.

Wenn es weiterhin stimmt, dass das Evangelium von der freien Gnade Gottes *alle Menschen* erreichen (vgl. Mt 28,18) und die Gemeinschaft am Leib Christi *mit allen Christen einladend* gefeiert werden soll (vgl. CA VII), weil sie auf ein großes Ziel, die Mahlgemeinschaft aller Völker (Jes 25) zugeht, dann können wir dem Gottesdienst auch einen universalen Charakter zuschreiben, *der ganz für die Welt da ist.* Mit anderen Worten: Der Gottesdienst ist gut, weil/wenn er allen gilt und für alle Menschen eine heilsame, ja rettende Botschaft zur Aufführung bringt, die Glauben weckt und vergewissert.

Als „Salz der Erde und Licht der Welt" (vgl. Mt 5,13 f.) bieten Christen der Welt „Kult-Kultur", eine Kultur gottesdienstli

---

78 Zeindler, Gott (Anm. 19), 392.

cher Menschenfreundlichkeit im Konflikt um die öffentliche bzw. politische Kultur der Gegenwart. Man könnte pointiert auch von einer *cultura per cultum* sprechen, einer durch den Gottesdienst sich ausprägenden Kultur der Liebe. Es geht dabei um eine durchaus anspruchsvolle, also nicht nur „eingängige" kirchliche Symphonie von *leiturgia* und *diakonia*, *koinonia* und *martyria*, mithin um das gewinnende Zusammenspiel mit anderen Lebensvollzügen von Kirche. Für den Gottesdienst im engeren Sinne gilt es, ein Doppeltes nicht aus dem Blick zu verlieren: zum einen die *Orientierung an Schrift und Bekenntnis* und zum anderen den *Blick auf die konkreten Adressaten* hier und jetzt.

8. Zusammenfassung:
Biblisch-reformatorische Grundlinien für einen gottesdienstlichen doppelten Qualitätsbegriff

Fassen wir die Überlegungen nun zusammen. Wir plädieren dezidiert für eine theologisch reflektierte Verbindung des *beschreibenden* mit dem *wertenden Qualitätsverständnis*. Sie lassen sich neutestamentlich durch die Zusage aus Mt 18,20: „Wo zwei oder drei versammelt sind in meinem Namen" und das Gebot aus 1 Kor 11,24 f.: „Solches tut zu meinem Gedächtnis!" zueinander in ein Verhältnis setzen, das implizit auf die Unterscheidung von göttlichem und menschlichem Handeln zielt. Klassisch gesprochen: Gottesdienst hängt an der Zusage und am Gebot Gottes und zielt auf menschlichen Glauben und Gehorsam.

Der Qualitätsbegriff braucht, was den Gottesdienst betrifft, eine *Wesens-* und eine *Sollbestimmung*. Dieses Anliegen ist gut reformatorisch. So wird in CA V (*De ministerio ecclesiastico*) gleichsam objektiv das äußere Wirken des Heiligen Geistes mit seinen „Rohren und Mitteln" Wort und Sakrament benannt, zugleich aber auch die innere, Glauben weckende Dimension seines Wirkens beschrieben.[79] Art. VII (*De ecclesia*) der CA dagegen, der Wortverkündigung und Sakramentsausteilung als zentrale Merkmale und Kennzeichen von Kirche beschreibt, zielt unmissverständlich auf den *Gehorsam* der Kirche, die damit ihre Eigenschaft als *creatura verbi* gleichwohl behält.[80]

Blicken wir noch einmal auf den *umgangssprachlichen Qualitätsbegriff*, von dem wir zunächst ausgegangen sind: Qualität als Schönheit, Perfektion und Exzellenz. Wenn wir von einem *guten* Gottesdienst sprechen, meinen wir oft seine Schönheit, vielleicht auch seine Relevanz für unser Leben oder seine Originalität. Es wäre unrealistisch, solchen Sprachgebrauch unterbinden zu wollen. Im Gegenteil: Halten wir doch daran fest und spüren bei uns selbst, was wir vom Gottesdienst, nein, von Gott selbst erwarten! Aber er ist noch nicht alles. Denn der Prozess, den es gibt, seit Christen Gottesdienste feiern, und der jetzt durch die Qualitätsdebatte neue Impulse bekommt, nimmt auch das wahr, was bei uns selbst geistlich in Bewegung kommt, emotional und kognitiv. So justiert die Diskussion letztlich auch die übergeordneten Ziele von Gottesdienst als einer zentralen Lebensäußerung von Kirche neu, indem sie Evangelium und Empfänger in ein lebendiges Verhältnis setzt.

Als problematisch – und dies ist besonders *pastoraltheologisch* von Bedeutung – erweist sich allerdings ein Qualitätsverständnis im Sinne von Perfektion, um nicht zu sagen von Perfektionismus. Perfektionismus ist unmenschlich und ungeistlich. Er versucht, Gottes Geist herbeizuzwingen, und

---

79 Vgl. BSLK 58.
80 Vgl. BSLK 61.

ist nicht vereinbar mit dem Selbstverständnis der im Gottesdienst Versammelten als der gerechtfertigten Sünderinnen und Sünder. Er ist nicht vereinbar mit einem Gott, der seine Liebe verkündigt, Vergebung schenkt und sogar Scheitern und Hässlichkeit annimmt. Er ist ebenso wenig mit ihm vereinbar wie das Diktat der Leistungsgesellschaft, weil es der Botschaft der Rechtfertigung allein aus Gnaden zuwider ist. Deshalb sind Tendenzen und Teilbereiche des Qualitätsmanagements als „Null-Fehler-Prinzip" für den Gottesdienst theologisch nicht akzeptabel. Auch Begriffe wie „Qualitätssteigerung" sollten mit Rücksicht auf die umgangssprachlichen Assoziationen nicht inflationär benutzt werden. Die rechtfertigungstheologisch und ethisch zentrale Unterscheidung von Person und Werk macht dagegen deutlich: Das menschliche/kirchliche Werk darf kritisiert werden, ja bedarf der ständigen Erneuerung. Die Person dagegen ist von Gott angenommen und lebt aus seiner Gnade.

Die Qualitätsdebatte lässt somit alte, gleichsam unverrückbare theologische Linien in neuem Licht erscheinen und motiviert nicht nur die Praktiker zur Diskussion. Vielmehr ruft sie auch diejenigen, die am exegetischen, systematisch-theologischen und liturgiewissenschaftlichen Diskurs interessiert sind, neu zur Sache. In diesem Sinne ist das Bemühen um Qualität im Gottesdienst nicht unter dem Motto KVP, „kontinuierlicher Verbesserungsprozess", zu betreiben, sondern besser mit dem Motto beschrieben, das der Kantor der Reformation, Johann Walter, zur Musik formulierte und das sowohl die vertikale als auch die horizontal Beziehungsperspektive in den Blick nimmt:

„Aufs erst zu Gottes Lob und Ehr, danach dem Leib zu Nutz und Lehr."

Grenzüberschreitungen

Folkert Fendler

Der Gottesdienstteilnehmer als Kunde[1]

1. „Was kann ich für Sie tun?" – Einleitung

Man bezeichnet einen Heimbewohner nicht als Kunden. Das tut man einfach nicht. Auch die Patientin im Krankenhaus möchte nicht als Kundin angesehen werden, ebenso wenig der Klient der Anwältin. Auch wer ein Hotel oder Restaurant aufsucht, ist lieber Gast. Kunde? Dem Begriff haftet etwas Unpersönliches an, etwas Geschäftsmäßiges: Wer einen anderen als Kunden ansieht, der will doch eigentlich nur Geld verdienen. Alle Höflichkeit und Zuvorkommenheit sind vermutlich gar nicht echt. Sie stehen im Dienst harter wirtschaftlicher Interessen.

Anders empfindet, wer einkauft. Als Käufer von Vollmilch bis Volkswagen nimmt er die Rolle des Kunden ungeniert ein. Der Verkäufer darf ihn auch gern so nennen – und so behandeln! Denn, hier lässt er es gelten: Der Kunde ist König, der Verkäufer dagegen Diener. Dass er an ihm verdienen will, gehört beim Verkaufsgeschehen zum Spiel dazu. Aber das muss er sich eben auch verdienen, das muss er erdienen.

Der Unterschied zwischen dem Erwerb eines materiellen Produktes und der Entgegennahme einer meist immateriellen Dienstleistung ist längst nicht mehr der Grund, der das Empfinden bzw. die Empfindlichkeit, als Kunde an-

---

[1] Männliche Substantivformen schließen in der Regel die weiblichen ein und umgekehrt. Im Interesse der Lesbarkeit werden die Genera eher abwechselnd als nebeneinander verwandt.

gesprochen zu werden, in die eine oder andere Richtung lenkt. Bei vielen *Dienstleistungen* stört Menschen die Kundenrolle nicht: Urlaubsvermittlungen durch Reisebüros, Versicherungsangelegenheiten, Gas- und Wasserversorgung, Bankgeschäfte – Menschen tragen ihre Kundennummer willig ein. Es ist eher eine differenzierte Wahrnehmung von Dienstleistungen, die den Unterschied ausmacht. Da sind auf der einen Seite Dienstleistungen, wie die letztgenannten, die oft anonym und in großem Stil anderen in derselben Weise geboten werden. Dienstleistungen, in denen der gewinnorientierte und geschäftsmäßige Anteil des Gegenübers von ihren Empfängern als mindestens gleichwertig zur eigentlichen Leistung anerkannt wird.

Auf der anderen Seite gibt es Dienstleistungen, bei denen Menschen sich stärker als Individuen wahrnehmen. Dabei handelt es sich um solche Dienstleistungen, in denen es um persönliche Behandlung geht, in denen Privatsphäre – ja Intimität – eine größere Rolle spielt; Dienstleistungen zugleich, bei denen der Empfänger der Dienstleisterin gegenüber einen hohen eigenen Anspruch an das Berufsethos vermutet bzw. erwartet. Pflege, Krankenbehandlung, Beistand, Gastfreundschaft dürfen – so die vermutlich eher unbewusste Einschätzung – nicht um der Gewinnerzielung willen geleistet werden, sondern um der Sache selbst, um der Zuwendung zum Menschen willen. Und das verträgt sich nicht so recht mit der Absicht, auch noch Geld zu verdienen. Zumindest macht sich suspekt, wer in solchen Metiers diese Absicht zu deutlich spüren lässt.

Eine gewisse Irrationalität ist dieser Einstellung zum Kundenbegriff nicht abzusprechen. Denn auch der Heimbewohner, die Patientin, die Klientin und der Hotelgast werden nach allen Regeln der Kundenorientierung behandelt, die jeweiligen Unternehmen müssen wirtschaftlich denken, ja Geld verdienen. Die Menschen wissen das auch und erwarten genau das. Dennoch überlagert der Anspruch an das Berufsethos der Dienstleister in diesen Bereichen die betriebswirtschaftlichen Seiten des Geschehens. Darum wird der Kundenbegriff, dem immer ein ökonomischer – um nicht zu sagen ökonomistischer – Beigeschmack anhaftet, in diesen Zusammenhängen als unangemessen empfunden.

Von diesen Überlegungen herkommend verwundert es nicht, dass erst recht heftiger Widerspruch laut wird, wenn der Kundenbegriff auf den Gottesdienst übertragen wird. Denn gerade gegenüber Pastorinnen und Pastoren sind Ansprüche an das Berufsethos besonders ausgeprägt. Der Kundenbegriff setzt sofort verschiedene, vom betriebswirtschaftlichen Denken herkommende Assoziationen frei, die so gar nicht zum Bereich von Religion, Anbetung oder zum Feiern des Gottesdienstes passen wollen: Wenn der Gottesdienstteilnehmer Kunde ist, hat dann das Gottesdienstgeschehen etwa vor allem das Ziel, Mitglieder (Kirchensteuerzahler) zu gewinnen oder zu halten? Wird ihnen deshalb vielleicht sogar nach dem Munde geredet, um sie nicht zu verschrecken? Wird also die Botschaft verraten? Wird der Gottesdienst zu einer Dienstleistung, die vor allem durch das Beziehungsgeschehen zwischen Anbieter und Empfänger, sprich: zwischen Kirchengemeinde bzw. Gottesdienstverantwortlichen und sonstigen Gottesdienstteilnehmerinnen bestimmt ist? Wo bleibt die vertikale Dimension? Wird hier unterschwellig ein Herrschaftswechsel vorgenommen, da doch der Kunde immer König ist, im Gottesdienst aber nur Christus/Gott als König gefeiert wird? Schließlich: Wird hier nicht reformatorisches Gottesdienstverständnis entscheidend unterminiert, nach dem die *ganze* Gemeinde den Gottesdienst feiert, nicht die Pastorin oder das Gottesdienst-team allein? Wie aber kann der Feiernde zugleich sein eigener Kunde sein?

Mit diesen Anfragen und vorläufigen Deutungen im Hinterkopf beschreitet dieser Aufsatz folgenden Weg: Er fragt zunächst nach der Bedeutung des Kundenbegriffs, gibt einen kurzen Überblick über die geschichtliche Entwicklung von Kundenkonzeptionen, um dann exemplarisch zu erheben, wie in der Sozialen Arbeit, der Diakonie und im Kulturbetrieb mit dem Kundenparadigma umgegangen wird. Diese Befunde werden auf den Gottesdienst übertragen: Darf man die Gottesdienstteilnehmerin als Kundin bezeichnen? Wenn ja: Was ist der Wert, was ist die Grenze dieser Diktion?

2. „Qualität ist, wenn der Kunde wiederkommt – und nicht das Produkt" – Kundenorientierung im Dienstleistungswesen

2.1 Wer ist der Kunde?
Das Wort *Kunde* geht auf das althochdeutsche *Chundo* zurück. Grimms Wörterbuch[2] unterscheidet verschiedene Bedeutungsnuancen. Zum einen *chundo testis*, den Kunden als Zeugen vor Gericht und zum anderen *chundo notus*, den Kunden als Bekannten im Gegensatz zum Fremden („Kunden und Fremde"). Vereinzelt findet sich auch die Bedeutung von *cunde* oder *conde* als Wegweiser, Späher oder Kundschafter. Der Kunde im Sinne des Bekannten entwickelt sich in verschiedenen Richtungen weiter zu den Bedeutungsnuancen Geschäftsfreund und Kumpan bzw. Kerl im freundschaftlichen, aber auch tadelnden Sinn.

---

2 Bd. 11, 2620–2622.

Heutiges Qualitätsmanagement definiert die Kundin im Wesentlichen als Empfängerin eines Produkts. Sowohl Kunden- als auch Produktbegriff werden dabei zunehmend differenziert betrachtet. Längst ist *Produkt* Oberbegriff auch für die Dienstleistung und umfasst jede Art von durch menschliche *Transformationsarbeit* bewirkten *Output* materieller oder immaterieller Art. Als Kundin selbst kann neben der Abnehmerin oder Käuferin einer Leistung auch die Mitarbeiterin bezeichnet werden, die Aktionäre eines Unternehmens, die Gesellschaft, kurz: alle am jeweiligen Produkt *interessierten Parteien* oder Interessenspartner (Stakeholder). Entscheidender Gesichtspunkt bei allen Differenzierungen ist, dass die Kundin die Qualität des Produktes mitbestimmt. Indem ihre Bedürfnisse ernst genommen, ihre Wünsche erfüllt, ihre Beschwerden aufgearbeitet werden, vor allem aber, weil sie an der Erstellung der meisten Dienstleistungen selbst mitwirkt, trägt sie entscheidend zur Weiterentwicklung und Spezifikation des Produktes und seiner Qualität bei. Jemanden als Kunden zu bezeichnen, bedeutet daher zugleich, ihm entscheidendes Mitspracherecht hinsichtlich der Qualität des von ihm in Anspruch genommenen Produktes (bzw. der Dienstleistung) einzuräumen.

2.2 Kundenkonzeptionen durch die Jahrzehnte

Die Bedeutung der Kundenorientierung hat in den letzten Jahren in Deutschland stetig an Bedeutung gewonnen.[3] In den 1950er Jahren spielte sie noch kaum eine Rolle. In die-

---

3 Der folgende knappe Überblick über die Entwicklung der Kundenorientierung basiert auf Armin Töpfer, Phasen und Inhalte des Kundenmanagements: Prozess und Schwerpunkte für kundenorientiertes Handeln und Verhalten, in: Ders. (Hg.), Handbuch Kundenmanagement. Anforderungen, Prozesse, Zufriedenheit, Bindung und Wert von Kunden, Berlin/Heidelberg [3]2008, 3–36, bes. 15 f.

ser Zeit des Mangels und des Aufbaus ging es der Wirtschaft um die Massenherstellung von Produkten (Produktorientierung). In den 1960ern trat der Kunde insofern in den Blick, als ein möglichst effizientes Vertriebssystem geschaffen werden sollte, um die Produkte in der Breite abzusetzen (Verkaufsorientierung). Die Werbung für ein Produkt bekam einen neuen, wichtigen Stellenwert. Die Sättigung des Marktes in den 1970er Jahren führte zu einem intensiveren Interesse an den über einen pragmatischen Nutzwert hinausgehenden (auch emotionalen) Bedürfnissen der Abnehmer (Verbraucherorientierung). Von dieser Zeit an spricht man von der sogenannten Tertiarisierung der Gesellschaft, der Dominanz des tertiären Sektors, also des Dienstleistungsbereichs. Zunehmender Wettbewerb führte in den 1980er Jahren zur Notwendigkeit der Profilierung der Unternehmen und des Versuchs, die Marktmacht durch noch stärkere Marktorientierung auszubauen. Kundenzufriedenheit und Kundenbindung waren die Schlagwörter der 1990er Jahre, in denen versucht wurde, durch Rabattaktionen, Kundenkarten und etwa das verstärkte Aufkommen des Loungewesens Kunden längerfristig an sich zu binden (Beziehungsorientierung). Im ersten Jahrzehnt der 2000er Jahre schließlich standen zielgruppenspezifische Kundenprozesse im Vordergrund: Welche Kundensegmente sind auch längerfristig profitabel (Kundenwertorientierung)?

2.3 Kundenorientierung im nicht-kommerziellen Bereich
Die zunehmende Bedeutung des Dienstleistungsparadigmas und der Kundenorientierung blieb nicht auf den kommerziellen Bereich beschränkt. Der Nachfrager im Zeitalter der Tertiarisierung mag sein Bedürfnis nach *königlicher* Behandlung unbewusst auch auf andere zwischenmenschliche Interaktionen oder „Tauschgeschäfte" übertragen

haben. Kundenfreundlichkeit und Zuvorkommenheit lässt man sich gern gefallen, dahinter möchte man nicht mehr zurückfallen. Sind schließlich nicht auch Schalterbeamte jeder Couleur im Grunde dazu da, meine Bedürfnisse zu befriedigen? Muss ich mir von irgendjemandem heutzutage noch gönnerhaftes oder patriarchalisches Verhalten gefallen lassen?

Die Anbieter auf der anderen Seite – staatliche, kommunale und kirchliche Behörden, Anstalten und Dienste – sahen sich zeitgleich einem Nachfragerückgang, zunehmenden Wettbewerbssituationen, finanziellen Engpässen, aber auch Imageproblemen gegenüber. Auch sie suchten, wenn ein entsprechendes Qualitätsmanagement ihnen nicht ohnehin gesetzlich verordnet wurde, Zuflucht in Marketinggedanken und -methoden des Dienstleistungssektors. Dieser versprach, die Bedürfnisse der Nachfrager exakter zu fassen, zu befriedigen und diese längerfristig zu binden.

So wurde die Diskussion um die Kundenorientierung in etlichen nicht-kommerziellen Bereichen schon seit den 1980er Jahren geführt. Exemplarisch schauen wir auf die Soziale Arbeit, die Diakonie und den Kulturbereich.

2.3.1 Beispiel Sozialarbeit

Der Kundenbegriff ist Teil einer dienstleistungstheoretischen Sichtweise menschlicher und gesellschaftlicher Interaktion. Wer die Kundenperspektive hervorhebt, stellt damit indirekt die Frage, inwieweit ein Dienst, ein Angebot oder ein Handeln als Dienstleistung verstanden werden darf oder kann. Da die Dienstleistung sich als Service- und Gewährleistungshandeln aus der Produktion entwickelte, haftet ihr bis heute ein materialistischer Zug an, der trotz der längst gängigen Definition von Dienstleistungen als immateriellen Gütern immer noch präsent ist. Unter anderem darauf und auf das reduzierte Verständnis des Kunden als das eines Käufers dürften manche Einwände zurückgehen, die vor einer *Ökonomisierung und BWLisierung*[4] der Sozialarbeit warnten.

Den kritischen Stimmen zum Trotz hat sich das Dienstleistungskonzept für „die Sozialarbeit weitgehend durchgesetzt, und dies sowohl auf kommunaler Ebene im Bereich der Jugend- und Sozialämter (‚Neues Steuerungsmodell‘, kommunale Managementreformen der 1990er Jahre)"[5] als auch im Bereich privater und öffentlicher Sozialeinrichtungen. Schon der 9. Jugendbericht der Bundesregierung von 1994 versteht etwa die Jugendhilfe als soziale Dienstleistung, die gekennzeichnet sei durch die „wechselseitige Annäherung von adressatenspezifischen Vorstellungen und professionellem Handeln, die in ihrem Zusammenwirken als Basis effektiven organisatorischen Handelns dienen"[6]. Adressatenorientierung, Professionalität und Organisationsentwicklung werden hier als Spezifika des Dienstleistungscharakters von Jugendhilfe deutlich. Das Konzept insgesamt reagiert auf die Tendenzen gesellschaftlicher Veränderung, die sich

---

4 Thomas Olk/Hans-Uwe Otto/Holger Backhaus-Maul, Soziale Arbeit als Dienstleistung – Zur analytischen und empirischen Leistungsfähigkeit eines theoretischen Konzepts, in: T. Olk/H.-U. Otto (Hg.), Soziale Arbeit als Dienstleistung. Grundlegungen, Entwürfe und Modelle, München 2003, LXII.

5 Vgl. Christoph Reichard, Managementreformen in der deutschen Kommunalverwaltung – eine Skizze ihrer Kernelemente und ihres Entwicklungsstandes, in: Olk/Otto, a. a. O. (Anm. 4), 3–27; Harald Walter/Sigrid Redlin, Jugendhilfeplanung und „Neue Steuerung" – Sparkonzept und Innovation. Ein Praxisbericht des Jugendamtes der Stadt Neubrandenburg, in: Olk/Otto, a. a. O., 364–387.

6 Bundesministerium für Familie, Senioren, Frauen und Jugend, Neunter Jugendbericht. Bericht über die Situation der Kinder und Jugendlichen und die Entwicklung der Jugendhilfe in den neuen Bundesländern, 1994, 584.

in den Schlagworten *Individualisierung, Pluralisierung* und *Temporalisierung von Lebenslagen und Lebensverläufen* ausdrücken.[7] Soziale Arbeit kann sich unter diesen Bedingungen weniger denn je mit Patentrezepten behelfen, sondern muss sich sehr differenziert und individuell dem Einzelfall zuwenden. Positiv gesehen wird im Konzept „Sozialarbeit als Dienstleistung" auch ein wichtiger Demokratisierungseffekt: Der Empfänger der sozialen (Dienst-)Leistung *als Kunde* wird weniger als Objekt eines Eingriffs betrachtet, als er es in der Rolle *als Klient* noch sein mochte.[8] Seine Würde, auch als die eines Empfängers einer Hilfeleistung, wird gewahrt und gestärkt. Widerspruchs- und Kritikrecht stehen ihm prinzipiell zu. Diese Stärkung der Nachfrageseite und die Orientierung an den Bedürfnissen der Leistungsempfänger schließen nicht aus, auch gegen deren Vorstellungen stellvertretend Verantwortung zu übernehmen (z. B. durch Sicherheitsverwahrung), wo es angezeigt ist. Prinzipiell aber wird die Bedeutung der Mitwirkung der Adressaten, ohne die die Ziele personenbezogener Dienstleistungen grundsätzlich nicht erreicht werden, durch das Dienstleistungsparadigma mit seiner Nutzerorientierung nochmals verstärkt.

Auch ein ökonomischer bzw. organisationstheoretischer Bedeutungsgehalt des Dienstleistungskonzepts der Sozialarbeit wird nicht geleugnet, sondern als fruchtbar und weiterführend angesehen.[9] Dieser könne mithilfe von markt-

---

7   Gaby Flösser/Hans-Uwe Otto, Dienstleistung für Dienstleister: Kontextsteuerung für professionelles Handeln in den sozialen Diensten, in: Olk/Otto, a. a. O. (Anm. 4), 48; vgl. hierzu und zum Folgenden auch Klaus Grunwald/Hans Thiersch, Lebenswelt und Dienstleistung, in: Olk/Otto, a. a. O., 80 f.

8   Flösser/Otto, a. a. O. (Anm. 7), 81; Marianne Meinhold, Qualitätssicherung in der sozialen Arbeit, in: Olk/Otto, a. a. O. (Anm. 4), 139.

9   Grunwald/Thiersch, a. a. O. (Anm. 7), 83 ff.

wirtschaftlichen bzw. Management-Methoden Mängel hinsichtlich von Effizienz, Effektivität, Qualitätsentwicklung und Professionalität Sozialer Arbeit beheben helfen. Die Tatsache, dass Kundinnen in der Sozialarbeit in der Regel nicht selbst für die erbrachten Leistungen zahlen, verbietet nicht ihre Titulierung als solche, sondern führt auch hier zu einer Differenzierung des Kundenbegriffs in externe Kundinnen (Leistungsempfängerinnen, aber auch ihre Angehörigen), Mediatoren (Vermittler der Leistung), Zuwendungsgeberinnen, Kostenträger und interne Kundinnen (Mitarbeiterinnen einer Einrichtung).[10] Gleichwohl hält die Kunden- bzw. Dienstleistungssemantik bei allen Beteiligten die Erinnerung daran wach, dass auch Sozialarbeit finanziert werden muss.

Dienstleistungsorientierung ist verwandt, aber nicht identisch mit der sogenannten Lebenswelt- bzw. Alltagsorientierung, die die Soziale Arbeit seit den 1970er Jahren beeinflusste. Beide haben ein unmittelbares Interesse an den Lebensverhältnissen der Adressaten, an ihren Deutungs- und Handlungsmustern und ihrem Respekt vor der grundsätzlichen Autonomie in Fragen ihrer Lebensgestaltung. Die Dienstleistungsorientierung geht aber über die Lebensweltorientierung hinaus, indem sie auch Fragen interner Organisation, der Transparenz, der Evaluation, kurz, der Qualitätsperspektive im Blick hat. Insofern umfasst die Dienstleistungsorientierung die Lebensweltorientierung. Ja, sie bedarf ihrer, „um nicht einer ökonomisch" und technokratisch „orientierten Instrumentalisierung zu erliegen".[11]

---

10 Meinhold, a. a. O. (Anm. 8), 138 f.

11 Vgl. zu diesem Abschnitt insgesamt Grunwald/Thiersch, a. a. O. (Anm. 7), 67–89, zit.: 87.

2.3.2 Beispiel Diakonie

Obwohl die Diakonie auch als Teil der Sozialen Arbeit verstanden wird, nehmen wir sie an dieser Stelle gesondert in den Blick. Denn sie ist der Teil der Kirche, der erstmalig mit dem Dienstleistungsparadigma und der Frage der Kundenorientierung konfrontiert wurde. Dies geschah durch den zunehmenden Wettbewerb der Anbieter in den klassischen Feldern diakonischer Arbeit, wie zum Beispiel der Pflege. Es wurde unvermeidlich, nachdem in fast allen Bereichen des Gesundheitswesens vom Gesetzgeber sukzessive die Einführung von Qualitätsmanagementsystemen gefordert wurde.

So finden sich auch die ersten theoretischen Auseinandersetzungen zum Verhältnis von Wirtschaft und Theologie im Kontext der Diakoniewissenschaft. Als Vordenker gilt hier Alfred Jäger,[12] der die Diakonie als Non-Profit-Unternehmen, als eine Form „christlicher Ökonomie" definierte und schon lange vor dem Anspruch gesetzlicher Vorgaben ein diakonisches Management forderte. Die Rolle der Theologie sieht Jäger darin, ökonomische Eigengesetzlichkeit zu relativieren und in einer knappen, aussagekräftigen „Sparformel" (heute würde man wohl vom Leitbild sprechen) zu einer „Selbstidentifizierung" des Unternehmens beizutragen.

Johannes Degen[13] konstatiert einen grundsätzlichen beiderseitigen Argwohn zwischen Theologie und Betriebswirtschaft. Er selbst spricht sich im Kontext der Diskussion von Diakonie als sozialer Dienstleistung für eine Annäherung beider Disziplinen aus, für ein „ausdauerndes Bemühen", sich zu verstehen. Keine der beiden sei von begrifflichen Unklarheiten und apriorischen „Resten" frei. Die Theologie

---

12 Alfred Jäger, Diakonie als christliches Unternehmen. Theologische Wirtschaftsethik im Kontext diakonischer Unternehmenspolitik, Gütersloh 1986.

13 Johannes Degen, Diakonie als Soziale Dienstleistung, Gütersloh 1994.

müsse die Betriebswirtschaft als Realwissenschaft anerkennen, wie umgekehrt die Betriebswirtschaft auch auf ethische Einwände der Theologie hören solle. Für Unternehmun-
gen der Diakonie sieht er die Notwendigkeit konsequenter,
marktorientierter Zielplanung. Die Aufgabe der Theologie
in solch strategischer Unternehmensführung ist die der Öffnung, Relativierung und Qualifizierung:[14] der *Öffnung* der
zwischenmenschlichen Arbeit auf die vertikale Dimension
hin, in der auch Gott als Gegenüber sichtbar wird; der *Relativierung* der menschlichen Heilsvorstellungen als vorletzte
Werte und der *Qualifizierung* jedes diakonischen Handelns
als zeitbezogene Nachfolge. Theologie ist nach Degen damit
nicht nur Grundkonsens und Motivation, sondern sie müsse
gerade auf der Ebene der Leistungserstellung praktisch und
sichtbar werden.

Das Dienstleistungsparadigma, und damit auch die Rede
vom Kunden und von Kundenorientierung, hat sich auch in
der Diakonie durchgesetzt. Dabei wird der Kundenbegriff
zugleich theologisch beleuchtet, was beispielhaft an Äußerungen auf einem Symposium der Diakonischen Heime in
Kästorf[15] gezeigt werden soll. Dort verknüpft Rolf-Jürgen
Korte[16] die Kundenorientierung mit der Goldenen Regel
(Mt 7,12; Lk 6,31). Sie sei gewissermaßen der *Marketing-Leit-
gedanke*, den der Anbieter zu berücksichtigen habe. Die Ansprüche der Nachfragerin bzw. Kundin aber basierten auf
ihrer Geschöpflichkeit, christlich zugespitzt: auf ihrem Recht
auf Leben, Würde, Heilung und Heil. Diese *Rechtsansprü-*

---

14 A. a. O., 136 f.

15 Egbert Kahle, Markt – Kunde – Vertrauen – Zukunft diakonischer Dienst-
    leistungen. 3. Management-Symposium der Diakonischen Heime in
    Kästorf e. V. am 30/31.10.1998, Lüneburg 1999.

16 Das diakonische Dreieck – Führung, Ethik, Kunde, in: Kahle, a. a. O. (Anm. 15),
    9–18.

che der Kundin und die damit einhergehende Sicherstellung ihrer Nachfragesouveränität setzten dem potenziellen Machtüberschuss der Anbieterseite Grenzen, die Korte aus dem christlichen *Verkündigungsrahmen* abgeleitet sieht.

„Liebe deinen Kunden wie dich selbst!" Mit diesem Satz provoziert Hartmut Drude seine Zuhörerschaft.[17] In der Überzeugung, dass auch ökonomische Rollenzuschreibungen das Liebesgebot nicht außer Kraft setzen können, sieht Drude die Anwendung des Kundenbegriffs im diakonischen Kontext als Gebot der Wahrheit und Klarheit. Denn faktisch handele es sich bei der hilfebedürftigen Person um eine Nachfragerin, die auch einen anderen Anbieter hätte wählen können, sie zahle letztlich (wenn auch nicht unbedingt direkt) für die empfangene Leistung und der Kundenbegriff gebe ihr Rechtssicherheit und Würde. Sie komme nicht als Bittstellerin, sondern als Mensch mit Rechtsanspruch auf angemessene Hilfe. So halte der Kundenbegriff gerade die Nichtverfügbarkeit auch im Dienstleistungsbereich fest, wehre einer Unterwerfung des Kunden bzw. der Kundin als eines Objektes unter die Helfermacht und entlarve verkapptes Besitzstandsdenken, das in der Diktion mancher Einrichtungen – etwa durch die betuliche Redeweise von *unseren Betreuten* – zum Ausdruck komme.

2.3.3 Beispiel Kulturbetrieb

Im Kulturbetrieb war es insbesondere die sich drastisch verschärfende Finanz- und Wettbewerbssituation, die zu einer Öffnung des Denkens – auch in Richtung Dienstleistungsbereich und Kundenorientierung – führte. Ein solcher betriebswirtschaftlicher Zugang war dem altehrwürdigen Kulturbetrieb naturgemäß zunächst fremd. Als seine soge-

---

17 Der Kunde als ethisch-theologische Frage, in: Kahle, a. a. O. (Anm. 15), 61–70.

nannten *originären Aufgaben* werden die Erforschung und
Bewahrung kultureller Werte genannt, die Erfüllung eines
öffentlichen bzw. gesellschaftlichen Bildungsauftrags, aber
auch Interpretation, Präsentation und Vermittlung von Kul-
turgütern.[18] Der Verdacht, sich dadurch einem Massengeschmack anzupassen, wog zunächst ebenso schwer wie die
Sorge, sich in Programmgestaltung, Interpretation und Auf-
führungs- bzw. Darstellungspraxis künftig ausschließlich an
der Erfüllung von Besucherwünschen orientieren zu müssen. Hier freilich bot das Dienstleistungsparadigma selbst
eine Brücke. Danach kommt eine Dienstleistung nur zustan-
de, wenn Dienstleistungsgeber und Dienstleistungsnehmer
zusammenwirken (Prozess des Austauschs zwischen Anbieter und Nachfrager). Ohne Besucher wird jedes Konzert
abgesagt, jede Ausstellung geschlossen werden. Über die
rein physische Präsenz solcher Kunden hinaus kommt es
allerdings gerade im Kulturbereich vielfach zu differenzie-
renden Interaktionen zwischen Anbieter und Empfänger,
von Applaus bzw. Buh-Rufen bei Vorführungen über das
Einbezogen-Werden in ein Theaterstück oder das Mitsingen
bis hin zu Nachfragen bei Führungen oder die interaktive Erschließung von Museumsexponaten. Ein Teil des originären
Auftrags des Kulturbereichs ist eben ohne *Kundenkontakt*

---

18 Vgl. Sabrina Helm/Andrea Hausmann, Kundenorientierung im Kulturbetrieb: Eine Einführung, in: A. Hausmann/S. Helm (Hg.), Kundenorientierung im Kulturbetrieb. Grundlagen – Innovative Konzepte – Praktische
   Umsetzung, Wiesbaden 2006, 13–27, 16; Thomas Platzek, Mystery-Visitor-
   Management als Instrument zur Steigerung der Besucherorientierung
   von Kulturbetrieben, in: Hausmann/Helm, a. a. O., 129–148, 130; Julia Hil-
   gers-Sekowsky, Besucherorientierung durch Marketing-Kooperationen
   von Museen, in: Hausmann/Helm, a. a. O., 185–201, 188, spezifiziert für den
   Museumsbereich die Aufgaben als „Sammeln, Forschen, Bewahren, Aus-
   stellen und Vermitteln".

gar nicht wahrnehmbar. Insofern kann eine konsequentere Orientierung an Kundenwünschen als Kerngeschäft gewertet werden. Dennoch – auch das wurde klargestellt – geht der Kulturbetrieb nicht in solchen Wünschen auf. Es müsse im Sinne einer *Autonomie des Kunstwerks*[19] auch weiter Aufführungen bzw. Exponate geben, die dem kulturellen Mainstream widersprechen und den Massengeschmack gerade hinterfragen. Zufriedenheit wird als letzte Zielgröße nicht akzeptiert.

Der Druck der sich verändernden Rahmenbedingungen, der für manche Kulturbetriebe zu einer Überlebensfrage wurde, förderte also die Einsicht, dass die genannten originären Aufgaben von Museen, Theatern, Opern- und Konzerthäusern ergänzt werden müssen durch Erfüllung von Anforderungen, die sich aus einer konsequenten Kundenorientierung ergeben. Man spricht im Kulturbereich vor allem von *Besucherorientierung*, die die Auftragsorientierung nun gerade nicht ersetzt, sondern ergänzt. Die Interessenpartner (Kundengruppen) werden auch im Kulturbereich durchbuchstabiert und in ihrer Bedeutung für den jeweiligen Betrieb gewichtet (Kraftfeldanalyse). So unterscheidet Schulenburg[20] am Beispiel des Theaters Träger (u. a. Finanzgeber), Besucher, Öffentlichkeit (u. a. Kritiker), Zulieferer (u. a. Autoren), Konkurrenten und das Theater selbst (u. a. die Schauspieler) als potenzielle Stakeholder. Sie untersucht diese Einflussgruppen in ihrer Bedeutung für das Theater, indem sie sie nach den Kriterien Macht, Legitimität und Dringlichkeit gewichtet. Autoren, Schauspieler und Zuschauer werden dabei als die maßgeblichen Einflussgrößen identifiziert.

---

19 Helm/Hausmann, a. a. O. (Anm. 18), 18.

20 Sophie Schulenburg, Die Rolle der Besucher und anderer Kunden für Kulturbetriebe am besonderen Beispiel des Theaters, in: Hausmann/Helm, a. a. O. (Anm. 18), 31–49; vgl. Helm/Hausmann, a. a. O., 15.

Inhaltlich ist es besonders der Fokus auf die *Nutzenfrage* für den Besucher, der die Perspektive der Kundenorientierung in Ergänzung zu den originären Aufgaben des Kulturbetriebs hervorhebt. Welchen Nutzen haben die Empfänger kultureller Dienstleistungen von der Bewahrung, Erforschung, Vermittlung etc. der Kulturgüter? Das Denken wird vom Eigenwert und der Autonomie der Kulturgüter selbst auf die Schnittstelle zwischen diesen und dem Hörer, Betrachter, Besucher und auf dessen Erwartungen und Bedürfnisse gelenkt. Auch hier kommt es zu interessanten Differenzierungen. So werden, wie es auch im gottesdienstlichen Bereich schon seit Längerem üblich ist, unterschiedliche Lebensstiltypen und deren Präferenzen bzw. Besuchsmotive wahrgenommen (Kundensegmentierung). Im Museumsbereich etwa werden der *erlebnisorientierte Typ*, der *bildungs- und prestigeorientierte Typ* und der *Kulturmuffel* unterschieden, für Kulturbetriebe allgemein der *Kulturkonsument*, der *Kulturfan*, der *Kulturbegeisterte*, der *Kulturenthusiast* und der *Kulturproduzent*.[21]

Eine zweite Differenzierungsebene ist die des Kundennutzens.[22] Armin Klein[23] beispielsweise trifft auf Basis empirischer Untersuchungen zunächst die Grundunterscheidung von vier Nutzendimensionen einer kulturellen Dienstleistung. An erster Stelle steht der sogenannte Kernnutzen eines kulturellen Angebots, z. B., dass etwa in einer Musikschule

---

21 Sabine Fliess/Ole Wittko/Sarah Kudermann, Kundenintegration als Gestaltungsdimension in Kulturbetrieben, in: Hausmann/Helm, a. a. O. (Anm. 18), 59–78, 69 f.

22 „Zugespitzt gesagt: Menschen kaufen keine Produkte, sondern sie kaufen Nutzen!" Zit.: Armin Klein, Kulturmarketing. Das Marketingkonzept für Kulturbetriebe, München ²2005, 20.

23 Klein, a. a. O. (Anm. 22), 22–26, alle Zitate hieraus.

ein Instrument erlernt werden kann. Die Musikschule wird sich bemühen, durch eine Qualitätsstrategie (Auswahl guter Lehrerinnen, gute Ausstattung etc.) diesen Kernnutzen zu optimieren.

Hinzu kommen drei weitere (Neben-)Nutzendimensionen: der soziale Nutzen, der symbolische Nutzen und der Service-Nutzen. Der soziale Nutzen benennt die Tatsache, dass Menschen in der Wahrnehmung einer Dienstleistung zumeist auch Gleichgesinnte treffen, sich sehen lassen oder mitreden können wollen. „Kein Mensch fühlt sich wohl in einem leeren Theater und sei das Bühnengeschehen noch so gut." Der symbolische bzw. affektive Nutzen eines Kulturangebots liegt darin, dass das Produkt auch zu einem *passen* muss. Hier spielt das Image des Anbieters eine entscheidende Rolle. Kann sich die Nutzerin mit diesem Image identifizieren, will sie mit diesem Image identifiziert werden? „[...] welchen Stellenwert [hat] die Musikschule in der Kommune [...]. Gilt sie als verstaubte, strenge Lehranstalt, so werden die Kinder wahrscheinlich sehr viel weniger Lust haben, dorthin zu gehen, als wenn sie als eine Organisation wahrgenommen wird, bei der man einfach dabei sein muss (egal wie, und wenn man nur die Triangel spielt!)." Der Service-Nutzen richtet sich gewissermaßen auf die Rahmenbedingungen der Dienstleistung. Von dem Kartenvorverkauf, der Ausschilderung, der Parkplatzsituation über die Freundlichkeit des Personals, die ergänzende Gastronomie oder den Museumsshop bis hin zum Zustand der sanitären Einrichtungen reicht dieses Feld.

Der differenzierten Sichtweise der Dienstleistungsperspektive im Kulturbereich entsprechen ihre Marketinginstrumente. Auf zwei von ihnen soll an dieser Stelle nur exemplarisch hingewiesen werden. Zum einen ist die Darstellung der Kundenkontaktpunkte mithilfe der Blueprinting-Methode interessant.[24] Hier wird nur der Ausschnitt des Leistungsprozesses der Anbieter dargestellt, in dem er mit dem Kunden in direkten Kontakt tritt. In den drei Prozessphasen *Vor-Besuch*, *Besuch* und *Nach-Besuch* werden möglichst alle Leistungsmerkmale, vom Angebot an Informationen auf der Homepage bis zur Wegweisung zu den sanitären Anlagen, ins Auge gefasst und auf ihre Kundenfreundlichkeit hin überprüft. Das sogenannte Mystery-Visitor-Management,[25] bei dem eigens damit beauftragte Test-Besucher die Service-Qualität eines Kulturbetriebs prüfen, soll als zweites Beispiel genannt werden. Es beruht auf vorher bis in Einzelheiten ausdifferenzierten Servicekriterien, die einzelnen Dienstleistungsdimensionen zugeordnet werden. So gehören zur Dimension *Kauf der Eintrittskarte* zum Beispiel die Servicekriterien *Verständlichkeit der Eintrittspreisgliederung*, *Freundlichkeit des Kassenpersonals* und die *Wartezeiten vor der Kasse*.

3. „Der Kunde ist König?" –
Der Gottesdienstteilnehmer als Kunde bzw. Kundin

Der Gottesdienst ist zunächst und vor allem Ausdruck des Glaubens, zentrale Lebensäußerung christlicher Religion, Ort der Verkündigung von Gottes Wort und Versammlung der Gemeinde. Er wird, solange es Christen gibt, nie auf-

---

24 Vgl. Andrea Hausmann, Kulturfinanzierung im Kontext der Besucherorientierung von Kulturbetrieben, in: Hausmann/Helm, a. a. O. (Anm. 18), 91–108, 99–101; Fliess u. a., a. a. O. (Anm. 18), 72–74; eine andere Bezeichnung dieser Methode lautet „Kundenpfadanalyse", vgl. Folkert Fendler, Kompetenz versus Qualität, Warum es lohnt, zum Beispiel Taufpfade zu beschreiten – eine Antwort auf Amrei Störmer-Schuppner, 487 ff., in: PTh 100/2011, 481–489.

25 Zum Folgenden Platzek, a. a. O.(vgl. Anm. 18), 129–148.

grund strategischer oder anderer Überlegungen aus dem „Angebotsprogramm" genommen werden. Insofern ist er keine Dienstleistung im Sinne eines ökonomischen Gutes, das – von einem bestimmten identifizierten Kundenbedürfnis herkommend – ein maßgeschneidertes immaterielles Angebot seiner Befriedigung macht. Freilich reizt die Tatsache, dass der Gottesdienst – auch seinem eigenen Selbstverständnis nach – ein Dienstgeschehen ist, zu genauerem Hinschauen. In ihm dient Gott dem Menschen, indem er ihm sein Heil und seine Güte zueignet. Und in ihm dient der Mensch Gott, indem er ihn lobt und seine Dankbarkeit erweist, indem er seinen Glauben bekennt und sich Gottes Gaben aneignet.[26] Der Gedanke des wechselseitigen Gebens und Nehmens, sogar in beiden Fällen als *Dienen* bezeichnet, ist eine offensichtliche strukturelle Verwandtschaft.

Als besonders verwechselbar mit Dienstleistungen erweisen sich die Kasualien. Für sie gilt zunächst in gleicher Weise das zum Gottesdienst allgemein Gesagte. Bei ihnen aber tritt die Besonderheit hinzu, dass sie nicht ungefragt bzw. un-nachgefragt stattfinden. Taufen, Trauungen, Beerdigungen und Konfirmationen werden nur gefeiert, wenn entsprechende *Begehren* an die Gemeinde bzw. die Pfarrpersonen herangetragen werden. Das altertümliche Wort *Begehren*, das von den Nachfragenden ohnehin nicht benutzt wird, kann nicht darüber hinwegtäuschen, dass hier religiöse (oder auch soziale oder sonstige) Bedürfnisse an die Gemeinde und damit an den Gottesdienst herangetragen wer-

---

26 In diesem Tauschgeschehen sind Dienstleistung und Gottesdienst nahe beieinander; so bereits Jan Hermelink, „Unternehmen" Liturgie: Anregungen zur effizienten Gottesdienstgestaltung, in: Hans-Hermann Tiemann (Hg.), Situationsgerecht Gottesdienst feiern. Zur Verbesserung liturgischen Handelns, Bielefeld 2009, 197–211 (Wiederabdruck eines Aufsatzes von 1999/2000).

den. Und da die Volksseele die Zeiten, als die Kasualien und einzelne ihrer Teilleistungen (z. B. das Glockenläuten) noch mit Naturalien oder Geld extra bezahlt wurden, längst nicht vergessen hat, obwohl dies manchmal Jahrzehnte her ist, gelegentlich allerdings sogar wieder im Kommen ist (Raummieten), kann es kaum verwundern, dass zumindest für die Nachfragenden der Unterschied zwischen Gottesdienst und religiöser Dienstleistung (auch in ökonomischem Sinn) verschwimmt. Man kann das tadeln, wird aber gut daran tun, sich die entsprechenden Erwartungen bewusst zu machen und damit umzugehen.

Die Frage ist, ob das Gottesdienstverständnis entscheidend verfälscht wird, wenn der Dienstleistungsgedanke und damit auch der Gedanke der Kundenorientierung hinzutreten. In welche Rolle gerät die Gottesdienstteilnehmerin, wenn sie als Kundin bezeichnet wird? Der flüchtige Überblick, den wir dank der Auseinandersetzung mit der Kunden- und Dienstleistungsorientierung in den ausgewählten Non-Profit-Bereichen gewonnen haben, ist in diesem Zusammenhang überraschend und aufschlussreich zugleich.

Überraschend, denn hier werden – bereits in den 1980er Jahren – zum Teil genau dieselben grundlegenden Anfragen laut, wie sie heute die kirchliche Diskussion prägen: die Sorge um den Verlust des eigentlichen Auftrags (z. B. eines Museums), die Sorge vor dem Verlust der Autonomie eines Kunstwerks (z. B. im Theater) oder die Sorge, Angemessenes oder Unbequemes nicht mehr tun oder sagen zu können (z. B. in der Jugendhilfe oder wiederum im Kulturbetrieb). Überraschend auch, weil diese Sorgen mit denselben Begriffen ausgetrieben werden sollten wie nun in der kirchlichen Diskussion: BWLisierung, Dienstleistifizierung, Ökonomisierung! Daher lautet eine lapidare erste Feststellung: Die Sorge vor Identitätsverlust durch Kundenorientierung, die dahinterstehende Überzeugung also, dass man im Blick auf den Gottesdienst als Einzige einen unantastbaren Auftrag zu bewahren hätte, ist kein Alleinstellungsmerkmal kirchlich-theologischer Diskussion. Dem würden sich Sozialarbeit, Diakonie und Kulturbetrieb, im Übrigen auch Gesundheits- und Bildungswesen, sofort anschließen.

Aufschlussreich aber ist der Vergleich, weil sich in den betrachteten Non-Profit-Bereichen die Sorgen schließlich als unbegründet erwiesen. In allen genannten Sektoren wird das Dienstleistungsparadigma heute zwar zum Teil durchaus noch kritisch gesehen, aber zugleich nicht geleugnet, dass die ungewohnte Perspektive auch zu einer Schärfung vorher vernachlässigter Sachverhalte, oft auch zu einer Schärfung des eigenen Profils insgesamt geführt hat. Die Angst vor einem Substanzverlust trat zurück hinter neu gefundenen Antworten, Differenzierungen und Methoden, die die Arbeit belebten, neue Zielgruppen erschlossen (Jugendoper, Kinderangebote in Museen) und zu mehr Professionalität, Effizienz und Attraktivität führten.[27] Auftragsorientierung widerspricht nicht der Kundenorientierung. Diese tritt zu jener vielmehr ergänzend hinzu.

Der Einfluss des Kundenbegriffs hat dabei sicher das Denken und Handeln der Anbieter mitbestimmt, aber seine Übernahme in den Non-Profit-Bereich hat auch den Kundenbegriff selbst verändert. Der Kunde in der Wirtschaft ist der Konsument. Der Konsument erwartet Leistung für Geld. Er möchte möglichst viel Leistung für möglichst wenig Geld

---

27 Dass Kundenorientierung gerade nicht zu einer Deprofessionalisierung führt, sondern vielmehr Professionalisierung beschleunigt, zeigen verschiedene empirische Studien, vgl. Ellen Kuhlmann, „Kundenorientierung" – der flüchtige Charme einer ökonomischen Denkfigur im Gesundheitswesen, in: Heike Jacobsen/Stephan Voswinkel (Hg.), Der Kunde in der Dienstleistungsbeziehung, Wiesbaden 2005, 149–167, 154.

und wird daher mal hier, mal da einkaufen. Der Kunde einer Organisation achtet demgegenüber gerade nicht in erster Linie auf die Preise, sondern auf den Wert, der ihm in Aussicht gestellt ist, und auf die persönliche Bindung, die in der Kommunikation oder Interaktion mit den Anbietern entsteht. Er ist daher durchaus bereit, auch mehr zu zahlen. Die Kundensemantik wird heute gerade durch den Primat des Nicht-Ökonomischen gekennzeichnet.[28] „Das Spezifische der Inklusionsform Kunde und seiner Aufwertung im Konzept der Kundenorientierung liegt nicht in einer direkten, engen Verknüpfung mit Zahlungen [...]. Die organisatorische Konstruktion des Kunden ist zwar von vornherein und immer auch wirtschaftlich kontextuiert (der Verweis auf das Geld läuft mit), aber mit ihrem Kunden kommunizieren Organisationen nicht zwangsläufig wirtschaftlich. Vielmehr wird dort, wo der Kunde ins Spiel kommt, dieser mitlaufende Bezug auf das Geld ausgesetzt und latent gehalten, zugunsten nicht-wirtschaftlicher Kriterien und Gesichtspunkte der Kommunikation."[29]

Die Tatsache, dass die Kundensemantik faktisch nicht von der ökonomischen Konnotation dominiert wird, sondern diese nur latent mitläuft, mag einer der Gründe dafür gewesen sein, warum sie den pauschalen Vorwürfen der Ökonomisierung zum Trotz in nahezu allen nicht-wirtschaftlichen Organisationen Einzug halten konnte. Dies ist umso erstaunlicher, als die Vereinheitlichung der Titulierung der Empfängerseite als Kunden mit einer zunehmenden Differenzierung gesellschaftlicher Gruppen und Funktionen einherging. So bietet der Kundenbegriff offenbar strukturell

---

28 Veronika Tacke/Gabriele Wagner, Die Publikumsrolle des Kunden und die Semantik der Kundenorientierung. Eine differenzierungstheoretische Analyse, in: Jacobsen/Voswinkel, a. a. O. (Anm. 27), 127–148.

29 A. a. O., 133 f.

und inhaltlich Merkmale, die übergreifend adaptionsfähig sind, die bei Übertragung auf die kontextspezifischen Rollenzuschreibungen (Patient, Schüler, Gast) neue Impulse geben und ein längerfristiges Nachhalten des Angebots sichern helfen. Ich identifiziere im Folgenden solche Merkmale und übertrage sie ansatzweise auf den Gottesdienst.

3.1 Merkmal Adressatenorientierung

Da ist zum einen und in erster Linie die *Adressatenorientierung*. Der Anbieter einer Dienstleistung fragt ausdrücklich nach der Kundenperspektive. Er fragt nach den Bedürfnissen seiner Zielgruppe als Ganzer, aber auch nach den spezifischen Wünschen von Teilgruppen, bis hin zur Zuwendung zum Einzelfall. Die Adressaten selbst werden weit gefasst. Wer hat Interesse an dieser Dienstleistung? Die Antworten einer solchen Stakeholderanalyse sind vielfältig und reichen von den Mitarbeitern über die Kernkunden bis hin zur Gesellschaft.

Adressatenorientierung im Gottesdienst ist eine uralte Forderung, besonders an die Predigt. Sie soll die christliche Botschaft gerade in die Lebenswelt ihrer Hörerinnen hinein verkündigen. Sie muss akustisch und inhaltlich verständlich sein und sich an den Rezeptionsgewohnheiten und -kapazitäten (Dauer) der Hörer orientieren. Der jüngere empirische Aufbruch in Liturgie, Homiletik und Kasualtheorie wendet sich dezidiert den Erwartungen von Gottesdienstteilnehmern und ihrem Erleben zu. Untersuchungen zu den unterschiedlichen Milieus und Typologien von Kirchgängern tragen der Differenzierung der Gesellschaft Rechnung und produzieren ihre eigenen Aporien. Interessant wäre auch einmal eine systematische Stakeholderanalyse. Wer hat Interesse am Gottesdienst? Wer ist in diesem weiteren Sinne sein Kunde? Da dürfte schnell deutlich werden, dass dies natürlich der Kernkunde *Gottesdienstbesucher* ist, darüber hinaus entdeckt man jüngst verstärkt, dass viele Menschen es wichtig finden, dass regelmäßig Gottesdienste stattfinden, auch wenn sie selbst nicht hingehen. Die haupt- und ehrenamtlichen Mitarbeiterinnen am Gottesdienst wären je gesondert zu betrachten, wie auch der Kirchenvorstand, die Landeskirche, die Gruppe der Kirchensteuerzahler und die Gesellschaft, möglicherweise selbst Gott. – Schließlich unterstreicht die Adressatenorientierung die evangelische Überzeugung, dass es keine Gottesdienste ohne Adressaten geben kann. Wenn keiner kommt, fallen sie aus. Wir werden keine Winkelmessen feiern.

3.2 Merkmal Demokratisierung

Kundenorientierung bedeutet des Weiteren *Demokratisierung*. Der Empfänger einer Leistung ist kein Bittsteller. Er begegnet dem Leistungsgeber auf Augenhöhe. Er kann sich auf Rechte berufen, er hat das Recht zum Widerspruch und zur Beschwerde. Besonders die Sozialarbeit, aber auch der Verwaltungsbereich machen diese Dimension des Kunden stark, die letztlich etwas mit seiner Würde zu tun hat: „Wer eigentlich wollte nicht Kunde von Verwaltungen sein, wenn die Alternative dazu heißt, sich vor Amtsstuben mit dem Hinweis ‚Heute keine Abfertigung' wiederzufinden."[30]

Das Stichwort Demokratisierung verweist im gottesdienstlichen Kontext unmittelbar auf den reformatorischen Gedanken des Priestertums aller Gläubigen. Gottesdienstverantwortliche und Gottesdienstteilnehmerinnen befinden sich grundsätzlich auf derselben Stufe. Sogenannte Geistliche sind Gott nicht näher als andere Menschen. Der räumlichen Anordnung der meisten Kanzeln zum Trotz gilt:

---

30 Tacke/Wagner, a. a. O. (Anm. 28), 146.

Predigerin und Predigtzuhörer begegnen sich auf Augenhöhe. Der Gottesdienstbesucher als Kunde betont unter
diesem Aspekt die Unangemessenheit der letzten Ausläu-
fer pfarrherrlichen Daseins und Handelns. Auch die Kasual-
nachsuchende ist keine Bittstellerin, sondern wünscht – oft
in existenzieller Sondersituation – Sakrament, Segen bzw.
würdevolle gottesdienstlich-seelsorgliche Begleitung. Die
Gottesdienstbesucherin als Kundin hat – gerade in der Ka-
sualsituation – das Recht, besondere Wünsche zu äußern,
eine individuelle Gestaltung anzuregen. Ob diese Wünsche erfüllt werden können, ist damit nicht verbrieft, denn
auch hier wird es gelegentlich sachliche Grenzen geben.
Was auch sie nicht braucht, ist *Abfertigung*. Schließlich ist
ihr Beschwerderecht, ihr Kritikrecht zu beachten. Wie erreicht es die Verantwortlichen? Was tut eine Gemeinde, um
deutlich zu machen: Wir sind an den Meinungen und Beschwerden unserer Mitglieder interessiert? Vom Beschwerdemanagement anderer Dienstleister gäbe es noch eine
Menge zu lernen,[31] zumal es Untersuchungen darüber gibt,
dass positiv bearbeitete Beschwerden schließlich zu einer
stärkeren Kundenbindung führen, als sie vorher bestanden
hat.

3.3 Merkmal Partizipation

Die Kundenorientierung ist nicht zu denken ohne das Merkmal der *Partizipation*. Jede Dienstleistung ist ein Interakti-
onsgeschehen, bei dem Leistungsgeberin und Leistungs-
empfängerin zusammenwirken. Sie ist kein einseitiges
Geschehen der Leistungsgeberin. Damit lenkt die Kunden-

---

31 Vgl. Armin Töpfer, Konzepte und Instrumente für das Beschwerdemanagement. Worauf kommt es bei einem konstruktiv gestalteten Beschwerdemanagement an?, in: Ders. (Hg.), Handbuch, a. a. O. (Anm. 3), 819–860.

orientierung die Aufmerksamkeit in Vorbereitung und Durchführung auf den im Dienstleistungsjargon auch *externer Faktor* genannten Leistungsempfänger.

Das partizipatorische Element des Kundenbegriffs in der Dienstleistung macht eine alte liturgische Einsicht stark, die das erste Kriterium des Gottesdienstbuches so beschreibt: „Der Gottesdienst wird unter der Verantwortung und Beteiligung der ganzen Gemeinde gefeiert." Das meint nicht nur die Einbeziehung von anderen Ämtern (Lektoren, Prädikantinnen, musikalischen Gruppen etc.) in den Gottesdienst oder die Gestaltung einzelner Teile oder Anspiele durch Gemeindegruppen, sondern gilt auch für einen ganz normalen Gottesdienst. Denn auch Hören, Mitsingen, Abendmahl empfangen, Blickkontakt halten, Kollekte geben, Mitbeten etc. sind als aktive Elemente der Mitwirkung zu werten.

3.4 Merkmal Nutzen

Wer nach der Kundin fragt, fragt zugleich danach, welchen Nutzen sie aus der Dienstleistung erhält. Dieser ist durchaus subjektiv. Nicht konkrete Attribute einer Leistung stellen die Kundin zufrieden, sondern inwieweit sie ihr – zu ihren individuellen Zielen und Werthaltungen passend – einen Nutzen stiften.[32] Dabei begegneten uns im Kulturbetrieb vier Nutzendimensionen: Neben dem Kernnutzen wurden ein sozialer, ein symbolischer und ein Service-Nutzen identifiziert (s. o.).

An der Nutzenfrage des Gottesdienstes scheiden sich evangelische Geister. Die einen betonen, dass der Gottesdienst zweckfrei gefeiert werden müsse. Er dürfe nicht instrumentalisiert werden, sondern solle gefeiert werden,

---

32 Töpfer, a. a. O. (Anm. 3), 231.

einfach weil er schön sei, weil man ihn eben feiern könne.[33] Andere beschäftigen sich sehr wohl mit möglichen, auch intendierten Zwecken des Gottesdienstes, unterscheiden Funktionen, Wirkungen und Leistungen.[34] Doch selbst die Verfechter der Zweckfreiheit des Gottesdienstes werden nicht leugnen können, dass auch ein zweckfrei gefeierter Gottesdienst Wirkungen haben kann und nach biblischer Aussage auch haben soll (vgl. Jes 55,10–11). Solche Wirkungen, einmal erlebt, könnten im Besucher das Bedürfnis hervorrufen, wiederzukommen, um sie nochmals zu erleben – womit wir aus seiner Perspektive mitten in der Nutzendiskussion sind. Da wäre es nun spannend, genauer herauszufinden, wie sich Kernnutzen und Nebennutzen für den Gottesdienst beschreiben lassen und in welchem Verhältnis sie stehen. Über den Kernnutzen ist, auch ohne exakt diese Begrifflichkeit zu verwenden, schon viel nachgedacht worden. Wohl auch über den sozialen Nutzen, also die Gemeinschaftsdimension des Gottesdienstes. Ist der soziale Nutzen im Gottesdienst sogar ein Teil des Kernnutzens? Welche Rolle spielt der symbolische Nutzen, also sein Image, für die Akzeptanz des Gottesdienstes vor Ort? Wie verhält sich das allgemeine Image des Gottesdienstes („langweilig") zu seinem lokalen Image und wodurch wird dieses geprägt? Ein noch zu häufig vernachlässigtes Moment unter den Nutzenaspekten scheint m. E. der Service-Nutzen zu sein, also Informationspolitik, Ausschilderung, Parkplatzsituation, Vorplatz- und Eingangsbereichgestaltung, Garderobe, Zustand der Sanitäranlagen, Sitzgelegenheiten etc. Welchen Stellenwert haben solche Äußerlichkeiten möglicherweise doch für die

---

33 So z. B. Martin Nicol, Weg im Geheimnis, Plädoyer für den Evangelischen Gottesdienst, Göttingen 2009, 62 f.

34 So z. B. Christoph Dinkel, Was nützt der Gottesdienst? Eine funktionale Theorie des evangelischen Gottesdienstes, Gütersloh 2000.

durch andere Anbieter serviceverwöhnte Zeitgenossin, die sich unversehens als Gottesdienstbesucherin wiederfindet?

3.5 Merkmal Qualität

Kundenorientierung führt darüber hinaus zu einer Betrachtung von Dienstleistungen unter organisationstheoretischen Gesichtspunkten. Sie fragt daher u. a. nach Effizienz und Effektivität, nach Qualitätsentwicklung und Evaluationskultur. Sie legt Wert auf Professionalität. Der Kunde prägt die Qualität der Leistung zum Teil mit, er ist ihr Maßstab, insofern Kundenorientierung zum erklärten Ziel wird.

Kann man effizient und effektiv Gottesdienst halten? Das klingt ketzerisch.[35] Kann man aber Kräfte sparend und Synergieeffekte ausnutzend Gottesdienste vorbereiten und etwas dazu tun, damit das, was Gottesdienste bewirken wollen, mit höherer Wahrscheinlichkeit geschieht? Darüber könnte man wohl schon eher nachdenken, und es ist doch fast dasselbe wie das in der ersten Frage Ausgedrückte. Qualitätsentwicklung im Gottesdienst kommt von einer Wesensbeschreibung (*qualitas*) des Gottesdienstes her und kann sich dennoch unbefangen ausgewählter Instrumente des Qualitätsmanagements bedienen, sofern sie sie als angemessen und weiterführend empfindet.[36] Instrumente der Evaluation scheinen hier besonders weiterführend zu sein. Kundenorientierung im Gottesdienst führt zwangsläufig zu einer verstärkten Rückmeldekultur.

---

35 Vgl. aber Hermelinks Versuch (Anm. 26).

36 Folkert Fendler, Von der „Qualitas" zur Messung. Theologisch verantwortet von Qualität reden, in: LK 1/2011, 4–27.

3.6 Merkmal Wahlmöglichkeit

Die Kundin hat immer eine Wahlmöglichkeit. Sie kann wählen zwischen verschiedenen Anbietern. Wenn es die nicht gibt, kann sie zumindest wählen, ob sie die Dienstleistung in Anspruch nimmt oder eben nicht. Gerade die Wahlmöglichkeit im Zeitalter verschärften Wettbewerbs und der Pluralisierung machte das Konzept der Kundenorientierung mächtig und einflussreich.

Auch der Gottesdienst unterliegt einem Wettbewerb, ob man dies nun so bezeichnet oder nicht. Spätestens seit der Reformation hatten in Deutschland erst die Landesfürsten, später auch andere Individuen die Möglichkeit zu wählen: evangelisch oder katholisch. Noch später kam die Option hinzu, aus der Kirche auszutreten. Im Zeitalter der Globalisierung und Säkularisierung wurden die Wahlmöglichkeiten unübersehbar, die hohe Mobilität tat ein Übriges. Nun konnte man wählen zwischen Gemeinden, Konfessionen, Religionen und Weltanschauungen. Oder man konnte es lassen. Die Kundensemantik hält die Erinnerung an die Multioptionalität heutigen Lebens und heutiger Religionsausübung wach. Und sie wirbt um Bindung an das eigene gottesdienstliche Angebot. Dazu dürfte hilfreich sein wahrzunehmen, wodurch die Menschen anderswo fasziniert und gebunden werden. Lässt sich von ihnen etwas lernen?

3.7 Merkmal Zufriedenheit

Kundenorientierung impliziert das Ziel der Zufriedenheit. Sie wird definiert als der Grad, in dem ein Unternehmen die Bedürfnisse seiner Kunden befriedigt. Diese müssen zuvor in einer Marktanalyse erhoben und später mit verschiedenen Methoden des Kundenfeedbacks abgefragt werden, um so die Kundenzufriedenheit zu messen.

Für den Gottesdienst kann Zufriedenheit in einem vorder-
gründigen Sinn keine Zielgröße sein. Jedenfalls nicht im Blick
auf den Kernnutzen, um in der Dienstleistungsterminologie
zu bleiben. Denn dieser, die Begegnung mit dem Wort Gottes, kann als Gerichtswort, als Anstoß zur Sündenerkenntnis
oder zur Änderung des Lebenswandels durchaus (vorüber-
gehend) zur Krise führen und gerade darin sein Ziel erreichen. In einem tieferen Sinn, indem nämlich auch eine durch
Gottes Wort ausgelöste Krise schließlich zur Erkenntnis der
Gnade und zur Heilsgewissheit führt, könnte man schließlich doch von Zufriedenheit sprechen, wenn dieser Begriff in
diesem existenziellen Zusammenhang nicht allzu oberfläch-
lich erschiene. Ich bin aber überzeugt, dass die meisten Gottesdienstbesucher im Gottesdienst nicht nur oberflächliche
Zufriedenheit im Blick auf den Kernnutzen suchen, sondern
durchaus auch als Befriedigung ihrer Erwartung akzeptieren würden, aufgerüttelt oder infrage gestellt zu werden, ja,
dies wohl durchaus auch häufiger ersehnen.

Wie wir sahen, hat der Kulturbetrieb die Zielgröße Zufriedenheit durchaus relativiert. Pongratz bestreitet sogar
die Kundenzufriedenheit als konstituierendes Merkmal
gerade für nicht-kommerzielle Dienstleistungen. „Zufriedenheit der Leistungsnehmer ist nur eines von vielen möglichen Qualitätskriterien von Dienstleistungen [...] [es] erscheint [...] fragwürdig, inwieweit Zufriedenheit einen
verlässlichen Maßstab für den beiderseitigen Nutzen einer
Dienstleistungsbeziehung abgibt [...]. Die Norm der Kundenzufriedenheit verleitet [...] zu Als-Ob-Inszenierungen
von Marktbeziehungen."[37] Im Blick auf die Nebennutzendi-

---

37 Hans J. Pongratz, Interaktionsstrukturen von Dienstleistungsbeziehungen.
Machtanalytische Differenzierungen zum Thema „Kundenorientierung",
77 f., in: Jacobsen/Voswinkel, a. a. O. (Anm. 27), 57–80.

mensionen könnte freilich das Ideal der Zufriedenheit aufschlussreich bleiben und auch dem gottesdienstlichen Umfeld Impulse geben.

3.8 Merkmal Ökonomie
Schließlich sei noch einmal auf die ökonomische Dimension des Kundenbegriffs zurückgekommen. Seine oben kon-
statierte Latenz bedeutet ja nicht, dass diese Dimension
nicht auch präsent wäre. Der Kundenbegriff hält, wie wir
am Beispiel der Jugendhilfe sahen, das Bewusstsein dafür
wach, dass die noch so ideellen Dienstleistungen auch Geld
kosten, mithin eine ökonomische Komponente besitzen. Faktisch gilt das auch für den Gottesdienst. Der Kundenbegriff
könnte in diesem Kontext oft tabuisierte Fragen aufwerfen:
Für wie viele Menschen lohnt es sich, regelmäßige Gottes-
dienstangebote zu machen? Mit wie viel Aufwand erhalten wir Gottesdienststellen? Müssten nicht – wie in Zeiten
des Wachstums neue Gebäude entstanden – in Zeiten der
Schrumpfung Gebäude mutiger auch wieder aufgegeben
werden? Fragen, die gerade in den östlichen Landeskirchen
aktuell sind. Aufwand meint dabei nicht nur den Einsatz materieller, sondern auch personeller Ressourcen.

Überblickt man die angesprochenen Merkmale des Kun-
denparadigmas, so könnte man zu dem Schluss kommen:
Viele von ihnen gehören längst zum Alltag des Nachdenkens
und der Arbeit am Gottesdienst. Insbesondere bei der Adressatenorientierung und der Partizipation, aber auch beim
Gedanken der Demokratisierung und der Nutzendiskussion
ist das offensichtlich. Wozu bedarf es also der Kundensemantik? Freilich dürfte auch deutlich geworden sein, dass
die viel beschworene Gefahr einer Ökonomisierung längst
nicht mehr hinter dem heutigen Kundenbegriff lauert. Ich
sehe den Gewinn der Betrachtung der Gottesdienstbesuche-

rin als Kundin darin, dass sie zum einen durchaus bekannte Merkmale des Gottesdienstes (z. B. Adressatenorientierung, Partizipation) stärkt. Merkmale, die in der Hektik und Routine des Alltags immer wieder unterzugehen drohen. Zweitens bietet sie aber auch einen Bedeutungsüberschuss zu Betrachtungsweisen und -ebenen, die wir kirchlicherseits normalerweise im Blick haben. Ich denke an die oben angesprochene Blueprinting-Methode, an ein professionelles Beschwerdemanagement und an die noch ihrer weiteren Entwicklung harrende Evaluationsmethode des Mystery Worshipper (in Anlehnung an Mystery-Visitor bzw. Mystery-Customer-Methoden, s. o.), um nur drei Beispiele zu nennen. Vor allem bietet sie dank ihrer Einbettung in organisationstheoretische Zusammenhänge und Methoden die Möglichkeit, sich systematisch mit der Entwicklung aller Aspekte der Kundenorientierung zu befassen.

4. „Darf's noch ein bisschen mehr sein?" – Ausblick

Der Begriff *Kunde* wird den Begriff *Gottesdienstbesucher* bzw. *Gottesdienstteilnehmerin* nicht ersetzen. Ebenso, wie der Patient Patient, der Gast Gast und der Klient Klient geblieben ist, selbst wenn diese Rollen zusätzlich mit dem Begriff Kunde tituliert wurden, werden wir unsere kontextspezifischen Rollenbezeichnungen beibehalten und die Gottesdienstgemeinde weiterhin nicht mit „Liebe Kundinnen und Kunden!" anreden.

Als interner Begriff der Gottesdienstverantwortlichen aber kann der Kundenbegriff eine ergänzende Rollenbezeichnung sein. Als solcher bleibt er vermutlich eine Provokation. Aber gerade das macht ihn wertvoll. Denn er führt zu einem Perspektivwechsel. Wenn wir vom Gottesdienstbesucher oder von der Gottesdienstteilnehmerin sprechen oder von der „lieben Gemeinde", dann rasten unsere Gedanken ein in ihre üblichen Bahnen, dann sind die Assoziationen kaum überraschend. Sprechen wir aber im Zusammenhang mit dem Gottesdienst den Kundenbegriff aus, einen Begriff, den wir eigentlich dort nicht haben wollen, dann kommt es sozusagen zur *mentalen Dissoziation*, einer Perspektivverschiebung, die uns mit Abstand und neuen Fragestellungen auf das vertraute Feld des Gottesdienstes schauen lässt.

Der Gottesdienstbesucher als Kunde – das dazu Gesagte ist schließlich nur eine Skizze geblieben. Vor allem haben wir wahrgenommen, wie anderswo mit der Kundensemantik umgegangen wird. Jetzt müsste ein entsprechendes Nachdenken im Hinblick auf den Gottesdienst erst beginnen. Biblisch und theologisch wären die im Kundenbegriff enthaltenen Strukturmerkmale zu prüfen und zu bewerten, um anschließend die Merkmale noch viel stärker in Hinblick auf den Gottesdienst zu entfalten und kritisch zu würdigen, als es hier geschehen konnte.

Gegensätze ziehen sich an –
Wirkfelder des Gottesdienstes

1. „Gut ist, was der Kunde wünscht"?

„Wir könnten die besten Waschmaschinen der Welt bauen",
sagt ein Mitarbeiter im Qualitätsmanagement eines großen
Haushaltsmaschinenherstellers, „sie würden sauberer, spar-
samer und leiser waschen als alle anderen Maschinen – aber
kein Kunde würde sie kaufen. Denn dazu müsste man auf
die Sichtscheibe, das ‚Bullauge', verzichten – und die deutsche Hausfrau möchte sehen können, was die Maschine mit
ihrer guten Wäsche macht." So bleibt die beste Waschma-
schine der Welt eine Vision der Ingenieure.

„Gut ist, was der Kunde wünscht", nach diesem einfachen
Grundsatz scheint ein Qualitätsmanagement zu funktionie-
ren, das die Kundenerwartungen und die Kundenzufriedenheit zum zentralen Orientierungspunkt bei der Qualitätsbe-
stimmung eines Produkts oder einer Dienstleistung macht.
Sollte ein solches Qualitätsverständnis, das sich grundlegend an den Erwartungen und Bedürfnissen der Kundinnen
und Kunden orientiert, tatsächlich bei einer Qualitätsentwicklung im Gottesdienst hilfreich sein und dazu beitragen,
die Arbeit am Gottesdienst zu stärken?

Um zu verhindern, dass ein verkürztes Verständnis von
Qualitätsentwicklung und eine zu vordergründige Bestimmung des Kundenbegriffs dazu führen, dass wichtige Ein-

---

1 Zum Arbeitskreis „Qualitätszirkel" gehören Jochen Arnold, Christian Binder, Thilo Daniel, Regina von Diemer, Christhard Ebert, Folkert Fendler,
   Harry Kuckelkorn und Horst Methner. An der Endredaktion des Artikels
   war zusätzlich beteiligt Renate Fallbrüg.

sichten des wissenschaftlichen Qualitätsmanagements für die Arbeit am Gottesdienst unentdeckt und ungenutzt bleiben, hat das Zentrum für Qualitätsentwicklung im Gottesdienst eine gemeinsame Arbeitsgruppe von Theologinnen und Theologen und Mitarbeitenden aus dem Bereich des professionellen Qualitätsmanagements ins Leben gerufen. Diese Gruppe hat sich zum Ziel gesetzt, im gemeinsamen Gespräch auszuloten, welche angemessenen Perspektiven für die Wahrnehmung des Gottesdienstes und seiner „Kunden" und welche Anregungen für einen qualitätsorientierten Arbeitsprozess am Gottesdienst durch die Einsichten des professionellen Qualitätsmanagements zur Verfügung gestellt werden können.

An dieser Stelle sollen der bisherige Arbeitsprozess der Gruppe nachgezeichnet und ein erstes Ergebnis vorgestellt werden. Nachdem die Gruppe in einem ersten Schritt den Versuch unternommen hat, den Kundenbegriff auf die Gottesdienstteilnehmenden zu übertragen,[2] sollten in einem zweiten Schritt die Erwartungen, Wünsche und Bedürfnisse der tatsächlichen und potenziellen Teilnehmerinnen und Teilnehmer von Gottesdiensten analysiert werden.

2. Was wünscht der Kunde?

Ausgangspunkt waren dabei die bereits vorliegenden empirischen Daten und Untersuchungen der vierten Kirchenmitgliedschaftsuntersuchung der EKD[3] (im Folgenden KMU 4),

---

2   Vgl. dazu den Beitrag von Folkert Fendler, Der Gottesdienstteilnehmer als Kunde, in diesem Band.

3   Vgl. Wolfgang Huber u. a. (Hg.), Kirche in der Vielfalt der Lebensbezüge. Die vierte EKD-Erhebung über Kirchenmitgliedschaft, Bd. 1, Gütersloh 2006.

die daran anschließenden Milieustudien[4] und die Analyse der Erzählinterviews im Rahmen des qualitativen Teils der sogenannten Bayerischen Gottesdienststudie.[5] Ergänzend wurden darüber hinaus die Sinus-Milieustudien, die Greifswalder Untersuchung „Wie finden Erwachsene zum Glauben?"[6] sowie Ergebnisse des Bertelsmann-Religionsmonitors[7] wahrgenommen.

2.1 Lieber fröhlich als heilig? Die KMU 4

Im Rahmen der KMU 4 wurden die Befragten gebeten, anhand folgender zehn vorgegebener Items anzugeben, „was für Sie persönlich bei einem Gottesdienst wichtig ist".[8] Von den Befragten, die überhaupt Gottesdienste besuchen, erachteten für wichtig bis sehr wichtig:

	West	Ost
Der Gottesdienst soll von einer zeitgemäßen Sprache geprägt sein	65 %	70 %
Der Gottesdienst soll vor allem eine gute Predigt enthalten	63 %	70 %

---

4   Vgl. Jan Hermelink u. a. (Hg.), Kirche in der Vielfalt der Lebensbezüge, Bd. 2: Analyse zu Gruppendiskussionen und Erzählinterviews, Gütersloh 2006; Claudia Schulz/Eberhard Hauschildt/Eike Kohler, Milieus praktisch. Analyse- und Planungshilfen für Kirche und Gemeinde, Göttingen ²2009.

5   Jeannett Martin, Mensch – Alltag – Gottesdienst. Bedürfnisse, Rituale und Bedeutungszuschreibungen evangelisch Getaufter in Bayern (bayreuther forum Transit 7), Berlin 2007.

6   Johannes Zimmermann u. a. (Hg.), Wie finden Erwachsene zum Glauben? Einführung und Ergebnisse der Greifswalder Studie (BEG praxis), Neukirchen-Vluyn 2010.

7   Bertelsmann-Stiftung (Hg.), Religionsmonitor 2008, Gütersloh 2007.

8   Huber, a. a. O. (Anm. 3), 454.

	West	Ost
Der Gottesdienst soll durch eine fröhlich-zuversichtliche Stimmung gekennzeichnet sein	62 %	64 %
Der Gottesdienst soll mir ein Gefühl der Gemeinschaft mit anderen geben	52 %	62 %
Der Gottesdienst soll in einer schönen Kirche stattfinden	38 %	45 %
Der Gottesdienst soll mir helfen, Distanz zu meinem Alltag herzustellen	36 %	40 %
Der Gottesdienst soll mir helfen, mein Leben zu meistern	33 %	46 %
Der Gottesdienst soll vor allem klassische Kirchenmusik beinhalten	31 %	31 %
Der Gottesdienst soll mich etwas vom Heiligen erfahren lassen	28 %	34 %
Der Gottesdienst soll auch neue Formen wie z. B. Tanz, Theater oder Pantomime enthalten	25 %	21 %

Nähme man diese Ergebnisse als repräsentative Basis für die Formulierung von Kundenerwartungen an den Gottesdienst, dann erwiese sich ein Gottesdienst als qualitätsvoll, der mit einer guten Predigt in zeitgemäßer Sprache die Menschen in fröhlich-zuversichtlicher Grundstimmung in die Gemeinschaft miteinander führt, wenn möglich in einer schönen Kirche. Auf deutlich weniger Zustimmung der „Kundinnen und Kunden" dürfte dann ein Gottesdienst hoffen, der Distanz zum Alltag herstellt, indem er die Menschen etwas vom Heiligen erfahren lässt, möglicherweise sogar durch unerwartete und kreative Formen.

Nun zeigen die vorgegebenen Items in den meisten Fällen eine erwartbar hohe Zustimmung: Wer würde schon verneinen, dass eine gute Predigt für einen evangelischen Gottesdienst wichtig ist? Und wer mag als befragter Protestant nicht etwas zögerlicher gegenüber „dem Heiligen" sein? Die Items ergeben in dieser Auswahl bei aller repräsentativen Absicherung aber sicher noch kein hinreichendes Bild von der Qualität eines evangelischen Gottesdienstes.

So zeigt die Diskussion in Pfarrkonventen häufig, dass Pfarrerinnen und Pfarrer diese Ergebnisse durchaus irritiert zur Kenntnis nehmen und aus ihrem Gottesdienstverständnis heraus andere Schwerpunkte setzen würden. Bereits bei diesen recht allgemein gehaltenen Items werden erste Differenzen in den Erwartungen der Teilnehmenden gegenüber den Qualitätskriterien vieler Gottesdienstverantwortlicher deutlich, zwischen den Erwartungen der Kunden und dem Selbstverständnis auf der Seite der Anbieter.

2.2 Jedem Milieu seinen Gottesdienst?
Nicht aus vorgegebenen Items der Befrager, sondern aus den Ergebnissen ausführlicher Erzählinterviews sind die Beschreibungen der sechs lebensweltlichen Milieus entstanden, die sich durch ihre ästhetischen Vorlieben, ihre Wertorientierung, ihre bevorzugten Erlebnisaspekte und ihr Genuss-Schema voneinander unterscheiden. Diesen Milieus lassen sich auch spezifische Erwartungen an den Gottesdienst zuschreiben.[9]

---

9   Vgl. zum Folgenden Schulz u. a., a. a. O. (Anm. 4), bes. 282 f.

Das Milieu und sein Gottesdienstverständnis	Was das Milieu erfreut	Was das Milieu verschreckt
Die Hochkulturellen: Gottesdienst als traditionelle Kult(ur)handlung	• Traditionelle Formen • Komplexe Ästhetik • Gehobene Sprache • Nicht-subjektive Elemente • Akademische, lehrende Predigt • Historische Bezüge, auch in Raum und Musik • Hierarchie	• Triviales, Kitsch • Experimentelles • Körperlichkeit • Anfassen • Action • Stimmung
Die Bodenständigen: Gottesdienst als Vergewisserung der heilen Welt	• Traditionelle Formen • Einfache Ästhetik • Gemeinschaft • Geborgenheit • Handfeste Predigt mit Zuspruch • Familiäre Atmosphäre	• Intellektueller Anspruch • Akademischer Habitus • Politische Predigt • Experimentelles • Anglizismen
Die Geselligen: Gottesdienst als soziales Erlebnis	• Populäre Ästhetik • Beteiligungsformen • Gemeinschaft • Familiäre, lockere Atmosphäre • Verkündigung mit Bildern, Symbolen, Anspielen, Geschichten	• Traditionelle Liturgie • Strenge • Dogmatismus • Unverständliches
Die Kritischen: Gottesdienst als eine Stunde zum Nachdenken oder Meditieren	• Originelle, anspruchsvolle Ästhetik • Experimentelles • Kritischer Gesellschaftsbezug • Visionäre Predigt • Meditative Elemente • Beteiligungsmöglichkeiten	• Triviales, Kitsch • Traditionalismus • Formalismus • Dogmatismus • Harmonie
Die Mobilen: Gottesdienst als religiöses Event	• Originelle Ästhetik • Authentische Persönlichkeiten • Spontaneität • Erlebnischarakter • Mitreißende Predigt mit Bildern/Filmen	• Steife Atmosphäre • Strenge • Dogmatismus • Verbindlichkeit

Die Zurückgezogenen: Gottesdienst als traditionelle Vorführung	• Traditionelle, einfache Ästhetik • Klare Struktur und Leitung • Verständliche Predigt mit Zuspruch • Letzte Bankreihe	• Intellektueller Anspruch • Unerwartetes • Beteiligungsmöglichkeiten • Körperlichkeit

Die Milieudifferenzierungen sind in ihren lebensnahen Zuschreibungen oft unmittelbar einsichtig und helfen, den Blick auf die Menschen in den Gemeinden und den Gottesdiensten zu schärfen. Sie zeigen, wie unterschiedlich die Erwartungen an den Gottesdienst sind, wie viele unterschiedliche Ansprüche ein Gottesdienst erfüllen soll, wenn er als ein Gottesdienst der ganzen Gemeinde angesehen wird, wenn er die Mitte der Gemeinde sein soll.

Deutlich schwieriger wird es, wenn sich eine Gemeinde nun tatsächlich aufmacht, ihr gottesdienstliches Angebot unter der Milieuperspektive neu zu gestalten. Wie können gute Gottesdienste in der Milieuperspektive aussehen, wie gestaltet man ein milieugerechtes gottesdienstliches Angebot? Den einen Gottesdienst, in dem alle Milieus gleichermaßen angesprochen werden, kann es nicht geben, dazu sind allein schon die Abstoßungseffekte und Ekelschranken der milieuspezifischen ästhetischen Paradigmen zu stark, die z. B. hinsichtlich der unterschiedlichen Musikgeschmäcker zu beobachten sind. Auch in anderen Bereichen öffentlicher Kommunikation, bei der Gestaltung von Fernsehsendungen, Radioprogrammen oder Zeitschriften zeigt sich, dass der Versuch, das eine Angebot für alle, die eine große Show für die ganze Familie zu gestalten, immer weniger Publikum findet. Die Individualisierungs- und Pluralisierungstendenz der Gesellschaft macht natürlich auch vor dem Gottesdienst nicht Halt.

189

Die Alternative scheint dann nur zu sein, Gottesdienste möglichst genau auf ein oder zwei Milieus und ihre spezifischen Erwartungen und Stilpräferenzen hin zu gestalten. Faktisch geschieht dies in den meisten Gemeinden bereits. Im agendarischen Sonntagsgottesdienst kommen schon heute nur ein bis zwei Milieus mit ihren Vorstellungen und Vorlieben zu ihrem Recht. Er ist, auch wenn er einen anderen Anspruch hat, letztlich ebenfalls „nur" ein Zielgruppengottesdienst für die Hochkulturellen und – je nach Gemeindeprägung – die Bodenständigen oder die Kritischen.

Qualitätsvolle Gottesdienste unter der Milieuperspektive zu gestalten, hieße dann, die Milieuverengung des real existierenden Sonntagsgottesdienstes einzugestehen, ihn als Zielgruppengottesdienst für die tragenden Milieus der meisten Gemeinden bewusst zu gestalten und darüber hinaus in regionaler Zusammenarbeit mit Nachbargemeinden um weitere milieuspezifische Zielgruppengottesdienste zu ergänzen.

Aufgegeben werden muss dann allerdings das oft theologisch stark aufgeladene Bild vom Gottesdienst als Mitte der Gemeinde – einhergehend mit erheblichen Auswirkungen auf das Gemeindeverständnis, denn die Gemeinde erscheint dann auch im Gottesdienst mehr als ein Nebeneinander von Zielgruppen als eine Gemeinschaft unter Gottes Wort, jede Zielgruppe als eine *ecclesiola in ecclesia*.

Wie treffsicher allerdings sind die Zuschreibungen der Milieustudien? Geben sie individuellen Bedürfnissen und aktuellen Gestimmtheiten der Einzelnen überhaupt genug Raum? Wollen Hochkulturelle immer nur akademische Belehrung, oder gibt es nicht auch Stimmungen oder Tage, an denen sie sich von einem einfachen, stimmungsvollen Bild ergreifen lassen? Suchen die Bodenständigen und Geselligen wirklich immer nach Gemeinschaft und Begegnung, oder gibt es nicht Tage, an denen sie froh und dankbar sind, mit ihrem Gott im Gottesdienst allein sein zu können? Wird der Einzelne in der Milieuperspektive überhaupt noch mit seinen aktuellen Gestimmtheiten und momentanen Verfassungen wahrgenommen – als Mensch, der Trost braucht; als Mensch, der Freude erleben will; als Mensch, der Orientierung sucht – unabhängig von Lebensstil und ästhetischem Paradigma?

2.3 Bedürfnisse evangelisch Getaufter in Bayern

Ein sozialwissenschaftliches Forschungsprojekt, das von der Bayerischen Landeskirche, dem Nürnberger Gottesdienstinstitut und dem Institut zur Erforschung der religiösen Gegenwartskultur der Universität Bayreuth durchgeführt wurde, bemühte sich demgegenüber stärker um das „Verstehen des individuellen Handelns" Einzelner, um ihre „persönlichen Weltsichten, ihre Bedürfnisse und ihr sinnhaftes Handeln"[10]. Ziel war es, eine „Bestandsaufnahme von Sichtweisen in Bayern lebender, evangelisch getaufter Menschen in Bezug auf die hiesigen gottesdienstlichen Angebote der evangelischen Kirche"[11] zu erhalten.

So wurden evangelisch Getaufte in Bayern in ausführlichen Interviews zu Erzählungen über „Rituale, Alltagsgestaltung und Sinnstiftung in der modernen Welt"[12] angeregt und nach Ritualen im persönlichen Alltag und Lebensverlauf gefragt. Daraus sind in der Auswertung sieben Bedürfnisfelder herausgearbeitet worden, auf die die Menschen mit Ritualen reagieren, bzw. die in der Anwendung von Ritualen wirksam werden.[13]

---

10 Martin, a. a. O. (Anm. 5), 26.

11 A. a. O., 12.

12 A. a. O., 29.

13 Vgl. zum Folgenden a. a. O., 37 ff.

191

Lebensfreude empfinden
Rituale dienen dazu, das Leben bewusst zu genießen. Sie werden bewusst aufgesucht, um eine Möglichkeit zu haben, Lebensfreude zu empfinden.

Selbstbestimmung zum Ausdruck bringen
Menschen möchten in Ritualen ihre Deutungshoheit im Hinblick auf Welt- und Selbstverständnis, aber auch auf religiöse Fragen zum Ausdruck bringen. Sie beweisen damit ihre Handlungsautonomie und zeigen, dass sie selbst Herren ihrer Lebensgestaltung sind.

„Ich glaube an Gott, aber so, wie ich das für richtig halte, und nicht so, wie die Kirche mir das vorschreiben will."

Lebenssinn erfahren
Rituale dienen dazu, Lebenssinn erfahrbar zu machen: durch das Erleben sozialer Beziehungen, durch religiöse Bedeutungszuschreibung, durch das Erleben eines Einklangs mit der Natur, durch das erfolgreiche Verrichten des eigenen „Tagwerks" (dies gilt vor allem für Männer).

Locality erleben
„Locality"[14] bündelt Gemeinschafts- und Beheimatungserfahrungen in unterschiedlichen Kontexten. Rituale dienen dazu, sich der Zugehörigkeit zu einer Gemeinschaft zu versichern. Diese Zugehörigkeit kann emotional, sozial oder kulturell zum Ausdruck kommen. Locality wird erlebbar in gemeinsamen Aktivitäten. Rituale dienen darüber hinaus dem gegenseitigen Austausch und der gegenseitigen Information.

---

14 Martin, a. a. O. (Anm. 5), 54 ff., greift mit diesem Begriff auf das Konzept des Kulturanthropologen Arjun Appadurai zurück. Vgl. Arjun Appadurai, The Produktion of Locality, in: Peter Beyer (Hg.), Religion im Prozess der Globalisierung, Würzburg 2001, 99–124.

Selbstsorge betreiben
Rituale dienen dem Rückzug aus den Belastungen des Alltags. Sie helfen abzuschalten, zu entspannen, und bieten Raum für Besinnung und Reflexion. Sie bieten Ressourcen, um Kraft zu schöpfen zur Krisen- oder überhaupt zur Lebensbewältigung. Wichtig ist dabei der Selbstbezug: Man möchte die eigene Mitte finden, zu sich selbst kommen, sich selbst spüren. Deshalb ist hier auch das Thema Gesundheit und Körperlichkeit wichtig: Man möchte seine eigene Körperlichkeit spüren. Schließlich gehört auch die Hilfe beim Umgang mit Sterben und Tod teilweise in diese Kategorie, wenn es darum geht, einen Verlust zu akzeptieren oder die Verbindung mit dem Verstorbenen aufrechtzuerhalten.

Strukturierung und Orientierung erhalten
Rituale dienen dazu, die Zeitstruktur im Lebensvollzug aufzuzeigen, sie strukturieren den Tag mit dem Wechsel von Arbeitszeit und Freizeit, die Woche und den Jahreslauf. Die Strukturierungskraft von Ritualen bezieht sich darüber hinaus auf weitere Bereiche des Erlebens, soziale und kulturelle Strukturierungen, die Orientierung und Vertrautheit bieten und so Handlungssicherheit begründen.

Ästhetik wahrnehmen
Einige Rituale dienen dazu, bestimmte ästhetische Erlebnisse zu vermitteln, vor allem im Hinblick auf Essen und Trinken, auf Musik und auf das Wahrnehmen und Erleben bestimmter Räume.

Ob ein Mensch die Erfüllung dieser Bedürfnisse durch kirchliche, insbesondere gottesdienstliche Angebote erfährt bzw. überhaupt erwartet, ist nach den Ergebnissen der Studie abhängig von der individuellen Zusammensetzung seiner subjektiv wichtigen Bedürfnisse. Ausschlaggebend sind hierfür das persönliche Inventar, die „Haltung zu ,Kirche'", die Haltung zur „christlichen Lehre bzw. zu Elementen derselben", die „aktuelle Lebenslage", „subjektiv bedeutsame[n]" „biographische[n] Erfahrungen" und wichtige „Begegnungen mit Personen im Zusammenhang mit Kirche und deren Angeboten"[15]. Dabei zeigt sich als Ergebnis der Studie: Je intensiver und positiver die Erfahrung mit Kirche, ihrer Lehre und den sie vertretenden Personen ist, insbesondere in Kindheit und Jugend, desto eher erwarten und erleben Menschen, dass ihre Bedürfnisse im Hinblick auf Rituale durch kirchliche Angebote, auch Gottesdienste, erfüllt werden.

Die größte Gruppe in der aus diesen Ergebnissen erstellten Typologie bilden jedoch Menschen, deren Grundhaltung mit folgender Charakterisierung beschrieben wird: „Ja zum Christentum, wohlwollende Haltung gegenüber Kirche und Gottesdiensten – aber anderswo ist es schöner!"[16] Diese Menschen bejahen zwar die Existenz des sonntäglichen Gottesdienstes, können seinen Sinn auch theoretisch nachvollziehen, sehen aber darin „wesentliche ihrer subjektiv wichtigen Bedürfnisse nicht befriedigt"[17], die vor allem im Bereich Lebensfreude und Locality angesiedelt sind.

2.4 Wünsche und Widersprüche
Die unterschiedlichen empirischen Studien liefern wertvolles und differenziertes Material zu Wahrnehmung und Wechselbeziehungen von Lebensstilen, Werteorientierungen, sozialer Herkunft und Erwartungen an und Haltungen

---

15   A. a. O., 115.

16   A. a. O., 121.

17   A. a. O., 122.

zu Religion und Gottesdienst. Es lässt sich in den einzelnen Zugängen und Schemata verorten, welche Milieus und Erwartungen im evangelischen Gottesdienst erreicht bzw. abgedeckt werden und welche nicht. Dabei zeigt sich eine deutliche Milieuverengung des agendarischen Gottesdienstes, der vor allem traditionsorientierte Erwartungen erfüllt. Die Bayerische Studie lenkt dabei den Blick konsequent auf Bedürfnisse bzw. gewünschte Erlebnismomente der Menschen, womit sie verdeutlicht, an wie vielen Stellen die „Veranstaltung Gottesdienst" Bedürfnisse von Menschen gerade nicht erfüllt: in ihrer Suche nach Lebensfreude (vgl. auch KMU 4: „fröhlich-zuversichtliche Stimmung"), in ihrem Bedürfnis nach Selbstbestimmung, Selbstsorge und Locality. Letztlich wird auch Lebenssinn von den Menschen eher durch ihre sozialen Beziehungen und einen als sinnvoll erlebten Alltagsgang erfahren als im Gottesdienst, von dem nach KMU 4 ca. 70 % der Kirchenmitglieder (!) sagen, er sei für ihren Glauben – und damit doch auch für ihre Lebensdeutung – irrelevant.[18]

Die Untersuchungen sind aufschlussreich, sie lassen aber auch Ratlosigkeit zurück. Wie ist mit diesen unterschiedlichen Einsichten und Differenzierungen umzugehen? Es begegnen ja auch geradezu sich ausschließende Bedürfnisse in den Ansprüchen an Ästhetik, Intellektualität und der Art insgesamt, Gottesdienst zu feiern.

3. Wirkungseinheiten

Angesichts der disparaten empirischen Ergebnisse bei der Suche nach Kundenerwartungen zum Gottesdienst hat

---

18 Vgl. Huber, a. a. O. (Anm. 3), 455.

die Arbeitsgruppe den Versuch gemacht, durch einen Perspektivwechsel die Wirklichkeit des Gottesdienst und seine Wechselwirkung mit den Erwartungen und Erfahrungen der tatsächlich oder potenziell teilnehmenden Menschen noch einmal neu in den Blick zu nehmen.

Dabei machte sie Anleihen bei einem Zugang zum Verständnis seelischen Erlebens durch die sogenannte Morphologische Psychologie, der auf den Kölner Professor Wilhelm Salber zurückgeht. Salber fragt nach den psychologischen Grundlagen von Beeinflussungs- und Einwirkungsprozessen, wie sie etwa in Werbung und Erziehung vorkommen.[19] Er sucht dabei nach strukturellen Tendenzen des Seelischen, die über die bis dahin geltenden Erklärungsmodelle (Lerntheorien, Verhaltensforschung, Motivationstheorien, Tiefenpsychologie) hinausgehen sollen. Diese seien zu stark auf die Psychologie der Persönlichkeit ausgerichtet. Die Grundeinheiten seelischer Konstruktion realisierten sich jedoch im komplexen Zusammenspiel zwischen u. U. mehreren Persönlichkeiten, Situationen, Moden, Prozessen oder Stilen.[20] Seelisches ist für Salber kein innerliches Geschehen, sondern das Ineinander (das „Indem") von „Ganzheit, Spannung und Selbstregulierung, Zusammenspiel verschiedenartiger Gestalten, Entwicklungsprozess und Veränderlichkeit"[21]. Es existiert nur im Medium der ganzen Wirklichkeit. Salber kann das Seelische als „Lebewesen" bezeichnen, als „Gestalt auf Reisen", als gelebte Bilder, die sich quer zur Bild-Wirklichkeit ausbreiten. „[...] das Seelische existiere überhaupt nur im Karneval der Wirklichkeit, auf der Kirmes der Kultur,

---

19 Wilhelm Salber, Wirkungseinheiten. Psychologie von Werbung und Erziehung, Wuppertal 1969, 14 f.

20 A. a. O., 20 f.

21 A. a. O., 40.

in der Musik von Landschaften, in dem Katalog von Waren, die es herstellt."[22]

Salber lenkt die Aufmerksamkeit von der Analyse und Wahrnehmung von Bedürfnissen, geistigen Antrieben oder emotionaler Resonanz der Persönlichkeit auf die Wirkungen: Zusammenwirken, Einwirken, Nachwirken, Mitwirken, die die Ganzheit des Lern- oder Beeinflussungsprozesses entfalten. In diesem Zusammenhang führt er den Begriff „Wirkungseinheiten" ein. Wirkungseinheiten sind „Formen, in denen sich Notwendigkeiten des Seelischen – Anforderungen, Gestalttendenzen, Sinndimensionen – strukturieren"[23]. Sie sind seelische Ganzheiten, die Geschehendes oder Wahrzunehmendes im Werden klären, zusammenfassen und modifizieren. Sie sind ein Bezugssystem seelischer Lebensbewältigung und Sinnerschließung, das freilich immer möglicher Veränderung unterliegt.

Allen Wirkungseinheiten gemeinsam sind nach Salber sechs „Grundgestalten" bzw. „Gestaltlogiken" oder „Gestaltkomplexe" des seelischen Geschehens. Es handelt sich dabei um drei einander komplementär ergänzende und begrenzende „Zwei-Einheiten": Aneignung und Umbildung, Einwirkung und Anordnung, Ausbreitung und Ausrüstung, die er in Form eines Hexagramms visualisiert:

---

22 Wilhelm Salber, Gestalt auf Reisen. Das System seelischer Prozesse, Bonn 1991, 92.

23 Salber, Wirkungseinheiten (Anm. 19), 21. – Vgl. auch a. a. O., 61: „Es geht im seelischen Leben um Ganzheiten, die jeweils verschiedene Formen des Sehens, Fühlens, Handelns und Denkens bedingen. Diese Ganzheiten stellen eigene seelische Realitäten dar; die Erforschung des damit gegebenen seelischen Konzepts ist für Werbung und Erziehung bedeutsamer als die Erfassung von ‚Persönlichkeiten'. Was wir als Motivationen ansehen können, hängt mit der das seelische Geschehen organisierenden Formenbildung solcher Wirkungseinheiten zusammen, mit ihren Bedeutsamkeiten, Ordnungen, Ganzheit-Glied-Beziehungen oder Entwicklungsprozessen."

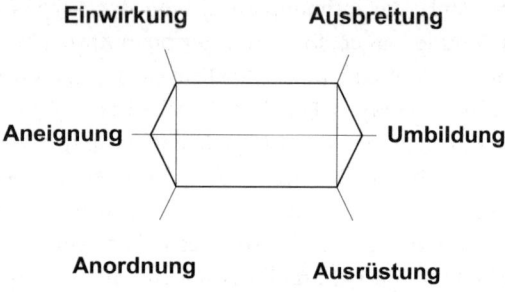

Einwirkung Ausbreitung

Aneignung Umbildung

Anordnung Ausrüstung

Die *Aneignung* zielt nach Salber dabei auf den Sinn seelischen Geschehens. „Ihre Gestaltlogik, aus der sich seelische Zusammenhänge entwickeln, hängt zusammen mit dem Sich-Aneignen und Angeeignet-Werden, mit Haben und Nichthaben, mit Haften und Lösen [...]. Ihre Einheit von Gestalt und Gehalt zeigt sich im Festwerden, Verklebtsein, Aufgehen, Dabeibleiben, in Dichte [...] und Beharrung."[24] Die *Umbildung* demgegenüber wird nach Salber durch Gestaltung und Umgestaltung charakterisiert. „Sie löst auf und gestaltet zugleich Neues, sie strukturiert um und führt dazu, dass Geschehendes in Anderem weiterlebt."[25] Hinter dem Begriff *Einwirkung* verbergen sich die Logik des Machens und Bewirkens, das Tun und Lassen, die Kategorien des Unterwerfens und Unterworfenseins, das Bezogensein auf das Hier und Jetzt, während die *Anordnung* das Bedürfnis nach

---

24 A. a. O., 65.
25 Ebd.

Strukturierung, Ordnung und Durchformung repräsentiert. Ganzheit-Glied-Verhältnisse, Suche nach Gemeinsamkeiten und verbindliche Regulationen sind Züge dieses Gestaltkomplexes. Das „Mehr an Leben", Wünsche und Paradiesvorstellungen, Idealbildungen und Uneingeschränktheit sind Kennzeichen der Gestaltlogik der *Ausbreitung*. Ihr gegenüber steht die *Ausrüstung* mit ihrer Tendenz zum Stabilisierenden, Identischen, Konsequenten. Sie setzt dem Ausbreitungsverlangen die Einschränkung entgegen und expliziert sich in Arbeit, Anstrengung, Begrenzung, Auf- und Abbau.

Die durch diese Gestaltlogiken bestimmten Wirkungseinheiten befinden sich in einem fortwährenden Strukturierungsprozess. „Im Zusammenwirken der Grund-Bedingungen – in ihrer Entwicklung – bringen die Wirkungseinheiten ihre Verhältnisse heraus durch Abwandlung, durch Polarität, durch Steigerung und Minderung. Wirkungseinheiten erfahren sich selbst, indem sie sich gleichsam reimen, indem sie sich extremisieren, karikieren, indem sie sich hin und her drehen. Sie kommen ins Leben – und malen zugleich ihr Bild [...]. Sie kommen weiter durch Variationen, durch Konflikte, durch Störungen, durch Umkehrungen, aber auch durch Wiederholung und durch Sättigung. Das spitzt sich zu in Verkehrungen und Paradoxien. Wirkungseinheiten sind ‚im Fluss'; indem sie ihre Gestalt gewinnen, sind sie zugleich unruhig, erregt und sprunghaft. [...] Zentral ist der Übergang – das Hinüber und Herüber, der Umsatz, die Verwandlung von einem X in ein Y. Das können wir leben, aber nicht ‚total' begreifen."[26] Was sich in diesem Prozess für den Einzelnen als seelische Gestalt herausbildet, ist die Grundlage für Erlebnisqualitäten.

---

26 Salber, Gestalt (Anm. 22), 98 f.

Die so beschriebene inhärente Dynamik des *Salberschen Modells* und seine grundlegende Offenheit für experimentelle Nutzung und individuelle, lebensnahe Aneignung machte eine spielerische Nutzung auf der Suche nach neuen Perspektiven durch die Arbeitsgruppe möglich. Das *Salbersche Modell* (Hexagramm) wurde zunächst probehalber übernommen und mit einzelnen Milieus in Verbindung gebracht, so dass entsprechend den Gestaltfaktoren die Hochkulturellen den Geselligen (verbunden durch das Element der Feier), die Bodenständigen den Mobilen (verbunden durch das Motiv des Wohlfühlens) und die Zurückgezogenen den Kritischen (verbunden durch das Moment des Rückzugs/Beobachtens) gegenübergestellt wurden, wobei die „Feier" zugleich als zentrale Mitte des gottesdienstlichen Erlebens gesehen wurde.

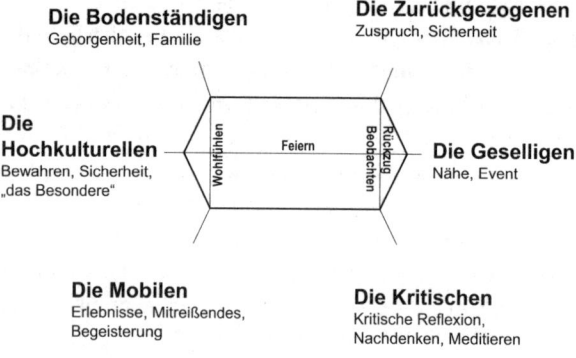

Die Bodenständigen
Geborgenheit, Familie

Die Zurückgezogenen
Zuspruch, Sicherheit

Die Hochkulturellen
Bewahren, Sicherheit, „das Besondere"

Wohlfühlen · Feiern · Rückzug Beobachten

Die Geselligen
Nähe, Event

Die Mobilen
Erlebnisse, Mitreißendes, Begeisterung

Die Kritischen
Kritische Reflexion, Nachdenken, Meditieren

Es zeigte sich allerdings bei näherer Betrachtung, dass die Elemente der Feier, des Wohlfühlens und des Rückzugs nicht auf die dieserart polarisierten Milieus beschränkt werden können, sondern in stärkerer oder schwächerer – oder einfach nur anderer – Ausprägung in allen Milieus eine Rolle spielen können. Auch die Gegenüberstellung der Milieus selbst blieb in der Gruppe umstritten.

4. Der Gottesdienst und seine Wirkungen

So wurde in einem neuen Anlauf zwar darauf verzichtet, das Salber-Hexagramm eins zu eins auf den Gottesdienst bzw. seine Besucher(-gruppen) zu übertragen, zwei Grundzüge der Morphologischen Psychologie allerdings wurden übernommen: zum einen das Denken vom „Gegenstand" bzw. von seinen Wirkungen, in unserem Fall vom Gottesdienst her. Nicht die Persönlichkeit steht hier im Fokus der Betrachtung, sondern „das Produkt" bzw. „die Dienstleistung" selbst. „Die Wirkungspsychologie weist [...] gegenüber der Persönlichkeitspsychologie nach, dass das Kundenverhalten durch das Produkt oder die Dienstleistung selbst determiniert ist. Die Persönlichkeit der Individuen bestimmt dabei lediglich die Ausprägungsform (Verwendertypologie) und den Ausprägungsgrad."[27]

Dies macht eine Milieubetrachtung der Gottesdienstbesucher nicht überflüssig, relativiert sie allerdings insofern, als zunehmend erkannt wird, dass Menschen heute flexibler in unterschiedliche Rollen schlüpfen und je nach situativem Kontext unterschiedliche, ja gegensätzliche Erwartungen hegen können. Das Institut für qualitative Markt- und Medienanalysen „rheingold"[28] geht sogar so weit, das Ende der

---

27 Regina von Diemer, Dienstleistungswirkeinheiten – Ein anderer Weg zum Kunden, in: Qualität und Dienstleistung und Umwelt. Eine Herausforderung für unternehmensinterne und -externe Leistungen, 1992, 83.

28 <www.rheingold-online.de>. Das Institut betreibt Marktforschung auf

Zielgruppenorientierung auszurufen. Es setzt dagegen auf das sogenannte *Verfassungsmarketing*. Als Verfassungen werden Stimmungen, Bedingungen und Zustände definiert, die durch eine Produktgattung oder Marke hervorgerufen oder vom Kunden wahrgenommen werden. Dieser begibt sich sozusagen in ein psychologisches Kräftefeld bei Inanspruchnahme der Marke.

Zum anderen wurde die von Salber sogenannte „Zwei-Einheit", also die Polarität der Verfassungen, aufgenommen. Jedes Produkt ist ausgezeichnet durch eine „dynamische Ganzheitlichkeit", die durchaus gegensätzliche Wirkungen ausüben kann. Salber etwa schreibt dem Rauchen das Gefühl der Freiheit zu, zugleich kämpft der Raucher mit der Abhängigkeit. Das Rheingold-Institut verdeutlicht am Beispiel des Motorradfahrens, wie Stärke und nahezu artistische Fortbewegung (Schräglagen, starke Beschleunigungen, rasante Lenkbewegungen, Körpereinsatz) von Elementen der Verwundbarkeit und dem Ausgeliefertsein (an das Verhalten der anderen Verkehrsteilnehmer) konterkariert werden. Qualitäten treten in Produkten und Dienstleistungen immer auch im Wechselspiel mit Gegen-Qualitäten auf.

Mit dieser Perspektivverschiebung auf den Gottesdienst und die ihm inhärenten Wirkungen werden zugleich theologische Einwände gegen die Engführung des Gottesdienstes in der Kundenperspektive aufgenommen. Das Wesen des Gottesdienstes kann allein durch die menschliche Perspektive nicht hinreichend beschrieben werden, er ist immer auch im Wollen und Wirken Gottes begründet. Der Gottesdienst ist mehr als die Summe der Wünsche und Bedürfnisse der

---

Basis der Morphologischen Psychologie Wilhelm Salbers. Salbers Konzept, das sich in der akademischen Forschung nicht durchsetzen konnte, wurde im Bereich der Marktforschung dafür umso stärker beachtet.

Menschen, er ist mehr als nur Ausdruck menschlichen Wollens und Könnens, in ihm wird der Wille Gottes wirksam. Im Gottesdienst wird in, mit und unter menschlichen Worten und Handlungen Gottes Wort und Gottes Tat wirksam. Im Gottesdienst begegnen sich menschliche und göttliche Wirklichkeit, treffen menschliche Erwartungen und Bedürfnisse auf Gottes Zusage und Verheißung.

5. Wirkfelder des Gottesdienstes

Wenn Wirkungen des Gottesdienstes auf das Leben und Erleben der Menschen aufgezeigt werden sollen und benannt werden soll, in welchen Feldern menschlichen Erlebens ein Gottesdienst Wirkung entfaltet, so bieten die Ergebnisse der Bayerischen Studie hilfreiches Ausgangsmaterial. In ihnen spiegeln sich die Erwartungen und Erfahrungen der Menschen im Hinblick auf die Wirkungen von Ritualen und damit auch von Gottesdiensten. Sie zeigen, dass Menschen die Erfahrung gemacht haben, dass Rituale Lebensfreude vermitteln, Selbstbestimmung ermöglichen, Lebenssinn aufzeigen, Gemeinschaft stiften, Selbstsorge Raum geben und Orientierung vermitteln.

Es galt, diese allgemein für Rituale erhobenen Wirkungen theologisch verantwortet auf den christlichen, evangelischen Gottesdienst hin zu konkretisieren und zu ergänzen: Welche Wirkungen sind nach menschlichem Ermessen und theologischer Erkenntnis eigentlich von einem evangelischen Gottesdienst zu erwarten im Hinblick auf die Menschen, die sich ihm aussetzen? Als Ergebnis dieser Aufgabenstellung entstand das folgende Schaubild, das in vier Positionen Wirkfelder des Gottesdienstes beschreibt. Die Betrachtungsweise nimmt den Gottesdienst im Sinne der Morphologischen

Psychologie als Wechselwirkung von Wirkfaktoren des Gottesdienstes und Erwartungen der Menschen an ihn wahr. Dabei wird den vier Erlebnismomenten des Gottesdienstes ein Spektrum von Ausprägungsgraden bzw. Weisen der Inanspruchnahme zugeordnet, das bzw. die sich zwischen je zwei gegensätzlichen Polen bewegt bzw. bewegen.

- Gottesdienste bewirken Sinndeutung. Dies geschieht im Spannungsfeld von Selbstbestimmung des Menschen und der ewigen Wahrheit des ihm gegenübertretenden Gotteswortes.
- Gottesdienste ermöglichen existenzielle Erfahrung zwischen Lebensfreude und Lebensernst (bzw. Todesernst).
- Gottesdienste wirken auf ethische Handlungsorientierung hin im Spannungsfeld zwischen Selbstsorge und Nächstenliebe.
- Gottesdienste stiften Beziehung: unter den Menschen und zwischen Mensch und Gott. Diese bewegen sich dabei zwischen Nähe und Distanz, vergegenwärtigen so Beheimatungskraft und Andersweltlichkeit des Reiches Gottes.

Die *existenzielle Erfahrung* manifestiert sich im Erleben von und Gestärkt-Werden zu „Lebensfreude", die gleichwohl nicht an der Oberfläche bleiben möchte (Gottesdienst als heiteres Moderationsgeschehen), sondern gleichzeitig letzte Fragen nach Sinn, Leid und Tod angesprochen wissen möchte.[29] Freude und Ernst werden nur erlebbar, wenn sie den Menschen in der Tiefe seiner Existenz berühren.

---

29 Vgl. die Untersuchungen von Regina Sommer zu Elternerwartungen bei Taufgottesdiensten, die – neben allen Wünschen nach einem fröhlichen Familienfest – auch das Bedürfnis äußerten, dass Themen, die die Verwundbarkeit und Zerbrechlichkeit des Lebens betreffen, nicht ausgespart bleiben sollten (Regina Sommer, Kindertaufe – Elternverständnis und theologische Deutung, Göttingen 2009).

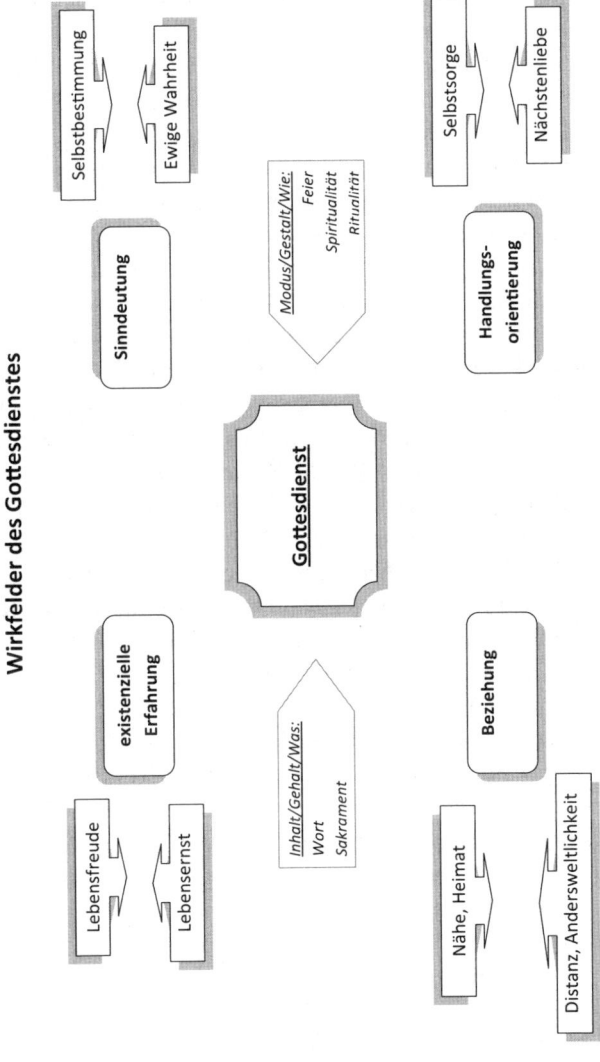

Wirkfelder des Gottesdienstes

Selbstbestimmung — Ewige Wahrheit

Sinndeutung

Modus/Gestalt/Wie:
Feier
Spiritualität
Ritualität

Selbstsorge — Nächstenliebe

Handlungs-orientierung

Gottesdienst

existenzielle Erfahrung

Lebensfreude — Lebensernst

Inhalt/Gehalt/Was:
Wort
Sakrament

Beziehung

Nähe, Heimat — Distanz, Andersweltlichkeit

Das Angebot religiöser *Sinndeutung* des Lebens bewegt sich im Gottesdienst zwischen den Polen von Selbstbestimmung und „ewiger Wahrheit", der Kirche, die sich in gewisser Hinsicht als Anwältin einer ewigen Wahrheit über das Wesen des Menschen und Gottes versteht; es begegnet auf der anderen Seite einem starken Bedürfnis nach Autonomie und Selbstbestimmung seitens des Menschen. Dieser ist sehr wohl bereit, ein „verbum externum" – ein äußeres, ein fremdes Wort, ein Wort, das er sich selbst nicht sagen kann – anzunehmen, wenn er nicht das Gefühl hat, dadurch aller Freiräume beraubt und völlig fremdbestimmt zu sein. Dieser Punkt ist eine besondere Herausforderung für den Gottesdienst und die Verkündigung, eine Gratwanderung zwischen einem „Den-Menschen-nach-dem-Munde-Reden" auf der einen und einem Zuviel von vermeintlich gepachteter göttlicher Erkenntnis – „Gott will!", „Gott sagt!", „Gott verurteilt!" – auf der anderen Seite.

Menschen besuchen Gottesdienste auch, um ethische Orientierung zu finden, und Gottesdienste geben in ihrer Verkündigung von Gesetz und Evangelium *Handlungsorientierung*. Die Pole, die dieses Wirkfeld beschreibt, sind das Bedürfnis nach Selbstsorge und die Zuwendung zum Nächsten. Dass auch die Selbstsorge hier eine entscheidende Rolle spielt, war in kirchlicher Tradition lange verschüttet. Traditionellerweise war ein Christ einer, der in aller Demut seine eigenen Bedürfnisse grundsätzlich hinter denen der Nächsten zurückstellte. Recht betrachtet ist aber beides in der christlichen Botschaft angelegt, wie schon das Gebot der Nächstenliebe „Liebe deinen Nächsten *wie dich selbst*" verdeutlicht.

Ein wichtiges Erlebnismoment des Gottesdienstes ist die Erfahrung von Gemeinschaft, Nähe und Distanz, Heimat und Andersweltlichkeit, im Schaubild dargestellt durch den Oberbegriff der *Beziehung*. Der Wunsch, Gemeinschaft zu erleben, widerspricht dabei interessanterweise keineswegs dem Bedürfnis, im Gebet, der Ausrichtung auf Gott, der gelebten Spiritualität während des Gottesdienstes ganz bei sich zu bleiben. Heimat wird im vertrauten Ablauf ebenso gesucht wie das schon erwähnte „fremde Wort", das das Vertraute auch aufstören darf. Gott, Glaube und Religion knüpfen an Menschliches an und vermitteln Geborgenheit, sie sollen den Alltag aber nicht etwa schlicht verdoppeln, sondern gehen darüber hinaus.

Ziel der Wirkfelder des Gottesdienstes sind Glaube und Leben der Teilnehmenden, hier zielen sie auf Transformation im Sinne von Umkehr im Wechselfeld von Rechtfertigung und Heiligung.

Neben die Darstellung der vier Wirkungsfelder und der sie bestimmenden Spannungspole treten in den beiden Pfeilen im Schaubild Bestimmungen zu Form und Inhalt, die das Zusammenspiel der vier Wirkungsfelder erst eindeutig als Gottesdienst qualifizieren: Die Inhaltsebene, dargestellt im Symbol eines von links in die Mitte weisenden Pfeilkastens („Inhalt/Gehalt/Was"), benennt, wodurch ein christlicher Gottesdienst materialiter zu einem christlichen Gottesdienst wird: die Feier von Wort und Sakrament (CA VII).[30] Nähere Bestimmungen müssten expliziert werden: etwa der Hinweis darauf, dass Gesetz und Evangelium oder die Rechtfertigungslehre im Gottesdienst laut werden müssen. Das trinitarische oder christologische Profil des Gottesdienstes sowie sonstige theologische Wesensbestimmungen haben hier ihren Platz.

---

30 Der siebte Artikel der Confession Augustana nennt als einzige und hinreichende Kennzeichen der Kirche (und damit auch des Gottesdienstes) die reine Lehre und die einsetzungsgemäße Verwaltung der Sakramente.

Des Weiteren wird durch ein von rechts auf die Mitte weisendes Pfeilsymbol die modale Ebene angesprochen („Modus/Gestalt/Wie"). Sie macht deutlich, in welcher Gestalt Gottesdienst gefeiert werden kann. Interessanterweise kennt auch CA VII diese Ebene, wenn der Artikel davon spricht, es sei zur Einheit der Kirche nicht notwendig, dass menschliche Traditionen, Riten oder Zeremonien überall in gleicher Weise begangen werden müssen. Die modalen Gestalten der Feier, der Spiritualität und der Ritualität des Gottesdienstes gehören hierher.

Mit diesen bewusst rudimentären Bestimmungen zu Gehalt und Gestalt des Gottesdienstes soll deutlich werden, dass es sich bei der Beschreibung der Wirkfelder um eine Bestimmung auf der strategischen Ebene der Gottesdienstgestaltung und -wahrnehmung handelt. Die konkrete Umsetzung in spezifischen gottesdienstlichen Situationen und Gestaltungsoptionen bleibt dann einer weitergehenden Ebene operativen Handelns vorbehalten. Die vier Wirkfelder haben den Anspruch, allem gottesdienstlichen Geschehen zugrunde zu liegen, unabhängig von kirchenjahreszeitlichem Proprium, kasualer Ausrichtung, gemeindlicher Situation oder milieuspezifischem ästhetischem Paradigma.

Es bleibt zu prüfen, ob sich die entwickelte Betrachtungsweise des Gottesdienstes in den Ebenen Inhalt, Modus und Wirkfelder bei der Gestaltung und bei der Beurteilung von Gottesdiensten bewähren kann. Es liegt Qualität in dem Gedanken, dass ein Gottesdienst nicht ohne Wirkung ist. Der kirchliche Anspruch, für den Gottesdienstbesuch zu werben, ist damit nicht nur Tradition, sondern Überzeugung: die Überzeugung, dass dort etwas geschieht, was auf den einzelnen Menschen wirkt. Ob das, was wirkt, die gute Vorbereitung in der Gestaltung oder die Beigabe des Heiligen Geistes ist, ist dann nebensächlich.

Zugleich hat diese Perspektive den Charme, der Fülle unterschiedlichster Erwartungen und Anforderungen an den Gottesdienst eine handhabbare Form zu geben und elementare Erlebnismomente aufzunehmen. Entscheidend dürfte sein, dass in ein und demselben Gottesdienst Raum gegeben wird für die gegensätzlichen Ausprägungsformen der Wirkfelder. Gerade in ihrer Spannung entsprechen sie sowohl den Erwartungen vieler Menschen als auch der Struktur und Wirkweise des Evangeliums.

Dabei sind die Spannungspole idealerweise nicht in einem „Entweder-Oder" aufeinander zu beziehen, sondern in einem „Und-Und": Ein Gottesdienst bewirkt Sinndeutung, die die selbstbestimmte Aneignung der göttlichen Wahrheit realisiert: „Ihr werdet die Wahrheit erkennen und die Wahrheit wird euch frei machen". Ein Gottesdienst lässt Lebensfreude erfahren auch im Angesicht des Todesernstes: „In dir ist Freude, in allem Leide". Ein Gottesdienst stiftet Beziehung, die das Spannungsfeld von Nähe und Distanz aushält: „Und nähme ich Flügel der Morgenröte und bliebe am äußersten Meer, so würde auch dort deine Hand mich führen und deine Rechte mich halten". Ein Gottesdienst orientiert das menschliche Handelns im Sinne des „Du sollst deinen Nächsten lieben wie dich selbst".

Christian Binder

Redet mit mir freundlich!
Plädoyer für ein Feedback zum Gottesdienst

Leere Worte und beredtes Schweigen

Das Wort des Herrn kommt nicht leer zu ihm zurück (Jes 55,11). Das Wort des Herrn Pastor manchmal schon – zumindest fast. „Vielen Dank Herr Pastor, Sie haben so schön gesprochen", höre ich nach dem Gottesdienst. Frau K. ist eine liebe Seele und ich freue mich, wenn sie mir das sagt. Vielleicht sagt sie es ein bisschen oft und ich habe den leisen Verdacht, dass sie spürt, wie sehr ich darauf warte, dass etwas zurückkommt nach dem Gottesdienst. Eine Reaktion auf die Energie, die ich eingesetzt habe im Ringen mit dem sperrigen Predigttext; ein Antwortversuch auf die doch durchaus provokanten Fragen, die ich aufgeworfen habe; etwas von der Freude, die ich empfunden habe über den unerwarteten Zusammenklang des Psalms mit der ausgewählten Liedstrophe als Antiphon; eine Resonanz auf die Begeisterung im Wortsinne, die ich in der Begegnung mit dem Text beim Verfassen der Predigt erlebt habe. Es kommt nichts zurück, außer Leere. „Einen schönen Sonntag noch, Herr Pastor", ja von wegen! Es wird ein paar Stunden dauern, bis sich meine Stimmung aus diesem Schweigen wieder herausgekämpft hat. Aus dem schönen Sonntag wird erst mal nichts, das spürt auch meine Frau schnell, als ich nach Hause komme, und versucht sich erst gar nicht in Aufmunterungsversuchen. Sie ist auch eine liebe Seele, die liebste von allen.

Die Not des Predigers entsteht nicht nur durch das Schweigen des Textes, sie entsteht nicht nur durch das Schweigen des Geistes, die Not des Predigers entsteht auch durch das Schweigen der Gemeinde. Da hilft auch die theologische Binsenweisheit nicht, dass wir „es" ja nicht machen, dass es der Geist ist, der das Wesentliche tut, dass das Wort des Herrn eben nicht leer zurückkommt. Denn zu mir ist es ja gekommen, aber anscheinend nicht weiter; ich habe den Geist ja gespürt in der Vorbereitung, in der neuen Erkenntnis, die ich anhand des Predigttextes gewonnen habe und die mich noch einmal begeistert hat, als ich sie in der Predigt bezeugt habe, aber anscheinend war es eine Privatoffenbarung. Es geht mir nicht darum, dass ich mich selbst rühmen will, aber ich würde ganz gerne das Werk des Herrn rühmen, das unter uns geschehen ist, aber heute habe ich den Eindruck, wir haben es beide nicht gepackt.

Im Licht der rezeptionsästhetischen und kommunikationstheoretischen Erkenntnisse wirkt die göttliche Selbsteinschätzung, das Gotteswort „wird tun, was mir gefällt, und ihm wird gelingen, wozu ich es sende" (Jes 55,11), zwar etwas zu optimistisch – zumindest eine Resonanz wäre aber auch nach deren Lehre zu erwarten. Theologisch ist es das Vertrauen in die Macht des Wortes Gottes, kommunikationstheoretisch ist es die Einsicht, dass man „nicht nichtkommunizieren"[1] kann, und rezeptionsästhetisch ist es die Erkenntnis, dass in jedem Hörer schon eine individuelle Botschaft entstehen wird, wenn auch nicht unbedingt die, die ich glaube ausgesandt zu haben, die die Zuversicht entstehen lassen, dass kein Kommunikationsvorgang so resonanzlos bleiben kann, wie die Gemeinde mir an diesem Sonntag erscheint. Und die Wahrscheinlichkeit ist tatsächlich groß, dass die Menschen, die diesen Gottesdienst besucht haben, auch darüber ins Gespräch kommen, vielleicht mit der Nach-

---

1   Paul Watzlawick, Menschliche Kommunikation, Bern 1969, 53.

barin auf dem Nachhauseweg, vielleicht mit der Familie am Mittagstisch, vielleicht mit Gott im Abendgebet, wahrscheinlich aber nicht mit mir.

Vor allem dann nicht, wenn der Pastor nicht so schön gesprochen hat, wenn es durchaus Kritisches zu sagen gäbe über das hektische Blättern im Gesangbuch zwischen Psalm und Liedstrophe am Anfang; darüber, dass man eigentlich lieber Antworten gehört hätte als so viele neue Fragen; dass man sich über die geistigen Höhenflüge in der Predigt nicht so begeistern mochte wie der Pastor und sich etwas mehr Alltagsnähe gewünscht hätte.

Dass sie es dem Pastor nicht sagen, mag bei einigen daran liegen, dass sie eine Scheu haben, als Laie dem Fachmann kritisch gegenüberzutreten. Dies kann ich nachvollziehen, ich sage dem KFZ-Meister auch nicht, wie er mein Auto reparieren soll, und wenn ich es doch tue, reagiert er recht einsilbig. Dafür muss ich damit leben, dass sie dem Pastor im Gegenzug in anderen Lebensbereichen deutlich weniger Kompetenz einräumen, als ich mir selbst zugestehen würde. Bei den Frommeren entsteht diese Zurückhaltung auch durch die Einsicht, dass im Gottesdienst das Entscheidende eben nicht vom Pastor getan wird, und dem Heiligen Geist mag man zu kritisch auch nicht begegnen. Und einige schließlich werden nichts sagen, weil sie sich damit schon lange abgefunden haben, dass der Gottesdienst eben so ist, wie er ist, und irgendetwas haben sie noch immer daraus mitgenommen, deshalb kommen sie ja auch ab und zu wieder. Vor einigen Jahren haben sie den Pastor auch einmal darauf angesprochen, dass es für viele doch schön wäre, mehr vertraute Lieder zu singen, aber da hatte er nur auf die Konfirmanden verwiesen, „für die müssten auch moderne Lieder dabei sein", dabei singen die weder die alten noch die neuen Lieder mit.

Diese und viele andere werden aber wohl vor allem deshalb nichts sagen, weil man sie noch nie gefragt hat. Zumindest nicht in einer Form, in der sie auch hätten Antwort geben können oder wollen.

Das Gespräch in Gang setzen

So entsteht Schweigen in einer Situation, in der es in vielen Gemeinden eigentlich auf beiden Seiten ein Bedürfnis und einen Bedarf nach aufrichtiger Stellungnahme und stärkender Rückmeldung gibt. Dabei steht für diese Situation eine Vielzahl erprobter und bewährter Kommunikationsinstrumente zur Verfügung.

Einige dieser Instrumente sind bewährt, aber auch schon berüchtigt, weil sie aus anderen Zusammenhängen bereits bis zum Überdruss bekannt sind. Dies trifft vor allem auf das Instrument des Rückmeldebogens zu, der in der Dienstleistungsgesellschaft allgegenwärtig scheint, und man ist darauf gefasst, demnächst auch nach dem Besuch der Bahnhofstoilette einen solchen Bogen ausfüllen zu sollen: „Wie fanden Sie die Atmosphäre in unserer Einrichtung? Einladend – erleichternd – sachgemäß: Bitte kreuzen Sie an." Und doch ist eine Kommunikation per Rückmeldebogen immer noch besser als gar keine Kommunikation. Er hat den Vorteil, dass er durch die anonyme und schriftliche Form auch denen eine Mitteilungsmöglichkeit bietet, die, unter anderem aus den oben genannten Gründen, vor einer direkten kritischen Rückmeldung und der Reaktion darauf eher zurückscheuen. Er ist, wenn er nicht zu umfangreich ist, ein niedrigschwelliges Kommunikationsangebot, weil er eine einseitige Kommunikation anbietet, in der nicht mit Rückfragen oder Gegenkritik gerechnet werden muss. Er führt nicht unmittelbar ins Gespräch, sein Einsatz ist jedoch ein Signal von Seiten der Gottesdienstverantwortlichen, zum Gespräch über den Gottesdienst bereit zu sein. So wird er auch nicht selten verstanden, wenn Menschen nach dem Gottesdienst mit dem Bogen in der Hand auf die Verantwortlichen zugehen und sagen: „Ich will das nicht aufschreiben, aber ich wollte Ihnen schon lange gerne einmal sagen …". Ein differenzierter Rückmeldebogen steht dabei in der Gefahr, in seinen Fragen bereits ein bestimmtes Idealbild von Gottesdienst zu transportieren, ein Bogen mit sehr offenen Fragen verlangt dagegen von den Ausfüllenden ein hohes Maß an Artikulationsfähigkeit und -willigkeit. Mit diesem Instrument werden in erster Linie die Menschen erreicht, die den Gottesdienst auch tatsächlich besuchen. Selbst wenn ein Fragebogen zum Gottesdienst – z. B. im Gemeindebrief – allen Gemeindegliedern zugänglich gemacht wird, machen sich in erster Linie die Menschen die Mühe, ihn auch auszufüllen und einzusenden, die ein hohes Interesse am Gottesdienst haben und ihn deshalb auch regelmäßig besuchen. So sind die Ergebnisse oft grundsätzlich positiv und bestätigen den Status quo, sie zeigen aber auch schnell und deutlich, wenn in einem Bereich des Gottesdienstes etwas tatsächlich im Argen liegt. Ein regelmäßig wiederholter Einsatz von Rückmeldebögen zum agendarischen Gottesdienst führt deshalb oft nicht zu neuen Erkenntnissen; bei alternativen Gottesdienstformen, die mit wechselnden Elementen und Formen arbeiten und mit einer stärker fluktuierenden Teilnehmergruppe rechnen, kann er ein hilfreiches Rückmeldeinstrument sein.

Ein ebenfalls bereits bekanntes und teilweise durchaus berüchtigtes Instrument der Rückmeldekultur ist das Gottesdienstnachgespräch, das als Predigtnachgespräch in vielen Gemeinden über wenige Versuche hinaus nicht gediehen ist. Das liegt oft daran, dass es, auch wenn der Name anderes

215

verheißt, in vielen Fällen nicht wirklich zum Gespräch über den Gottesdienst kommt. Das Predigtnachgespräch steht in der Gefahr, zur Fortsetzung der Predigt mit anderen Mitteln zu werden, wobei der Prediger noch einmal sagt, was er in der Predigt eigentlich sagen wollte und was anscheinend niemand wirklich verstanden hat. Und von den teilnehmenden Gemeindegliedern reden vor allem jene, die auch sonst das Sagen haben, und jene, die sonst nichts sagen, bleiben auch hier oft stumm. Voraussetzung für ein gelingendes Gottesdienstnachgespräch ist, dass die Gesprächsführung nicht bei Pfarrer oder Pfarrerin oder einer sonstigen Gottesdienstverantwortlichen liegt. Durch den Einsatz von niedrigschwelligen Kreativtechniken (Punkte-Kleben zu bestimmten Aspekten des Gottesdienstes, Wandzeitung, Positionierung im Raum zu bestimmten Aussagen, Murmelgruppe) in der Eingangsphase können auch jene Teilnehmenden sich einbringen, denen es schwerfällt, vor einer größeren Gruppe das Wort zu ergreifen. Ein Gottesdienstnachgespräch muss auch nicht unbedingt direkt im Anschluss an den Gottesdienst mit der ganzen Gottesdienstgemeinde geführt werden, es kann auch sinnvoll sein, mit einer bestimmten Gemeindegruppe bei ihrem Treffen unter der Woche über den Gottesdienst des letzten Sonntags ins Gespräch zu kommen. Mitglieder von Kantorei und Posaunenchor haben so manchen Gottesdienst erlebt und nicht selten auch erlitten und haben so einen großen Erfahrungshintergrund, der sie zu wertvollen Gottesdienstexperten macht.

Öffentliche Gottesdienstkritik

Gerade ohne diese Vertrautheit und mit dem frischen Blick von außen begegnen die Mystery Worshipper einem Gottesdienst, den sie als anonyme Gottesdiensttester besuchen und über den sie im Anschluss eine ausführliche Rückmeldung auf der Website der Internet-Gemeinde *Ship of fools* (www.ship-of-fools.com) geben. Jeder Interessierte kann sich dort als Gottesdiensttester registrieren lassen und anhand einer Wahrnehmungshilfe öffentlich Rückmeldung zum Gottesdienst geben. Die getestete Gemeinde erfährt davon durch einen Zettel, den der Mystery Worshipper im Klingelbeutel hinterlassen hat: „You have been blessed by a visit from the Mystery Worshipper", und hat dann die Möglichkeit, die Eindrücke des Besuchers auf der Website aus ihrer Sicht zu kommentieren. Das Wahrnehmungsraster für die Tester enthält durchaus charmante Fragestellungen: „An welcher Stelle haben Sie sich wie im Himmel gefühlt?", „Hat der Gottesdienst dazu geführt, dass Sie froh darüber sind, ein Christ zu sein?", „Woran werden Sie sich in sieben Tagen noch erinnern?" und enthält auch die Anleitung, nach dem Gottesdienst etwas verloren in der Gegend herumzustehen und mitzuteilen, was dann geschieht. So wird schnell sichtbar, wie einladend der Gottesdienst und die ihn tragende Gemeinde tatsächlich sind. Bei dieser Frage wird besonders deutlich, wie hilfreich der Blick von außen auf den der eigenen Gemeinde schon so vertrauten Gottesdienst und sein Umfeld sein kann. Diese Perspektive hilft, eingefahrene und allzu routinierte Abläufe wahrzunehmen, ist aber auch in der Lage, die Besonderheiten und individuellen Stärken eines Gottesdienstes vor dem Erfahrungshintergrund eines Fremden deutlicher wahrzunehmen.

Die Erfahrungsberichte der zumeist aus dem angelsächsischen Bereich stammenden Mystery Worshipper bei *Ship of fools* sind oft ähnlich charmant und *sophisticated* wie die Fragen der Wahrnehmungshilfe. Darin spiegelt sich eine zivilisierte Kultur der öffentlichen Meinungsäußerung im englischsprachigen Raum, die sich wohltuend von der Besserwisserei, dem Blog-Wart-Gehabe und dem allzu großzügigen Einsatz historischer Vergleiche unterscheidet, die die Kommunikationskultur in vielen deutschen Online-Foren prägen. So finden sich im deutschsprachigen Bereich auch nur vereinzelt Erfahrungsberichte zu Gottesdiensten auf den Plattformen für Produkttests durch Verbraucher.[2]

Am nächsten kommt dem Konzept des Mystery Worshipper wohl die Rubrik „Mein Kirchgang"[3] der Zeitschrift „chrismon plus", in der monatlich ein kurzer Erfahrungsbericht über einen besuchten Gottesdienst veröffentlicht wird, der um eine Benotung in den Kategorien Atmosphäre, Predigt, Musik und Liturgie auf einer Skala von maximal fünf Sternen ergänzt wird. Eine Umfrage unter „getesteten" Pfarrerinnen und Pfarrern[4] hat gezeigt, dass die meisten diese Perspektive von außen als prinzipiell durchaus hilfreich anerkennen, fraglich erscheint aber vielen die öffentliche Form der Rückmeldung, die oft als öffentliche Kritik gerade auch der namentlich genannten beteiligten Personen verstanden wird. Diese Form der Gottesdienstwahrnehmung nimmt die Tradition der öffentlichen Kulturkritik z. B. zu Konzerten oder Theateraufführungen auf, und es stellt sich die Frage, ob

---

2 Vgl. den sehr ausführlichen positiven Erfahrungsbericht über einen Konfirmationsgottesdienst unter der Kategorie Reisen/Freizeittipps in der Verbraucherplattform Ciao.de. Die Verfasserin hat insgesamt fast 4.000 Erfahrungsberichte zu unterschiedlichsten Produkten online gestellt: <http://reisen.ciao.de/Konfirmationsgottesdienst_St_Jurgen_Heide__ Test_8349845> (Stand 13.8.2011).

3 Online einsehbar unter <http://chrismon.evangelisch.de/mein-kirchgang>.

4 Vgl. Christian Binder/Folkert Fendler, „Mein Gottesdienstbesuch". Erfahrungen mit den Gottesdienstkritiken in „Chrismon Plus", in: Deutsches Pfarrerblatt 7/2011, 383–386.

diese Form der Kritik auch auf den Gottesdienst und seine Akteure angewendet werden kann.

„Zwischen Segen und Verdammnis"[5] überschreibt die Nordseezeitung einen Artikel über eine Serie von Gottesdiensttests, die die Zeitung in Anlehnung an das Chrismon-Modell veröffentlicht hatte. Bei aller Wortspielerei mit religiösen Begrifflichkeiten spiegelt der Ausdruck „Verdammnis" zutreffend die Schärfe der Kritik durch Gottesdienstverantwortliche und Gemeindemitglieder, der sich die Zeitungsredaktion und der neu eingeführte Landessuperintendent ausgesetzt sahen, den die Zeitung als Ideengeber für die Aktion benannt hatte. Eine solche Aktion demotiviere vor allem Ehrenamtliche, die sich „heimlich beurteilt und bloßgestellt" fühlten, so gibt die Zeitung ein Argument aus dem sachbezogenen Teil der Reaktionen wieder.[6]

Kritik findet hier, ähnlich wie bei der Auswertung der Chrismon-Kolumne, vor allem die Benotung der Gottesdienste, hier in Form von fünf Kerzen, weil sie verkürze und eine falsche Objektivität vermittle. Zwar verweist die Zeitung auf „festgelegte [...] Kriterien wie Liturgie, Predigt, Musik, Atmosphäre und ‚Sonstiges'" wie die „Ausstrahlung des Pastors"[7], die tatsächlichen Kriterien für die Benotung in diesen Kategorien bleiben jedoch ungenannt. Der Gottesdienst sei eine öffentliche Angelegenheit, „deshalb darf sie ruhig der öffentlichen Aufmerksamkeit und Kritik unterliegen", wird dagegen einer der Superintendenten zitiert, und auch einer der getesteten Pfarrer äußert sich grundlegend positiv: „Es sind unsere Gottesdienste und Pastoren, die Kritik, Würdigung und Aufmerksamkeit verdient haben."[8]

---

5   Nordseezeitung, Landkreis Cuxhaven vom 5.4.2011, 17.
6   Nordseezeitung, Landkreis Cuxhaven vom 13.4.2011, 19.
7   Nordseezeitung, Landkreis Cuxhaven vom 5.4.2011, 17.
8   Ebd.

Öffentliche Aufmerksamkeit ist tatsächlich eine angemessene Reaktion auf einen Gottesdienst, der sich als Verkündigungsgeschehen versteht – sehr viel angemessener als das öffentliche Beschweigen, das in den Medien sonst allzu oft begegnet. Sie ist ein Zeichen für seine Wirksamkeit, ein Zeugnis dafür, dass das Wort nicht leer zurückkommt. Ein Gottesdienst, der den Anspruch hat, in der Öffentlichkeit und in die Öffentlichkeit zu wirken, kann sich der öffentlichen Aufmerksamkeit schlecht entziehen, nur weil eine kritische Wahrnehmung droht, denn damit stellt er nur seine eigene Wirksamkeit infrage. Dabei ist die öffentliche Kritik des Gottesdienstes in diesen Formaten meist nicht einmal kritisch, sondern durchaus wohlwollend. Die Journalisten tragen keine fremden, unangemessenen Kriterien an den Gottesdienst heran, sondern versuchen, ihn von seinem eigenen Selbstverständnis her wahrzunehmen, und wenn sie zu dem Schluss kommen, dass Gottesdienste zu wenig besucht werden und „der Gemeindegesang [...] nicht immer überzeugt"[9], dann ist das eine durchaus zutreffende Beschreibung, die kaum ein regelmäßiger Gottesdienstbesucher bestreiten wird. Der Gottesdienst kommt in der veröffentlichten Wahrnehmung von Gottesdiensttestern in Medien und Internet bislang zumindest besser weg als Paulus' öffentlicher Verkündigungsversuch auf dem Aeropag.

Ein Feedback für den Heiligen Geist

Dass der Gottesdienst nicht in gleicher Weise kritisch öffentlich wahrgenommen werden dürfe wie ein Konzert oder eine Theateraufführung, weil er ein geistliches Geschehen

---

9 Nordseezeitung, Landkreis Cuxhaven vom 13.4.2011, 19.

sei, in dem das Entscheidende von Gott getan werde, ist ein schwärmerisches Verständnis des Gottesdienstes, das ihn jedem irdischen Zugriff entzieht.

Luthers Torgauer Formel, nach der im Gottesdienst nichts anderes geschieht, als „dass unser lieber Herr mit uns rede durch sein heiliges Wort und wir wiederum mit ihm reden in Gebet und Lobgesang"[10], beschreibt keinen Dialog, in dem Gottes Wort und der Menschen Worte als reine Stimmen wahrnehmbar und als exklusive Beiträge Gottes bzw. der Menschen zum gottesdienstlichen Geschehen voneinander ablösbar wären.[11] Die menschlichen Antworten in Lied und Gebet sind als Äußerungen des Glaubens immer auch Werk des Heiligen Geistes, der unserer Schwachheit aufhilft; aber auch Gottes Wort ist im Gottesdienst nur in Form menschlicher Worte bzw. als Sakrament in Form menschlicher Handlungen wahrnehmbar. Gottes Wort ereignet sich in, mit und unter den menschlichen Worten, das Wort ward Fleisch, unvermischt, aber eben auch ungesondert. So kann es nicht gelingen, in dem gottesdienstlichen Dialoggeschehen eindeutig die Stimme Gottes und die Stimme des Menschen voneinander abzulösen. Gottes Wort und menschliche Antwort im Gottesdienst sind beide Gottes Werk, das sich aber jeweils ohne des Menschen Beitrag nicht ereignet.

Wenn beim Erleben eines Gottesdienstes nicht zwischen der Wahrnehmung von Gottes Werk und des Menschen Beitrag getrennt werden kann, so geschieht auch die Rückmeldung auf das im Gottesdienst Erlebte, egal ob durch innerkirchliche oder weltliche Öffentlichkeit, immer zugleich im Hinblick auf menschliches und göttliches Werk. Wenn aber,

---

10 WA 49, 588.

11 Vgl. David Plüss, Gottesdienst als Textinszenierung. Perspektiven einer performativen Ästhetik des Gottesdienstes (Christentum und Kultur 7), Zürich 2007, 162.246.

zumindest aus menschlicher Einsicht, im Gottesdienst nicht sicher zwischen Gottes Werk und Menschenwerk unterschieden werden kann, so findet sich darin auch nichts rein Geistliches, das nur geistlich beurteilt werden könnte.

Der Heilige Geist bekommt bereits während des Gottesdienstes ein Feedback durch das glaubende Gegenüber des Menschen, ganz ohne die Hilfe von Rückmeldebögen und institutionalisierten Nachgesprächen. Die Antwort des Glaubens ist ein konstitutiver Grundvollzug des gottesdienstlichen Geschehens. Wenn der Geist aber bereits im Gottesdienst der Schwachheit des menschlichen Glaubens begegnet und damit dem geballten Zweifel und Unglauben der Gottesdienstgemeinde ausgesetzt ist, so ist schwer zu begreifen, warum ihm eine kritische Rückmeldung in einer Tageszeitung nicht zumutbar sein sollte. Welch seltsames Verständnis der Wirkmächtigkeit des Geistes, wenn man meint, ihn vor menschlicher Kritik bewahren zu müssen, solange sie nicht kirchlicher Kontrolle unterliegt! Der Heilige Geist hat es nicht nötig, von mutlosen Kirchenchristen in Schutz genommen zu werden.

Nicht alles baut auf

Bedenkenswert ist ein schützender Umgang jedoch im Hinblick auf die menschlichen Akteure im Gottesdienst, die nicht alle über die Robustheit des Heiligen Geistes verfügen. Auch sie können eine öffentliche Gottesdienstkritik als Bestätigung der Wirksamkeit ihres Tuns betrachten und die Befragung der von „chrismon" besuchten Gottesdienstverantwortlichen hat gezeigt, dass dies bei einer positiven Beurteilung auch als Würdigung und Bekräftigung der eigenen Arbeit wahrgenommen wird – und sollte die Gemeinde die positive Kritik nicht mitbekommen haben, wird sie auch einmal durch Aushang im Schaukasten darauf aufmerksam gemacht.

Ein bezahlter Dienst, so das an die eigene Alltags- und Berufserfahrung angelehnte Verständnis manch kirchensteuerzahlenden Gemeindeglieds, müsse sich auch auf seine Wirksamkeit hin überprüfen lassen, und in Kirchenordnung und Ordinationsvorhalt ist zumeist ja tatsächlich vorgesehen, dass Pfarrerinnen und Pfarrer ihr Tun vor der Gemeinde und den von ihr gewählten Vertretern verantworten müssen. Wie aber sollen sie sich verantworten, wenn sie nicht antworten können, weil die Kritik gar nicht auf eine Antwort, auf ein Gespräch hin angelegt ist? In einer so einseitigen Kommunikationssituation wie einer veröffentlichten Gottesdienstkritik ist eine verantwortliche Reaktion nicht möglich. Nur ein gleichberechtigter Zugang zur Kommunikationssituation, eine Begegnung auf Augenhöhe, kann ein Gespräch in Gang setzen, in dem verantwortliches Handeln thematisiert wird.

Öffentliche Gottesdienstkritiken mögen in der Lage sein, den öffentlichen Diskurs über den Gottesdienst zu fördern und eine Diskussion über die Kriterien eines guten Gottesdienstes anzuregen, wenn sie tatsächlich eine interessierte Öffentlichkeit erreichen. In der wohlwollenden Form, in der sie bislang meist verfasst sind, sind sie auch durchaus ein werbender Hinweis darauf, dass der real existierende Gottesdienst besser ist als sein Ruf, als Methode der hilfreichen und aufbauenden Rückmeldung für die verantwortlich im Gottesdienst Handelnden sind sie aber sicher nicht erste Wahl.

Rückmeldung auf den Gottesdienst oder Feedback für die Person?

Dass unaufgeforderte und unerbetene Rückmeldungen auf den Gottesdienst auf so vehemente Kritik gerade auch der Gottesdienstverantwortlichen stoßen und ihnen ein so erhebliches Verletzungspotenzial zugeschrieben wird, liegt daran, dass Rückmeldungen zum Gottesdienst immer auch Rückmeldungen zu den Personen sind, die im Gottesdienst als Handelnde wahrgenommen werden. Das ist zum einen dem Wesen des Gottesdienstes und dem Zeugnischarakter der Predigt geschuldet, zum anderen ist dies im Geschehen des Feedbacks notwendig angelegt. Zwar gibt es den Versuch, in der Konzeption von Feedbackverfahren zwischen personbezogenem und produktbezogenem Feedback zu unterscheiden, es zeigt sich aber im Vollzug zumeist, dass hier nicht scharf getrennt werden kann, sondern dass „personbezogenes Feedback [...] Voraussetzung für Feedback zu einem Produkt"[12] ist. Es gibt kein produktbezogenes Feedback, das nicht auch als personbezogenes Feedback gehört wird. Wenn dieser notwendige Zusammenhang nicht offen kommuniziert wird und personbezogene Rückmeldung daher nur als verdeckte, unterschwellige Botschaft und latenter Vorwurf gehört werden kann, entsteht der Eindruck, hilflos einer Kritik ausgesetzt zu sein. Produktbezogenes Feedback kann nur dort sinnvoll gegeben werden, wo auch die Bereitschaft der Verantwortlichen vorhanden ist, die notwendig darin enthaltene personbezogene Rückmeldung zu hören.

---

12 Madeleine Hofer, Feedback im Einzelcoaching am Beispiel der Arbeit mit Journalist/innen, in: Edith Simbeck/Helmut Geißner (Hg.), Feedback. Das Selbstbild im Spiegel der Fremdbilder (Sprechen und Verstehen 15), St. Ingbert ²2001, 178–190, 187.

Was bekomme ich im Feedback?

Personbezogenes Feedback bedeutet jedoch nicht, dass darin Wertungen über eine Person oder ihr Handeln abgegeben werden: „Im Feedback werden keine Wahrheiten über andere Personen formuliert, es geht auch nicht um Urteile über ihren Wert, sondern es geht um Eindrücke, die sie in den Situationen, in denen Feedback gegeben wird, vermitteln."[13] Es ist „eine Mitteilung an eine Person, die diese Person darüber informiert, wie ihre Verhaltensweisen von anderen wahrgenommen, verstanden und erlebt werden."[14] „Es sagt also etwas über das momentane Erleben der feedbackgebenden Person aus, auch wenn es auf deren Gegenüber zielt. Inhalte des Feedback sind daher nicht Aussagen über ein anderes Wesen, sondern über bestimmte Aspekte einer kommunikativen Beziehung."[15] Trotzdem ist „Verunsicherung eine unvermeidliche Begleiterscheinung", denn nicht selten ist das Ergebnis einer solchen Rückmeldung, dass der Empfänger „anders gewirkt hat, als er meinte oder wollte."[16] Eine solche Rückmeldung „hat zum Ziel, der betreffenden Person die Möglichkeit zu geben, auf der Basis dieser Informationen das eigene Verhalten zu reflektieren und sich zu entscheiden, es künftig zu ändern oder bewusst weiter beizubehalten."[17] „Feedback sagt ‚So erlebe ich Dich'. Es sagt nicht: ‚Du sollst dich ändern'. [...] Feedback lässt die Wahl. Feedback kommt

---

13 Kurt Buchinger, Feedback als Steuerungsinstrument in Organisationen, in: Simbeck/Geißner (Hg.), a. a. O. (Anm. 12), 102–116, 105.

14 K. Antons, Praxis der Gruppendynamik. Übungen und Techniken, Göttingen 1974, 108.

15 Buchinger, a. a. O. (Anm. 13), 106.

16 Ebd.

17 Hans-Georg Leuck, Feedback in Führungssituationen, in: Simbeck/Geißner (Hg.), a. a. O. (Anm. 12), 117–125, 118.

aus dem Kontext des Dienens. Es stellt dem anderen Informationen zur Verfügung, über die der andere vielleicht bislang nicht verfügte."[18]

Menschen, die Feedback geben, stellen dem Feedbacknehmenden ihre Wahrnehmungen darüber zur Verfügung, wie sein Handeln und seine Äußerungen, verbale wie nonverbale, auf sie wirken. Damit ergänzen sie das Bild, das er selbst von sich und seinem Handeln hat, er nimmt sich nun nicht mehr nur selbst wahr, sondern ist in der Lage, diese Perspektive durch die Wahrnehmung seines Selbst im Spiegel der anderen zu ergänzen. Damit erweitert sich das für ihn bewusst wahrnehmbare Bild seiner selbst, er ist in der Lage, mehr von sich selbst und den Wirkungen, die er auf andere hat, wahrzunehmen. Das bedeutet nicht, dass ihm das Feedback ein vollständiges Bild seiner selbst und seiner Wirkungen zeigt. Das ist weder ihm noch den anderen zugänglich; es bleibt, theologisch gesprochen, dem Moment der Gottesbegegnung vorbehalten, wenn er erkennt, wie er erkannt ist.

Den möglichen Erkenntnisbereich von Feedback stellt das sogenannte „Johari-Fenster"[19] dar, in dem das eigene Wahrnehmen und Nichtwahrnehmen mit dem Wahrnehmen und Nichtwahrnehmen der anderen in eine Tabelle eingezeichnet wird. Im Hinblick auf die Person und Rolle des Pfarrers bzw. der Pfarrerin lässt es sich wie folgt darstellen:

---

18 Reinhard Sprenger, Wir verstehen uns doch?, in: Simbeck/Geißner (Hg.), a. a. O. (Anm. 12), 151–164, 159.

19 Vgl. David Plüss/Michael Rahn (Hg.), Gottesdienste ins Gespräch bringen. Eine Sammlung von Feedback-Methoden, Zürich 2008, 18.

	Für mich wahrnehmbar	Für mich nicht wahrnehmbar
Für andere wahrnehmbar	Die öffentliche Person Die Rolle des Pfarrers	Blinder Fleck „Der Herr Pfarrer"
Für andere nicht wahrnehmbar	Die private Person Mein inneres Ich	Das Ich vor Gott

Feedback ermöglicht es dem Einzelnen, den Bereich des *Blinden Flecks* zu verkleinern und mehr Aspekte seines Handelns und Wirkens in den für ihn wahrnehmbaren Bereich zu überführen. Er hat dabei die Möglichkeit zu entscheiden, ob dieser bislang nur von anderen wahrnehmbare Aspekt weiter der öffentlichen Wahrnehmung zugänglich sein soll, indem er sein Verhalten nicht verändert, oder ob er diesen Aspekt seines Wirkens zukünftig der privaten Person zuordnet, und den anderen durch eine Verhaltensänderung von dessen Wahrnehmung ausschließt.

Ein Pfarrer, der im Feedback mitgeteilt bekommt, dass er durch einen unsteten Blick während der Begrüßung nervös auf andere wirkt, kann durch bewusste Lenkung der Blicke diesen Eindruck zukünftig vermeiden. Er ist dabei immer noch nervös, dies ist jedoch für die anderen nicht mehr so offensichtlich. Er hat so die Möglichkeit, seine Wirkung stärker in Deckung mit seinem Selbst- und Rollenverständnis zu bringen und sein Rollenverhalten bewusster zu gestalten. Das Feedback gibt dem Einzelnen so – neben zusätzlichen Perspektiven der Selbstwahrnehmung – auch erweiterte Handlungsmöglichkeiten in der Gestaltung der eigenen Rolle. Diesen Erkenntnis- und Kompetenzgewinn erfahren viele Pfarrerinnen und Pfarrer als persönliche Stärkung.

Unter uns Kollegen

Diese in erster Linie personbezogene Form des Feedbacks verlangt ein stabiles, vertrauensvolles Setting und eine hohe Kompetenz in der Wahrnehmung und Formulierung des Feedbacks. Die normale Gottesdienstgemeinde ist damit überfordert. Pfarrerinnen und Pfarrern stehen jedoch in ihren Kolleginnen und Kollegen Menschen zur Verfügung, die wie niemand sonst über Erfahrung und Wissen im gottesdienstlichen Bereich verfügen und dies mit seelsorglicher Kompetenz verbinden. Sie verfügen damit über die notwendigen Kompetenzen nicht nur für ein erfahrungsgesättigtes und fachlich fundiertes Feedback auf den Gottesdienst, sie sind auch besonders geschult, die personbezogenen Anteile einer solchen Rückmeldung wahrzunehmen, zu reflektieren und hilfreich und stärkend umzusetzen. Diese Kompetenzen nutzt das Rückmeldeinstrument der *Kollegialen Hospitation*, bei dem sich Pfarrerinnen und Pfarrer in Gruppen von vier bis sechs Kollegen gegenseitig etwa einmal im Jahr im Gottesdienst besuchen und sich anschließend in einer verabredeten Form Rückmeldung geben. In der *Kollegialen Beratung* dagegen treffen sich diese Gruppen zur gegenseitigen Rückmeldung auf bestimmte, nicht nur gottesdienstliche Situationen, die einer der Teilnehmer schildert, ohne dass vorher ein Gottesdienstbesuch stattgefunden hat.

Kollegiale Hospitation und Beratung ist das Thema, das in der Arbeit des Qualitätszentrums bei Pfarrerinnen und Pfarrern zurzeit auf das größte Interesse stößt, und im Anschluss an ein Einführungs- und Erprobungsseminar verabreden sich erfahrungsgemäß mindestens zwei Drittel der Beteiligten zu Hospitations- oder Beratungsgruppen.[20] Die dabei

20 Vgl. Leonie Grüning/Gudrun Mawick, Kollegiale Beratung im Pfarramt. Ein

vorgestellte Gesprächstechnik ist angelehnt an das *Heils-bronner Modell* aus dem Bereich der pädagogischen Arbeit, eignet sich sowohl für Hospitations- wie für Beratungssituationen und kann auch in Situationen eingesetzt werden, in denen nur ein Teil der Gruppe den zu besprechenden Gottesdienst miterlebt hat.

Auch Pfarrerinnen und Pfarrer, die mit Rückmeldegruppen in ihrer Ausbildungsphase nicht nur gute Erfahrungen gemacht haben oder die Rückmeldungen vor allem von Emeriti bislang nicht als hilfreich und stärkend erlebt haben, sind überzeugt und teilweise regelrecht begeistert von der geschwisterlichen, einfühlsamen, zugewandten und stärkenden Atmosphäre, in der sie an ihrer Person orientierte, fachlich fokussierte und praxisrelevante Rückmeldung erhalten. Kollegiale Hospitation ist, anders als in der Ausbildungssituation, eine Begegnung auf Augenhöhe, sie ist nicht hierarchisch und vermeidet so, dass Feedback in Situationen mit hierarchischem Ungleichgewicht „als besonders subtiler und wirkungsvoller Machtmechanismus" erlebt wird, „gegen den man sich noch weniger wehren kann".[21] Kollegiale Hospitation stützt so auch die Gemeinschaft von Pfarrerinnen und Pfarrern, z. B. im Kirchenkreis, und beugt der Vereinzelung im Amt vor. Sie nutzt die vorhandenen einzigartigen gottesdienstlichen und seelsorglichen Kompetenzen der Pfarrerinnen und Pfarrer; die ganze Gruppe, nicht nur die beratene Fokusperson, erlebt sich in diesem Miteinander als kompetent – eine Erfahrung, die Freude vermittelt und stärkend und aufbauend wirkt.

Erfahrungsbericht, in: Thema Gottesdienst 31/2010, 30–37; Renate Fallbrüg, Qualität pastoraler Arbeit. Erfahrungsbericht eines Projekts, in: Deutsches Pfarrerblatt 4/2010, 222–225.

21 Leuck, a. a. O. (Anm. 17), 122.

Eine besondere Form der kollegialen Beratung stellt das *Gottesdienst-Coaching* dar, für das in einigen Landeskirchen Pfarrerinnen und Pfarrer konzentrierte Fortbildungen in gottesdienstlichen Fragen, liturgischer Präsenz sowie Coaching- und Beratungstechniken erhalten. Diese ausgebildeten *Gottesdienst-Coaches* oder *-berater* arbeiten mit Pfarrerinnen und Pfarrern vor Ort an ihrem gottesdienstlichen Handeln, geben qualifiziert Rückmeldung, erarbeiten mit ihnen bei Bedarf Handlungsalternativen oder helfen bei der Etablierung neuer Handlungsformen. Bei ihnen verbindet sich der Blick von außen mit einer hohen gottesdienstlichen und beraterischen Kompetenz, der kollegialen Kenntnis der Berufs- und Arbeitssituation und Erfahrungen aus eigener langjähriger gottesdienstlicher Arbeit. Sie bieten in der persönlichen Eins-zu-Eins-Begegnung einen geschützten Raum für intensive Arbeit an situations- oder personenspezifischen Herausforderungen, stehen über einen längeren Zeitraum als rückmeldendes Gegenüber und kompetenter Gesprächspartner zur Verfügung und können auf diese Weise einen intensiven persönlichen Entwicklungs- und Gestaltungsprozess begleiten.

Das kann auch gelingen, wenn einem Pfarrer oder einer Pfarrerin die Arbeit mit einem Coach durch die Superintendentin, den Kirchenvorstand oder im Rahmen einer Visitation nahegelegt wurde, weil im gottesdienstlichen Handeln Defizite oder eingefahrene Muster wahrgenommen wurden. Voraussetzung dafür ist, dass der Coach sicherstellt, dass er in seiner Arbeit nur den Bedürfnissen und Möglichkeiten seines Klienten verpflichtet ist, denn im Gottesdienst-Coaching geht es nicht um die Anpassung des Einzelnen an vorgegebene Rollen- und Handlungsmuster, sondern um die Stärkung des Einzelnen in seiner Persönlichkeit und theologischen Ausrichtung auf der Grundlage seiner individuellen Gaben.

Ist Feedback vom Übel?

Vor allem in den zuletzt genannten Zusammenhängen, als Instrument der Personalführung und -entwicklung ist Feedback in die Kritik geraten. Die Funktion des Feedback „liege in der Nötigung zur Selbstreflexion, die wiederum zu verbesserter Selbststeuerung führen soll"[22]. Damit werde eine „unabschließbare Dynamik der Selbstoptimierung in Gang"[23] gesetzt: „Das Gebot ‚Erkenne dich selbst!' (im Blick der Anderen) wie auch die Nötigung, sich selbst zu optimieren (auf der Grundlage aggregierter Fremdwahrnehmungen)"[24] führten zu „strukturelle[r] Überforderung", die den Einzelnen „in einem Zustand fortwährender Kritisierbarkeit" hält und eine „Daueranspannung" erzeugt, „die ihn niemals zur Ruhe kommen lässt"[25]. Feedback sei damit ein Instrument einer gesamtgesellschaftlich wahrnehmbaren Subjektivierungsstrategie, die in Form des „unternehmerischen Selbst" auch zu einer „Ökonomisierung aller sozialen Beziehungen – einschließlich der zu sich selbst"[26] führe.

Die soziologische Analyse zeige, dass „die Theorien und Programme unternehmerischer (Selbst-)Mobilisierung in die unterschiedlichsten Bereiche des Sozialen diffundieren und über politische Fraktionierungen und soziale Milieus, über Disziplingrenzen und fachliche Zuständigkeiten hinweg fraglose Plausibilität beanspruchen"[27]. Diese Grenzüber-

---

22 Ulrich Bröckling, Das unternehmerische Selbst. Soziologie einer Subjektivierungsform, Frankfurt a. M. 2007, 239.

23 A. a. O., 239.

24 A. a. O., 241 f.

25 A. a. O., 244.

26 A. a. O., 243.

27 A. a. O., 50.

schreitung des ökonomischen „Subjektivierungsregime[s]"[28] wird auch im Hinblick auf die Religion und hier insbesondere auf die evangelische Kirche festgestellt, die sich vor allem im Papier „Kirche der Freiheit" und dort beispielhaft mit seiner Orientierung am Qualitätsbegriff, diesem „Primat der Ökonomie"[29], ausgeliefert habe. Es werde dabei nicht reflektiert, dass „der Religion die Applikation der ökonomischer [sic!] Sprache und Logik nicht äußerlich bleibt, sondern sie immer mehr in den Bann des Ökonomiesystems und seiner Rationalität zieht"[30].

Die dieser Kritik zugrunde liegende Analyse anhand der Luhmannschen Systemtheorie, die die Eigengesetzlichkeit und Eigensprachlichkeit der jeweiligen Systeme behauptet, zwingt dazu anzunehmen, dass „eine theologische oder religiöse Sprache [...] sich nicht in eine ökonomische Sprache übersetzen" lässt. „Beide Semantiken sind durch ganz unterschiedliche Formen der Rationalität geprägt und deshalb inkompatibel."[31] Diese Inkompatibilität führt in dieser Argumentation folgerichtig dazu, dass das ökonomische System im theologischen Diskurs in religiöser Sprache als eine Macht charakterisiert wird, die „in den Bann [...] zieht"[32]. Weil die Rationalitäten nicht kompatibel sind, wird das ökonomische System in theologischer Logik dämonisiert. Dies führt letztlich sogar zu Argumentations- und Denkverboten im theologischen Diskurs: „Über den Nutzen religiöser Handlungen darf nicht reflektiert werden"[33]. In diesem dualisti-

---

28 A. a. O., 39.

29 A. a. O., 52.

30 Isolde Karle, Kirche im Reformstress, Gütersloh 2010, 109.

31 A. a. O., 116.

32 A. a. O., 109.

33 Jens Schlamelcher, Unternehmen Kirche? Neoliberale Diskurse in den deutschen Großkirchen, in: Walter Ötsch/Claus Thomasberger (Hg.), Der

schen Gegenüber können sich Kirche und Theologie zum ökonomischen System nur in Widerstand oder Ergebung verhalten, ein wissenschaftlich-erprobender oder auch nur fantasievoll-spielerischer Umgang mit dessen Sprach- und Denkfiguren liefert sie notwendig dessen „Bann" aus. Da scheinen die Kinder der Welt unter ihresgleichen immer noch klüger zu sein als die Kinder des Lichts, die noch immer nicht gelernt haben, mit dem ungerechten Mammon und seiner Eigenrationalität souverän umzugehen. Überraschend an diesen Denkfiguren ist, wie selbstverständlich sie davon ausgehen, dass „die Übernahme ökonomischer Sprache und Paradigmen" dazu führt, dass „religiöse Begriffe profanisiert und banalisiert werden"[34], eine Befürchtung, die z. B. den biblischen Gleichnissen fremd ist und wenig Vertrauen in die Macht der Eigengesetzlichkeit Gottes und seines Wortes zeigt. Könnte die Theologie nicht damit rechnen, zumindest aber darauf vertrauen, dass der, dem alles unter die Füße getan ist, auch auf der Grundlage ökonomischer Sprache und Rationalitäten standhaft bleibt und beständig seine Macht erweist? Woher kommt nur der Kleinglaube, das Gesetz Gottes müsse gegenüber dem Gesetz des Marktes notwendig den Kürzeren ziehen? Mag der Glaube die Kraft des Wortes Gottes nicht erkennen, nur weil er nicht über den Augenschein der soziologischen Analyse hinausblicken mag? Als gäbe es Bereiche unseres Lebens, in denen wir nicht Jesus Christus, sondern anderen Herren zu eigen wären.

Ist also auch ein Feedback im kirchlichen Kontext eine Selbstauslieferung an das Subjektivierungsregime des ökonomischen Systems und seine Selbstoptimierungsspirale,

---

neoliberale Markt-Diskurs, Marburg 2009, 213–256, 258, zit. bei Karle, a. a. O. (Anm. 30), 111.

34 Karle, a. a. O. (Anm. 30), 116.

die notwendig zur Überlastung des Einzelnen führt? Tatsächlich lässt sich wohl auch der christliche Glaube als ein Subjektivierungsregime verstehen, das auf die Selbstoptimierung des Einzelnen zielt, die in den Forderungen nach Buße und Heiligung gefasst ist. Zugleich bekennt er die Wirklichkeit des Menschen als Sünder, der selbst das Gute, das er vollbringen mag, nicht aus eigener Kraft vollbringen kann. Diese Spannung von forderndem göttlichen Gesetz und sündhafter menschlicher Schwachheit, worin der Mensch notwendig den Tod finden muss, wird durch die Zusage der Rechtfertigung aus Gnaden allein so aufgelöst, dass daraus dem Menschen eine neue Lebensmöglichkeit eröffnet wird. Dieses neue Leben im Licht der Rechtfertigungsbotschaft, die Existenz als *simul iustus et peccator*, als Sünder und Gerechtfertigter zugleich, ist ein Leben, in dem die Tod bringende Spannung von Gesetz und Sünde durch die das Leben bestimmende Spannung von Rechtfertigung und Heiligung abgelöst wird. Der gerechtfertigte Sünder weiß, dass er aus der Todesforderung des Gesetzes entlassen ist, zugleich spürt er voller Dankbarkeit die Kraft des Heiligen Geistes, die ihn zur Neuausrichtung seines Lebens befähigen will.

Die Forderungen des Gesetzes Gottes haben ihre Todeswirksamkeit verloren und eine neue Lebenswirksamkeit erlangt in seiner erneuerten Existenz als Gerechtfertigter, der er dankbar Raum gibt. Er muss kein anderer werden, um als geliebter Mensch vor Gott zu stehen, aus der Kraft der Liebe Gottes erwächst ihm zugleich die Freiheit, eine neue, liebevolle Existenz auf Gott und den Nächsten hin zu gestalten. Der gerechtfertigte Sünder weiß um die notwendige Unvollkommenheit und Fehlerhaftigkeit seines Handelns, zugleich bemüht er sich voll Dankbarkeit gegenüber Gottes Güte um die Güte seiner eigenen Werke. Er bemüht sich in seinem Sein und Tun um stetige Umkehr zum Besseren, nicht aus Angst oder Ruhmsucht, nicht zur Verbesserung seiner Marktfähigkeit oder in der Hingabe an die unbarmherzige ökonomistische Eigengesetzlichkeit, sondern in Dankbarkeit und Freiheit in der Hingabe an seinen gnädigen Gott.

An der Botschaft von der Rechtfertigung zerbricht so jede unheilvolle Dynamik der Selbstoptimierung, sie immunisiert gegen die scheinbare Eigengesetzlichkeit des unternehmerischen Selbst und befreit zu einer dankbaren Wahrnehmung und zu verantwortlichem Einsatz der eigenen Gaben und Charismen. In der durch die Rechtfertigung gestifteten Freiheit kann es auch gelingen, Wahrnehmungs- und Handlungsinstrumente aus den Vollzügen der Welt in den Dienst des Evangeliums zu nehmen und zur Ehre Gottes und zum Nutzen des Menschen zu gebrauchen. In diesem Gebrauch durch den gerechtfertigten Sünder, gleichsam einem *tertius usus* weltlicher Instrumente, sind diese aus ihrer möglicherweise unheilvollen Einbindung in weltliche Zusammenhänge und Gesetzmäßigkeiten befreit und als Instrumente zur Verkündigung des befreienden Wortes Gottes und des Dienstes seiner Gemeinde nutzbar. Kriterium ihrer Nutzbarkeit ist nur noch die Nützlichkeit zum Aufbau der Gemeinde.

In dieser Freiheit können auch Instrumente des Qualitätsmanagements oder der Rückmeldekultur in einem *tertius usus* von der Gemeinde der gerechtfertigten Sünder in den Dienst des Evangeliums genommen werden.

Gerechtfertigtes Feedback

Feedback in der Gemeinschaft der gerechtfertigten Sünder geschieht dementsprechend im Bewusstsein der notwendigen Unvollkommenheit aller Beteiligten: Es weiß um die Begrenztheit der Wahrnehmungen der Feedbackgeber und um die begrenzten Handlungs- und Gestaltungsmöglichkeiten des Menschen, der Feedback erhält. Es strebt nicht nach einem Ideal der individuellen Vollkommenheit, sondern dient nur der Verkündigung des Evangeliums und dem Aufbau der Gemeinde. Es nimmt das Gegenüber als von Gott einzigartig geschaffenen und bedingungslos geliebten Menschen wahr und schätzt und achtet die ihm von Gott gegebenen Gaben.

Feedback zum Gottesdienst richtet sich deshalb nicht auf eine Veränderung der Person oder Persönlichkeit, sondern nur auf die Befähigung der Beteiligten zur Nutzung ihrer Gaben in ihrem Dienst an Wort und Sakrament. In dieser Gabenorientierung ist es ein Instrument zur Zurüstung der Heiligen zu ihrem Dienst am Wort Gottes (Eph 4,12). Es ist dankbar für den Dienst und die Gaben der beteiligten Menschen und hat damit Teil am Lob der Schöpfermacht Gottes. Feedback vertraut auf die Wirksamkeit des Heiligen Geistes in, mit und unter allen menschlichen Worten und Taten. Es ist sich bewusst, dass jede Rückmeldung auf ein gottesdienstliches Geschehen deshalb auch immer eine Rückmeldung auf Gottes Handeln ist, und vertraut darauf, dass Gott dies als Antwort des glaubenden Menschen auf sein befreiendes Wort gnädig in seinen Dienst nimmt; es geschieht zur Ehre Gottes und zum Wohle der Menschen.

Feedback, das in diesem Sinne gegeben wird, stärkt mich in meinem Dienst, indem es mir hilft, mich selbst als Diener am Wort wahrzunehmen. Es hilft meiner Schwachheit auf, indem es mich erleben lässt, dass mein unvollkommenes Handeln durch die Hilfe des Heiligen Geistes Früchte trägt. Es zeigt mir die Grenzen meines Handelns und hilft mir, die notwendige Begrenztheit meines Wirkens anzuerkennen. Dadurch wirkt es entlastend statt überlastend. Es ist ein Spiegel meiner Verkündigung, indem es mir hilft, mich in meinen Gaben und meinen Grenzen als gerechtfertigter Sünder wahrzunehmen. So ist Feedback ein Zeuge dafür, dass das Wort Gottes nicht leer zurückkommt. Auch nicht zum Herrn Pastor.

Anwendungen

Swantje Eibach-Danzeglocke

Qualitätsstandards für den Gottesdienst – Ein Weg zur Stärkung von Kompetenzen ehrenamtlich Mitarbeitender

Ein Erfahrungsbericht aus der Evangelischen Studierendengemeinde Aachen

1. Eine Szene aus dem Leben der Gemeinde

„Was steht denn dazu in unseren Standards?" – Diese Frage brachte mir eine Studentin aus dem Gottesdienst-Team entgegen, als ich laut überlegte, ob im kommenden Gottesdienst nicht einmal die Lieder von einem Gitarristen begleitet werden könnten. Die beiden Studentinnen, die sich den Pianistinnen-Dienst in den Gottesdiensten der Evangelischen Studierendengemeinde (ESG) Aachen zurzeit teilen, hatten beide abgesagt und ich stand vor der Aufgabe, einen Ersatz zu finden. Dabei war mir der Student eingefallen, der so gut Gitarre spielt – und ich hielt den Einsatz eines Gitarristen für eine schöne Abwechslung.

In den Gottesdienst-Standards der ESG Aachen ist jedoch unter Standard Nr. 18 „Musik: Gemeindegesang" folgender Satz zu finden: „Die Lieder werden am Klavier begleitet." Damit war die von mir als Pfarrerin angezettelte Diskussion im Gottesdienst-Team beendet und ich machte mich in den folgenden Tagen auf die Suche nach einer Klavier-Vertretung.

Diese kleine Szene zeigt, wie die in einer Gruppe erarbeiteten *Qualitätsstandards für den Gottesdienst* die Position ehrenamtlich Mitarbeitender im Gegenüber zur Pfarrerin unterstützen. Darüber hinaus soll in diesem Artikel herausgearbeitet werden, in welcher Weise die Erarbeitung und

Umsetzung von *Qualitätsstandards für den Gottesdienst* zu einer Stärkung von Kompetenzen ehrenamtlich Mitarbeitender führen.[1]

2. Gottesdienstarbeit in der Evangelischen Studierendengemeinde Aachen

Seit September 2010 arbeitet die ESG Aachen in der Vorbereitung und Durchführung der Gottesdienste mit *Qualitätsstandards für den Gottesdienst*.[2] Die Standards wurden im Rahmen eines Modellversuchs der Evangelischen Kirche im Rheinland (EKiR) über den Zeitraum von eineinhalb Jahren, begleitet durch zwei Berater der Gemeindeberatung/Organisationsentwicklung der EKiR, von einer Projektgruppe erarbeitet. Der Projektgruppe gehörten acht Studierende und die ESG-Pfarrerin an. Sechs der mitarbeitenden Studierenden waren gleichzeitig Mitglieder im Gottesdienst-Team der ESG, das alle Gottesdienste gemeinsam mit der Pfarrerin vorbereitet.

Ausgangspunkt der Erarbeitung war der Wunsch in der Studierendengemeinde, eine qualitätsvolle Gottesdienstarbeit zu etablieren. Im Unterschied zu Parochialgemeinden verfügen viele Evangelische Studierendengemeinden aufgrund ihrer Geschichte weder über eine gewachsene Gottesdiensttradition noch über eine Infrastruktur, die re-

---

1 Vgl. hierzu die EKD-weite Diskussion um das Ehrenamt. Beispielsweise ist die Ankündigung einer Ökumenischen Tagung vom 30.9.–1.10.2011 überschrieben mit „Ehrenamt stärkt Kompetenz und Qualifikation".

2 Studierendengottesdienste „Zwischen Himmel und Erde" in der ESG Aachen. Standards entwickelt im Qualitätsmanagementprozess 2009/2010. Unveröffentlichtes Arbeitspapier. Als Download unter <www.esg.rwth-aachen.de>.

gelmäßige Gottesdienste gewährleistet (Gottesdienstraum, Kirchenmusik, Küster ...). Nichts ist selbstverständlich. Für Studierende, die Kontakt zu einer Evangelischen Studierendengemeinde suchen, ist es dagegen selbstverständlich, dass sie ein Gottesdienst-Angebot erwarten. Gleichzeitig sind Studierendengemeinden aufgrund der immer kürzer werdenden Studienzeiten von einer großen Fluktuation der Gemeindeglieder geprägt – die aktive Zeit von Studierenden in der Gemeinde beträgt etwa zwei bis drei Jahre. Somit ist hier keine personelle Kontinuität gewährleistet. Die Einzige, die etwas mehr Kontinuität stiften kann, ist die ESG-Pfarrerin, die zurzeit in der EKiR einen Dienstauftrag für acht Jahre hat. Diese Kontinuität wurde aber in der ESG Aachen als nicht ausreichend empfunden, denn der Gottesdienst ist Sache der Gemeinde[3] und sollte daher eine breite Basis haben.

Gleichzeitig sind die Evangelischen Studierendengemeinden sehr deutlich umgrenzte Zielgruppengemeinden: Hier treffen sich Menschen im Alter zwischen 18 und 30 Jahren, die an den Hochschulen der Stadt studieren. Sie stehen alle gleichermaßen unter großem Leistungsdruck und müssen Prüfungen erfolgreich bestehen. Hinzu kommt die in der Regel ebenfalls in diese Lebensphase fallende Herausforderung der persönlichen Orientierung und Weichenstellung: Wie möchte ich in fünf oder zehn oder 15 Jahren leben? Wie und wo möchte ich arbeiten? Mit wem möchte ich zusammenleben?

Es bietet sich also an, Gottesdienste für Studierende an einem Hochschulort sehr genau auf deren Bedürfnisse aus-

---

3 Vgl. Leitlinie 1 im Evangelischen Gottesdienstbuch: „Der Gottesdienst wird unter der Verantwortung und Beteiligung der ganzen Gemeinde gefeiert." Zur herausragenden Bedeutung der Leitlinie 1 vgl. Gerd Kerl, Mitwirkende im Gottesdienst, in: Christian Grethlein/Günter Ruddat (Hg.), Liturgisches Kompendium, Göttingen 2003, 213–231, 221.

zurichten und eine Gruppe von Studierenden als Teilmenge der Zielgruppe in die Vorbereitung und Gestaltung einzubeziehen. Solch ein Gottesdienst-Team existiert in der ESG Aachen seit Januar 2008.[4] Dieses Team hat es sich zur Aufgabe gemacht, Lebensthemen von Studierenden in angemessener Form im Gottesdienst zur Sprache zu bringen und in einen Dialog mit biblischen Texten und christlichen Traditionen zu bringen.[5]

Es zeigte sich jedoch schnell, dass gerade die Frage nach der angemessenen Form der Gottesdienste eine große Herausforderung darstellte. Denn die Studierenden, die sich hier mit einem gemeinsamen Ziel trafen, kamen aus den

---

4   Das Team bereitet die Studierendengottesdienste „Zwischen Himmel und Erde" vor. Die Gottesdienste finden einmal monatlich sonntags um 18 Uhr statt. Anschließend wird zum gemeinsamen Abendessen eingeladen.

5   Vgl. Standard Nr. 14, „Gottesdienststruktur – Themengottesdienst": „Jeder Gottesdienst hat ein Thema, das im Voraus durch das Gottesdienstteam festgelegt und auf den Plakaten veröffentlicht wird. Die Themen sollen zur aktuellen Lebenssituation der Studierenden passen und können daher aus aktuellen Anlässen angepasst werden. Das Thema zieht sich durch die verschiedenen Teile des Gottesdienstes hindurch und wird in verschiedenen gottesdienstlichen Texten aus der Sicht der Vorbereitungsgruppe und aus Sicht der Bibel zum Ausdruck kommen. Mögliche Formen hierfür sind Meditation, Anspiel, Aktion – so wie es sich aus der Vorbereitung des Gottesdienst-Teams ergibt." Ergänzend hierzu das Statement einer Studentin aus der Pilotgruppe: „Welchen Standard ich am wichtigsten finde, kann ich eigentlich gar nicht so genau sagen, da ein Standard alleine aus einem Gottesdienst keinen guten Gottesdienst machen würde. Der Standard, der für mich vielleicht noch am ehesten das Konzept widerspiegelt, das wir uns bei der Erarbeitung vorgestellt haben, ist der Standard ‚Themengottesdienst'. Wir wollen erreichen, dass jeder Gottesdienst in sich geschlossen ist, aber dass man gleichzeitig ein Konzept entdeckt, das über alle Gottesdienste konstant bleibt. Außerdem wird hier klar, wen wir mit diesen Gottesdiensten ansprechen wollen: Euch, die Studierenden und alle, die sich noch als solche fühlen."

unterschiedlichsten protestantischen Traditionen: aus verschiedenen lutherischen, reformierten und unierten Landeskirchen der EKD, aus Kamerun und aus einer Hausgemeinde in China.

So machte die Gruppe sich zunächst in mehreren Werkstatt-Tagen auf den Weg, den Gottesdienst für die ESG Aachen zu entwickeln. Da aber alles in der Gruppe verhandelt und festgelegt werden musste, war dieser Prozess noch längst nicht abgeschlossen, als nach drei Monaten Vorlauf der erste Gottesdienst gefeiert wurde. Denn bei jeder Entscheidung galt es, die verschiedenen Traditionen, die die Team-Mitglieder mitbrachten, kennen zu lernen, zu verstehen, theologisch nachzuvollziehen und dann eine Entscheidung mit Blick auf die Zielgruppe „Studierende in Aachen" zu treffen. Diese Vorgehensweise war sehr aufwändig und nicht an allen Stellen sofort zu leisten, so dass wir zunächst mit vielen „Provisorien" gearbeitet haben: „Wir probieren das am Sonntag so aus, wie Willie es vorschlägt, und werden dann in der nächsten Woche reflektieren, ob das für uns der richtige Weg ist." So sah die Realität zu Beginn der ESG-Gottesdienste in Aachen häufig aus. Denn es war von Anfang an ein demokratischer Prozess, in dem jedes Team-Mitglied mit seinen Vorstellungen und Bedürfnissen ernst genommen wurde und in dem ich als Pfarrerin Beraterin und Moderatorin war, aber Entscheidungen des Teams nicht vorgegriffen habe.

3. Teilnahme am Pilotprojekt „Qualitätsverbesserung kirchlicher Arbeit" der Evangelischen Kirche im Rheinland

Im Frühjahr 2009 bot sich die Möglichkeit, an einem Modellversuch der EKiR zur Qualitätsverbesserung kirchlicher Arbeit teilzunehmen. Vor dem Hintergrund der oben geschilderten Situation war es in der ESG Aachen schnell Konsens, dass der Versuch des Qualitätsmanagements im Arbeitsfeld Gottesdienst angesiedelt werden sollte.

Der Prozess zur Qualitätsverbesserung verlief in drei Schritten:

3.1 Durchführung des „Qualitäts-Checks"

Dem Modellversuch der EKiR zur Qualitätsverbesserung kirchlicher Arbeit lag das Modell des Qualitäts-Checks zugrunde.[6] In diesem Modell werden die Erwartungen/Anforderungen der Nutzer eines kirchlichen Angebotes in Relation gesetzt zu ihrer Zufriedenheit mit dem vorhandenen Angebot. Zwischen diesen beiden Polen findet sich ein Regelkreis, der die Steuerungsmöglichkeiten für die Angebote benennt (Verantwortung der Leitung, fachliche, personelle, finanzielle Möglichkeiten, Realisierung von Angeboten, Messung, Auswertung, Verbesserung). Über den Steuerungsmöglichkeiten steht in der kirchlich adaptierten Form des Modells der „Kirchliche Auftrag". Dieser stellt sicher, dass in der Beschäftigung mit den Anforderungen und der Zufriedenheit der Nutzer – in unserem Fall – Gottesdienste auch Gottesdienste bleiben, in denen „das Evangelium einträchtig im reinen Verständnis gepredigt und die Sakramente dem göttlichen Wort gemäß gereicht werden"[7].

---

6 Claudia Zimmer/Horst Leske, Qualitäts-Check kirchlicher Arbeit. Unveröffentlichtes Arbeitspapier der EKiR, 2008, 1: „Der Qualitäts-Check setzt die Spannung zwischen Auftragsvergewisserung und Teilnehmendenorientierung in einem Steuerungskreislauf mit Qualitätselementen um. Er nutzt dabei die Systematik des Prozessmodells nach ISO 9001:2000."

7 CA VII.

Qualitäts-Check: Das Schema

Der Qualitäts-Check zeigt Verbesserungspotenziale in der qualitativen Arbeit von Organisationen (Gemeinden, Kirchenkreisen, Einrichtungen …) auf.
Es geht nicht um die Einführung eines Qualitätsmanagementsystems (QMS). Der Check kann aber als Grundlage dafür dienen.

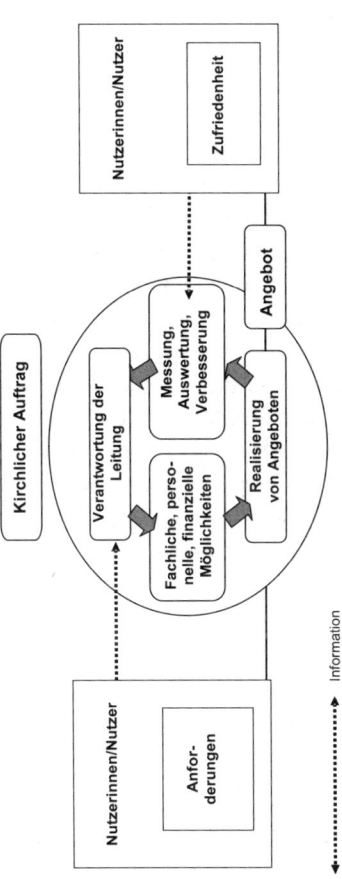

Nutzerinnen/Nutzer

Anforderungen

Kirchlicher Auftrag

Verantwortung der Leitung

Fachliche, personelle, finanzielle Möglichkeiten

Messung, Auswertung, Verbesserung

Realisierung von Angeboten

Angebot

Nutzerinnen/Nutzer

Zufriedenheit

••••••► Information

Legende:

Nutzerin/Nutzer	= z.B. Gemeindeglieder, Teilnehmende	
Real. von Angeboten	= Prozesse bei der Entwicklung u. Umsetzung von Angeboten	
Angebot	= z. B. Gottesdienst und Kasualien	
Messung, Auswertung,…	= Verfahren zur Messung der Zufriedenheit mit den Angeboten	
Verantwortung der Leitung	= Relation zwischen Auftrag und Mitgliederzufriedenheit	
Fachl., pers. finanz. Möglichkeiten	= Schlussfolgerung der Leitung: Ressourcen, Personal	

Quelle: Evangelische Kirche im Rheinland

247

In der ESG Aachen stellten wir uns zunächst die Frage, wie wir die Zufriedenheit der Gottesdienstbesucherinnen und -besucher messen könnten. Mein erster Vorschlag als Pfarrerin war: „Wenn die Zahl der Gottesdienstbesucherinnen und -besucher auf 70–100 steigt." Dieser Vorschlag stieß bei den Studierenden auf Ablehnung. Denn die Form von Gottesdienst, die sie gerne feiern wollten, wird ab einer Zahl von über 50 Besucherinnen und Besuchern schwierig.[8] Für diese Studierenden als Teil der Zielgruppe ist es wichtig, dass sie als Gottesdienstbesucher wahr- und ernst genommen werden und die Möglichkeit haben, mit den anderen Studierenden über den Gottesdienst hinaus (beim gemeinsamen Abendessen) Gemeinschaft zu leben. Wir einigten uns also auf die Zielzahl von 40–50 regelmäßigen Besucherinnen und Besuchern. Den Studierenden selbst war die Zahl überhaupt nicht wichtig. Da ihnen das Thema „Gemeinschaft erfahren" so sehr am Herzen lag, beschäftigten sie sich vor allem mit der Frage: „Wie kann eine Gemeinschaft als enge Gemeinschaft erlebt werden und trotzdem offen für neu Dazukommende sein?" Daher war der zweite Aspekt, unter dem die Zufriedenheit der Nutzerinnen und Nutzer gemessen werden sollte, die Frage, „ob neue Gottesdienstbesucherinnen und -besucher wiederkommen".[9]

---

8 Vgl. Standard Nr. 10, „Rahmen – Raumgestaltung": „Ziel: Unterbringung aller Gottesdienstbesucher und eine feierliche Atmosphäre", „Stuhlkreis". Auch das gemeinsame Abendessen, das im Anschluss an den Gottesdienst zum Konzept dazugehört, würde bei einer regelmäßigen Besucherzahl von über 50 nicht mehr so leicht zu leisten sein.

9 Als bewusste Maßnahme hierfür ist im Standard Nr. 8, „Akteure: Besucherinnen und Besucher" festgehalten: „Die Besucherinnen und Besucher sind willkommener Teil der Gottesdienstgemeinde. Die Mitglieder des Gottesdienst-Teams achten darauf, dass sie freundlich empfangen werden. Damit die Besucher im Gottesdienstgeschehen orientiert sind, wird in der Begrüßung auf das Einlegeblatt im Gesangbuch mit dem Gottes-

3.2 Umfrage in Bezug auf den Sonntagabendgottesdienst: Korrekturen des eigenen Verständnisses

Obwohl die Projektgruppe bereits ein Teil der Zielgruppe für die Gottesdienste „Studierende in Aachen" war, wurde bald deutlich, dass eine größere Datenbasis benötigt wurde. Die Studierenden, die sich in der Projektgruppe engagierten, waren durchweg kirchlich sozialisiert und hatten Erfahrungen mit Gottesdiensten. Daher wurde im zweiten Schritt in der Gruppe ein Fragebogen erarbeitet, mit dem die Aussagen, die der Projektgruppe zum Thema Gottesdienst wichtig waren, einer größeren Zahl von Studierenden zur Bewertung vorgelegt wurden. Befragt wurden sowohl Studierende, die regelmäßig die ESG besuchten, als auch Studierende in Seminaren der Hochschulen. Letztere wurden durch ihre Dozenten befragt. Insgesamt nahmen 318 Personen an der Befragung teil.

Zum Ergebnis der Befragung sei hier nur auf einige Schlaglichter verwiesen: Die meisten Aussagen der Pilotgruppe stießen bei den Befragten auf Zustimmung. Überraschungen gab es für die Pilotgruppe an zwei Stellen: Die Aussagen „Der Gottesdienst ist für mich Pause vom Alltag"[10] und

---

dienstablauf hingewiesen." Standard Nr. 12, „Rahmen: Nach dem Gottesdienst" betont: „Neue Besucher werden persönlich noch einmal herzlich zum Abendessen eingeladen und bekommen den Weg gezeigt. Hierfür sind zwei Mitglieder des Gottesdienst-Teams zuständig, die vorher festgelegt wurden."

10 Hier waren die kirchlich sozialisierten Mitglieder der Gruppe unbewusst wohl stark von einem in Anlehnung an Schleiermacher entwickelten Gottesdienstverständnis geprägt, das aber von kirchenfernen Menschen nicht mitgetragen wird. Vgl. hierzu: Karl-Heinrich Bieritz, Anthropologische Grundlegung, in: Hans-Christoph Schmidt-Lauber/Michael Meyer-Blanck/Karl-Heinrich Bieritz (Hg.), Handbuch der Liturgik, Göttingen ³2003, 97: „So lässt sich gottesdienstliches Handeln im Anschluss an Friedrich Schleiermacher sehr wohl als ‚darstellende Mitteilung und mitteilende Darstel-

„Im Gottesdienst möchte ich mich aktiv einbringen" stießen bei der Mehrzahl der Befragten auf starke Ablehnung. Große Zustimmung erhielten die Aussagen „Den Gottesdienst möchte ich in einer mich willkommen heißenden Gemeinde feiern", „Im Gottesdienst möchte ich Gemeinschaft erleben" und „Der Gottesdienst soll mich zur (Selbst-)Reflexion anregen". Die mit Abstand größte Zustimmung erhielt die Aussage „Im Gottesdienst ist mir vielfältige und abwechslungsreiche Musik wichtig".

Auffällig ist, dass die Untergruppe derer, die angegeben hatten, Interesse an einem ESG-Gottesdienst zu haben, bisher aber noch nicht teilgenommen hatten, den Aussagen der Pilotgruppe besonders stark zustimmte. Die Bedürfnisse der Vorbereitungsgruppe fanden sich also bei den potenziell erreichbaren Besuchern wieder.

Als Konsequenzen aus der Befragung hat die Gruppe sich anschließend mit folgenden Themen beschäftigt:
- Wer genau ist die Zielgruppe, auf die hin wir den Gottesdienst evtl. verändern möchten?
- Was hindert die am Gottesdienst Interessierten mit den hohen Zustimmungsraten bisher, zum Gottesdienst zu kommen? (Hierin liegt eine Anfrage an die Öffentlichkeitsarbeit.)
- Was ist besondere und abwechslungsreiche Musik? Brauchen wir hierzu professionelle Unterstützung? (Evangelische Studierendengemeinden haben keine Kirchenmusiker.)

---

lung des gemeinsamen christlichen Sinnes' beschreiben (Schleiermacher 145), das seine anthropologische Entsprechung in der Kunst und im Fest findet – in Phänomenen, die das wirksame, ,produktive', effizienzorientierte Handeln (die ,Geschäfts-Tätigkeit', wie Schleiermacher sagt, 6) unterbrechen und Zeit-Räume eigener Art konstituieren, in denen zu Ausdruck und Darstellung gelangt, was Menschen im Innersten bewegt und begründet."

- Durch welche Elemente wird im Gottesdienst Gemeinschaft erfahren? Was behindert Gemeinschaftserfahrun-
  gen?"
- Es muss eine kontinuierliche Feedback-Kultur geben.

3.3 Erarbeiten der Qualitätsstandards
Im dritten Schritt entschied sich die Gruppe, die Erkenntnisse schriftlich zu fixieren, die sie im sehr aufwändigen Prozess
von Durchführung des Qualitäts-Checks und Durchführung
und Auswertung der Befragung gewonnen hatte. Für die
Studierenden war es aufgrund ihrer Erfahrungen in anderen
Kontexten selbstverständlich, dass die Fixierung in der Form
von Qualitätsstandards zu geschehen hatte. Hier ging die
Gruppe arbeitsteilig vor: Zweier-Teams machten Vorschläge
für bestimmte Standards, die dann in der Gruppe diskutiert,
verändert und schließlich zur Abstimmung gestellt wurden. So sind die heute vorliegenden 21 Qualitätsstandards
entstanden. Für die ESG Aachen bilden sie eine verbindliche Grundlage, auf der Gottesdienste vorbereitet und gefeiert werden. Damit ist eine gewisse Kontinuität in Bezug
auf die Gestalt der Studierendengottesdienste gewährleistet. Voraussetzung hierfür ist allerdings, dass das Team,
das die Gottesdienste vorbereitet, aktiv mit den Standards
arbeitet.

Bei der Verabschiedung der Standards wurde auch ent-
schieden, dass bei jedem Vorbereitungstreffen des Gottesdienst-Teams zwei der Standards vorgelesen, diskutiert und
wenn nötig mit einer Mehrheit der Stimmen verändert wer-

---

11 Bis zur Auswertung der Befragung war eine gemeinschaftliche Aktion ein
den vorbereitenden Studierenden wichtiges Element des Gottesdienstes
gewesen. Aufgrund des Ergebnisses der Befragung wurde auf dieses Element verzichtet. Vgl. zur Frage einer angemessenen Beteiligung der Gemeinde im Gottesdienst auch Kerl, a. a. O. (Anm. 3), bes. 224.

den können. Auf diese Weise können neue Erkenntnisse ein-
gearbeitet werden und es besteht die Möglichkeit, dass neue
Mitglieder des Teams mit der Arbeit an und mit den Standards vertraut gemacht werden. Von Oktober 2010 bis Juli
2011 hat eine erste Überarbeitung der Standards stattgefunden, die zu verschiedenen Veränderungen geführt hat. Eine
generelle Revision soll im Sommer 2013 erfolgen.

Die Arbeit mit Qualitätsstandards für den Gottesdienst
endet also nicht mit der Formulierung der Standards, sondern setzt sich fort im regelmäßigen aktiven Gebrauch und
der immer wieder neuen Vermittlung der Standards an
neue Mitglieder des Gottesdienst-Teams.

4. Achtung vorhandener Kompetenzen der Studierenden

Da der Gottesdienst in der ESG Aachen aus oben genannten Gründen durch ein Team ehrenamtlich Mitarbeitender
gemeinsam mit der Pfarrerin gestaltet wird, ist es notwendig, dass das Team als Ganzes die Kompetenzen aufbringt,
die benötigt werden, um den Gottesdienst gut zu gestalten.
Nicht allein die Pfarrerin benötigt die für eine gute Gottesdienstgestaltung erforderlichen Kompetenzen, sondern jedes einzelne Teammitglied bringt seine Kompetenzen in die
Gestaltung des Gottesdienstes ein.[12]

---

12 Dabei wird in der Präambel zu den Qualitätsstandards bewusst auf die
    Unverfügbarkeit des Gotteshandelns im Gottesdienst verwiesen: „Die
    Evangelische Studierendengemeinde (ESG) Aachen lädt Studierende re-
    gelmäßig ein, gemeinsam Gottesdienst zu feiern. Die Evangelische Studie-
    rendengemeinde feiert Gottesdienste in der Hoffnung und im Vertrauen
    darauf,
    – dass im Gottesdienst Gott selber unter uns ist und wir ihm begegnen
       können.

Während die erziehungswissenschaftliche Diskussion in den 1960er und 1970er Jahren unter den Stichworten der Schlüsselkompetenzen noch Sozial-, Methoden und Sachkompetenz verstand,[13] erlebt der Kompetenzbegriff gegenwärtig eine Begriffsausweitung. Als Ergebnis von Bildungsanstrengungen im Zuge des Umbaus des Bildungssystems nach dem Pisa-Schock in Richtung auf eine sogenannte Output-Steuerung wird der Kompetenzbegriff im Sinne einer umfassenden Persönlichkeitsentwicklung des Menschen ausgedehnt. Bei aller Skepsis, die der Output-Orientierung und damit der Ökonomisierung von Bildung entgegengebracht werden kann und soll, halte ich den ursprünglichen Ansatz des Bildungsforschers Eckhard Kliemes für durchaus bedenkenswert, der bei der Persönlichkeit des Menschen einsetzt.[14] Der Kompetenzbegriff wurde im Anschluss an die-

---

- dass das im Gottesdienst Gehörte und Erlebte unseren Blick auf die Welt verändert.
- dass wir im Gottesdienst Hoffnung und Zuversicht geschenkt bekommen.
- dass der Gottesdienst die Möglichkeit bietet, Gott in den Erfahrungen Anderer zu begegnen, die in überlieferten und neuen Texten des Gottesdienstes zur Sprache kommen.

Die Gottesdienste werden von Studierenden für Studierende gemeinsam mit der ESG-Pfarrerin gestaltet. Sie laden ein, in Gemeinschaft mit anderen zu feiern, zu singen, zu beten, Gott zu loben und seine Nähe zu erfahren. Sie orientieren sich an Lebensthemen von Studierenden und regen zur Reflexion im Horizont der Bibel an. Alle Gottesdienstteilnehmer werden eingeladen, die Gemeinschaft der ESG auch über den Gottesdienst hinaus im gemeinsamen Abendessen zu erfahren. Für die Studierendengottesdienste in der ESG Aachen haben wir die folgenden Standards verabredet." (Präambel zu den Qualitätsstandards für den Gottesdienst)

13 Vgl. Heinrich Roth, Pädagogische Anthropologie, Hannover 1971.
14 „Der Output von Bildungssystemen umfasst neben der Vergabe von Zertifikaten im Wesentlichen den Aufbau von Kompetenzen, Qualifikationen, Wissensstrukturen, Einstellungen, Überzeugungen, Werthaltungen – also

se Diskussion vor allem um den Aspekt der „Fähigkeit zu professionellem Handeln" erweitert, der in Folge einer „Zuständigkeit" gemeinsam mit „Sachkenntnis" und „Fachwissen"
die Kompetenz eines Menschen ausmacht.[15]

In der gemeinsamen Gestaltung eines Gottesdienstes
liegt eine eindeutige Output-Orientierung: Ziel ist es, am
letzten Sonntag jedes Monats einen Gottesdienst zu feiern,
der den Bedürfnissen der Zielgruppe „Studierende in Aachen" gerecht wird. Mit dem Aufstellen der Qualitätsstandards ist der Selbstanspruch des professionellen Handelns
der ehrenamtlich Mitarbeitenden im Gottesdienst verbunden. Die benötigte Kompetenz zur Gestaltung eines Gottesdienstes in der ESG Aachen umfasst damit zum einen theologische Sachkenntnis bezüglich des Gottesdienstthemas,
Fachwissen bezüglich der Gestaltung liturgischer Elemente
und die Fähigkeit zum liturgisch professionellen Handeln
(liturgische Präsenz). Zum anderen ist in Bezug auf die Zielgruppe des Gottesdienstes eine gewisse Sachkenntnis bezüglich der Lebensumstände der Zielgruppe „Studierende",
Fachwissen über Kommunikationsstrukturen von Studierenden und die Fähigkeit, beides professionell, das heißt hier:
nicht klischeehaft, im Horizont biblischer Texte zur Sprache

---

von Persönlichkeitsmerkmalen bei den Schülerinnen und Schülern, mit
denen die Basis für ein lebenslanges Lernen zur persönlichen Weiterentwicklung und gesellschaftlichen Beteiligung gelegt ist."
(Klieme-Expertise 2003, 12: <http://www.bmbf.de/pub/zur_entwicklung_
nationaler_bildungsstandards.pdf>; eingesehen am 30.9.2011).

15 Werner Stangl, Begriff Kompetenz unter: <www.stangl.eu/psychologie>,
eingesehen am 4.10.2011: „[...] dass unter Kompetenz in erster Linie die Zuständigkeit oder das Zuständigsein sowie Sachkenntnis, Fachwissen und
Fähigkeit zu professionellem Handeln verstanden wird. Jedoch umfasst
der Begriff auch außerfachliche bzw. überfachliche Fähigkeiten, die häufig
mit Begriffen, wie Methodenkompetenz, Sozialkompetenz oder Personalkompetenz umschrieben werden."

zu bringen. Sozialkompetenz und Personalkompetenz sind in der Begegnung mit Gottesdienstbesuchern vor und vor allem nach dem Gottesdienst von besonderer Bedeutung.

Die Studierenden haben ihre vorhandenen Kompetenzen ebenso in den Qualitätsmanagementprozess selbst wie in die einzelnen Gottesdienstvorbereitungen eingebracht. Zunächst einmal sind alle Teammitglieder (mit Ausnahme der Pfarrerin!) Expertinnen und Experten für die studentische Lebenswelt mit ihren Fragen und Herausforderungen.[16] Als solche bringen sie die Bedürfnisse Studierender immer wieder in die Gottesdienstvorbereitung ein. Beispielsweise stören nicht-studentische Gottesdienstbesucher immer wieder die feierliche Atmosphäre der Gottesdienste und die Ruhe im Gottesdienstraum vor Gottesdienstbeginn, da sie vermuten, dass Studierenden Ruhe und Feierlichkeit nicht so wichtig seien. Für die Studierenden ist die feierliche Atmosphäre des Gottesdienstes aber von großer Bedeutung: Sie entspricht sowohl ihrem Gottesdienst- als auch ihrem Selbstverständnis.[17] In einer feierlichen Gottesdienstatmosphäre fühlen sie selbst sich mit ihrem Glauben und ihrer Person angenommen und ernst genommen. Dieses Beispiel

---

16 Vgl. auch Werner Reich, Art. Die Beteiligung der Gemeinde, in: Schmidt-Lauber u. a., Handbuch der Liturgik (Anm. 10), 787–797, 791: „Welche meiner Lebenserfahrungen können sich mit Kyrie, Gloria usw. verbinden?"

17 Aus dem Statement eines Teilnehmers der Projektgruppe: „Für mich ist der Standard der Raumgestaltung besonders wichtig, denn unabhängig davon, wie später der Inhalt des Gottesdienstes ist (der natürlich noch wichtiger ist), sollten sich die Gottesdienstbesucher schon wohlfühlen, wenn sie den Raum betreten. Dabei ist es wichtig, dass sie in einer warmen, freundlichen und einladenden Atmosphäre ankommen. Eine gewisse Feierlichkeit ist auch wichtig. Dieser erste Eindruck wirkt sich auf den ganzen Rest des Gottesdienstes aus und trägt, denke ich, entscheidend dazu bei, ob spontane Besucher wiederkommen. Daher ist es unser Wunsch, dass der Konferenzsaal auch als Gottesdienstraum geschmückt wird."

zeigt, dass die Kompetenz „Ich bin Student/in" für die Gestaltung von Gottesdiensten für Studierende einen wesentlichen Anwendungsbezug hat. Dies gilt ebenso für alle impliziten und expliziten Bezüge auf die Lebenssituation der
Zielgruppe Studierende. Die Kompetenz der Studierenden
für ihren eigenen Lebensbezug verhindert, dass in den Gottesdiensten Klischees und Pauschalisierungen verwendet
werden.

Viele Studierende aus der Projektgruppe haben bereits
durch Vorerfahrungen in der kirchlichen Jugendarbeit und/
oder als Gottesdienstbesucher eine hohe implizite (und
manchmal auch explizite) liturgische Kompetenz. Sie können berichten, wie sie einzelne Gottesdienstelemente in ihrer Heimatgemeinde kennengelernt und erlebt haben. Im
Gespräch in der Gruppe kommen sie dem theologischen Hintergrund „ihrer" Gottesdienstelemente auf die Spur. In der
Auseinandersetzung mit den Studierenden, die vielleicht
andere Zugangsweisen zu demselben Gottesdienstelement
und zu seiner Funktion haben, reflektieren sie, was ihnen jeweils angemessener erscheint, und können dies dann auch
begründen. Dies geht einher mit der Reflexion und Diskussion biblisch-theologischer und dogmatischer Fragestellungen. Durch die bereits in der Jugend erworbene liturgische
Kompetenz können die ehrenamtlich Mitarbeitenden miteinander ins Gespräch kommen.

Um Gebete und Meditationen für den Gottesdienst erarbeiten und gestalten zu können, bringen die Studierenden
ihre sprachlichen Kompetenzen ein. Gerade in einer Gruppe, die ausschließlich aus Ingenieur- und Medizinstudenten
besteht, ist dies besonders hervorzuheben.[18] Durch die Ar-

---

18 An der RWTH Aachen verteilen sich die Studierenden wie folgt auf die
  Studienfächer: Ingenieurwissenschaften 54 %, Naturwissenschaften 24 %,

beit an gottesdienstlichen Texten werden sprachliche Ausdrucksmöglichkeiten ans Tageslicht gebracht und auch erhalten, die im Studium keinen Raum haben. Die sprachliche Qualität der Texte, die die Studierenden in die Gottesdienste einbringen (besonders auch die ausländischen Studierenden), ist beeindruckend. Gleichzeitig finden die Mitglieder des Gottesdienst-Teams eine Sprache, die ihre Kommilitonen und Kommilitoninnen verstehen. Als Pfarrerin kann ich an dieser Stelle von ihnen lernen und auch zurückfragen, ob meine Sprache beispielsweise für Ingenieurstudenten verständlich ist.

5. Stärkung und Ausbau von Kompetenzen

Allein dadurch, dass sie immer wieder gefordert und gewürdigt werden, erfahren die oben beschriebenen Kompetenzen der Mitarbeitenden im Gottesdienst-Team eine Stärkung. Durch die Qualitätsstandards wird die Achtung dieser Kompetenzen noch einmal deutlicher benannt und festgeschrieben.[19] Das, was die Gruppe für die ESG Aachen als liturgisch richtig benannt hat, wird geachtet. Hinter jedem formulierten Standard steht ein Diskussions- und Abstimmungspro-

---

Geistes-, Gesellschafts- und Wirtschaftswissenschaften 14 %, Medizin, Zahnmedizin 8 %. Quelle: RWTH Aachen University, Bericht 2010, hg. im Auftrag des Rektors vom Dezernat 3.0 Öffentlichkeitsarbeit und Marketing der RWTH Aachen, Aachen 2011, 132. Von den Teilnehmenden der Projektgruppe studieren je zwei Männer und zwei Frauen Maschinenbau, ein Mann Luft- und Raumfahrttechnik, ein Mann Biotechnologie, ein Mann Elektrotechnik, eine Frau Medizin.

19 Vgl. Standard Nr. 3, „Akteure, Gottesdienstteam": „Das Gottesdienstteam legt die Themen für die Gottesdienste fest und erarbeitet die Themen zunächst in der Gruppe, um dann Texte für den Gottesdienst zu produzieren."

zess. Auch wenn das Ergebnis im formulierten Standard für geübte Liturginnen und Liturgen als selbstverständlich erscheint, so ist das Besondere an der Form des Standards, dass er in einem Diskussions- und Abstimmungsprozess entstanden ist. Um diesen Prozess leisten zu können, musste sich die Gruppe im Laufe der Zeit eine hohe liturgische Kompetenz erarbeiten. Damit eine bestimmte Qualität für den Gottesdienst unter Beteiligung einer Vorbereitungsgruppe erreicht werden konnte (und was in einem guten Gottesdienst geschehen soll, hatte die Gruppe ja bereits formuliert), hat der Prozess bewusst vor einer Stufe angesetzt, die eine Pfarrerin nach Abschluss ihrer langjährigen Ausbildung erreicht haben sollte. Es war notwendig, dass die Gruppe ähnliche Lernschritte vollzog wie eine Pfarrerin bzw. ein Pfarrer in der Ausbildung.

Zu jedem Standard hätte es aus liturgischer und theologischer Sicht Alternativen gegeben – und es wären ebenfalls gute Gottesdienste dabei entstanden. Aber es wären nicht die für die ESG Aachen passenden Gottesdienste gewesen. Das Besondere an der Entstehung der Qualitätsstandards für den Gottesdienst ist, dass hier Nicht-Theologen in einem Gruppenprozess einen gemeinsamen Weg gegangen sind und alles diskutiert und bedacht haben, was einen guten Gottesdienst ausmachen kann. Damit haben die Studierenden den Gottesdienst zu ihrem Gottesdienst gemacht. Weil die Studierenden Experten für ihre Lebenssituation sind, müssen sie auch zu Experten für gottesdienstliches Handeln werden, wenn studentische Lebenssituation und Frohe Botschaft in einem Gottesdienst miteinander in Austausch treten sollen. Als Pfarrerin habe ich hierfür vor allem Moderatorenfunktion.

Im Anschluss an die Erstellung der Qualitätsstandards für den Gottesdienst erfolgt im Gottesdienst-Team nun ein deutlich beobachtbarer Ausbau von Kompetenzen. Denn die Studierenden merken sehr bewusst, wenn sie ihren eigenen Anforderungen – besonders in Bezug auf die liturgische Präsenz im Gottesdienst – nicht genügen, und es wird in der Gruppe beraten, wie hier nachjustiert werden kann. Wenn die Begrüßung im Gottesdienst beispielsweise als nicht einladend und ausreichend informierend für neue Besucher erlebt wurde (ein wichtiges Ziel des Prozesses war es, dass neue Besucher wiederkommen sollen), dann wird im Team überlegt, woran das gelegen haben könnte: War der Begrüßende zu konfus? Oder hat er zu sehr an seinem Konzept geklebt? Hatte er vielleicht die Begrüßung zuvor nicht vorbereitet? Oder lag es an seiner Körpersprache? Und schnell kann es passieren, dass die Einsicht formuliert wird: Eine Begrüßung muss vorbereitet sein. Oder: Es ist besser, zur Begrüßung vor dem Pult zu stehen und Kontakt aufzubauen. Es kann aus solch einer Situation heraus auch passieren, dass das Team sich eine Fortbildung „Begrüßung im Gottesdienst" wünscht. Durch die Arbeit an einem Gottesdienstelement steigt zugleich die Sensibilität für andere Elemente. Hier gehen die Mitglieder des Gottesdienst-Teams den Weg von ihrer Kompetenz als Gottesdienstbesucher, die über die Wirkung bestimmter Phänomene im Gottesdienst reflektieren und diese benennen können, hin zu ihrer Kompetenz als im Gottesdienst liturgisch Handelnde, die im Gottesdienst so mitwirken, wie es ihren eigenen Erwartungen entspricht.[20]

Darüber hinaus steigt in der gesamten Gemeinde das Interesse an dogmatischen und biblisch-theologischen Fragestellungen sowie an liturgischen Entscheidungen, seit die Gottesdienste so intensiv vorbereitet werden und theo-

---

20 Zur Notwendigkeit der „Ausbildung für den Gottesdienst" vgl. Reich, a. a. O. (Anm. 16), 791 f.

logische Fragestellungen in Bezug zur Lebenswelt von Studierenden zur Sprache kommen. Dadurch, dass die Gottesdienstthemen die Besucher erreichen, schließen sich neue Fragen an. Sie werden in der darauffolgenden Zeit innerhalb von Gesprächs- und Vortragsabenden aufgegriffen, wenn sie sich nicht direkt im Gespräch klären lassen. Durch die Beteiligung einer Gruppe ehrenamtlich Mitarbeitender am Gottesdienst erfahren also nicht nur die Mitglieder dieser Gruppe einen Zuwachs an Kompetenzen, sondern viele Gemeindeglieder werden angeregt, ihrerseits ihren Horizont und ihre Kompetenzen zu erweitern.

6. Zusammenfassung

Durch die Erarbeitung der Qualitätsstandards für den Gottesdienst und die Weiterarbeit mit den Standards werden die Kompetenzen ehrenamtlich im Gottesdienst Mitarbeitender gestärkt. In einem ersten Schritt werden vorhandene Kompetenzen wahrgenommen und gewürdigt. In der Folge wird vor allem die liturgische Kompetenz im Rahmen der Anwendung innerhalb der aktiven Gottesdienstgestaltung gestärkt, die es erforderlich macht, selbst den eigenen Standards zu genügen. Durch die Festlegung, was für diese Gemeinde ein guter Gottesdienst ist, fordern diejenigen, die ihn gestalten, sich selbst heraus, die Kompetenzen zu erwerben, die sie hierfür benötigen. Dadurch, dass die Mitglieder des Gottesdienst-Teams andere Kompetenzen in die einzelnen Gottesdienste einbringen als die Pfarrerin – besonders die Kompetenz für die Lebenswelt und die Sprache von Studierenden einer technischen Hochschule –, besitzt das Team in seiner Gesamtheit mehr gottesdienstliche Kompetenz, als eine einzelne Pfarrerin hätte einbringen können.

Julia Neuschwander

Qualitätsentwicklung in der Ausbildung zum Pfarrberuf

Standards, Kompetenzen und Portfolio am Beispiel
der pastoralen Grundaufgabe „Gottesdienst" –
Das Konzept der Evangelischen Kirche der Pfalz
(Protestantische Landeskirche)

1. Wann ist eine Mauer eine gute Mauer? Grundentscheidungen zur Ausbildung einer Profession im Auftrag der pfälzischen Landeskirche

Wann ist eine Ausbildung eine gute Ausbildung? Wenn alle
an der Ausbildung Beteiligten auftragsgemäß und professionell handeln, indem sie Gesamtvertrag und Einzelverträge
in einem kommunikativen Prozess wahrnehmen, einschät-
zen und in jeweils darauf abgestimmte Handlungsoptio-
nen umsetzen. Wenn dazu *verbindliche, transparente Kriterien und Standards* vorliegen, an denen sich die an der
Ausbildung Beteiligten in den jeweiligen Ausbildungs- und
Prüfungsprozessen orientieren können. Für eine zweiein-
halbjährige Ausbildungszeit seien hier vier exemplarische
Dreiecksverträge[1] mit gleichem Ziel benannt, die als Mehr-
parteienverträge zwar jeweils unterschiedliche Einzelverträ-

---

[1] Erstmals von der Transaktionsanalytikerin Fanita English als *Dreiecksvertrag* definiert, reduziert die offene Benennung und Unterscheidung
zwischen realistischen und fantasierten Erwartungen innerhalb eines
Dreiecksvertrags das Konfliktpotenzial, das u. U. in verschiedenartigen zusätzlichen und einander widersprüchlichen Erwartungen der Teilnehmenden kollidiert. Fanita English, Transaktionsanalyse. Gefühle und Ersatzge-
fühle in Beziehungen, Hamburg ²1981, 208–209.

ge umfassen, aber gleichermaßen auf die gute Ausbildung geeigneter Kandidaten und Kandidatinnen zum Pfarrer/ zur Pfarrerin abzielen: 1.) der zweieinhalb Jahre währende, das Ausbildungsverhältnis begründende Dreiecksvertrag zwischen dem Personaldezernenten des Landeskirchenrats, Vikar und Leiterin des Predigerseminars; 2.) der 15-monatige Dreiecksvertrag zwischen Gemeindementorin, Vikarin und Leiter des Predigerseminars im Praxiskontext in der Gemeinde; 3.) der für eine bestimmte Anzahl von Stunden oder Kurstagen währende Dreiecksvertrag zwischen Dozentin des Predigerseminars, einem externen Fachreferenten und der Vikarskursgruppe und 4.) der für den Tag der Prüfung bestehende Dreiecksvertrag zwischen Ausbildern, Prüferinnen und Prüfling bezüglich der Bewertung von Leistungsnachweisen.

Wann ist eine Mauer eine gute Mauer? Die jüngste Umfrage im Vikarskurs Jahrgang 2011 ergab Einstimmigkeit in Bezug auf Kriterien wie „standfest", „tragend" und „wetterfest". Deutlich weniger einig war man sich in der Frage, ob die Güte einer Mauer notwendig auch mit den Kriterien „schön", „gerade" oder „ökologisch" bestimmt werden muss. „Woran erkenne ich, dass eine Mauer gut ist? Was muss ein Maurer können, um eine so definierte gute Mauer bauen zu können?" waren die im Anschluss gruppenleitenden Fragestellungen. Welche Kriterien benannt werden müssen, damit eine Mauer in der Gruppe übereinstimmend als „gut" bezeichnet werden kann, war Inhalt des sich anschließenden Diskussions- und Abstimmungsprozesses.

Welche Begriffe umreißen ein Spannungsfeld wie zum Beispiel das Gegensatzpaar „rau – glatt", innerhalb dessen eine Mauer in ihrer konkreten Erscheinungsform (*Performanz*) möglichst präzise beschrieben werden kann? Welche

Begriffe stehen für verschiedene Mauergattungen als weitere Sprachformen zur Verfügung? Ergebnis des Einigungsprozesses waren zwei sich gegenseitig erläuternde Listen: Die eine Liste enthielt gewertete Kriterien, die die Gruppe zur Güte einer Mauer als unbedingt notwendige Formulierungen erachtet hatte. Sie berechtigten nach Beschluss der Gruppe zur Aussage:„Die Mauer ist gut." Die zweite untergeordnete Ergänzungsliste enthielt mögliche Zusatzbeschreibungen für die jeweils unterschiedliche Mauergattung, je nachdem, ob es sich beispielsweise um eine Steinmauer, eine Trennmauer oder eine Stützmauer handelte. Außerdem wurde deutlich, dass manche der genannten Qualitätskriterien sichtbar oder in anderer Form sinnfällig überprüfbar waren, so dass sie als *Indikatoren* relativ sicher auf die Kompetenz des Maurers rückschließen ließen. Andere ließen weniger sichere Rückschlüsse auf die Kompetenzen dessen zu, der die Mauer gebaut hat, und spielten daher eine untergeordnete Rolle in ihrer Listenführung. Die Gruppe fühlte sich nun im Falle einer Mauerbegehung befähigt, anhand der in der Gruppe definierten Kriterien begründete Aussagen zur Qualität zu machen, ob diese konkrete Mauer (*Performanz*) nach ihrem Qualitätsverständnis eine *gute Mauer* sei.

Verblüffend war, dass die Gruppe sich durch ihre formulierten Kriterien ebenfalls in der Lage sah, durch Wahrnehmung der konkreten Mauer begründete Vermutungen darüber zu äußern, inwiefern der konkrete Maurer dieser konkreten Mauer auch ein *guter Maurer* sei. Die Mitglieder der Gruppe fühlten sich durch ihre Listen gut ausgestattet, eine Aussage darüber zu machen, ob der konkrete Maurer das Know-how hatte, materielle Ressourcen wie Beton, Steine und Untergrund richtig einzuschätzen, und ob er technische Daten in seinem Bauplan – wie Statik – angemessen miteinander abgleichen konnte (*Kompetenz*). Und sie fühl-

263

ten sich befähigt, Aussagen darüber zu machen, inwiefern dieser konkrete Maurer die Fertigkeit hatte, seinen Bauplan in die Tat umzusetzen, und dazu ausreichend über personelle Ressourcen wie Begabung, Kraft, Geschick, Übung, Zeitmanagement und Wetterkunde verfügte und sie auch entsprechend eingesetzt hat (*Kompermanz*)[2]. Ihm eine qualifizierte Rückmeldung zu geben, an welchen Bereichen er Entwicklungsbedarf habe und in Zukunft nachschulen könne, war aus Sicht der Gruppe ebenfalls mithilfe ihrer Listen ohne großen Mehraufwand möglich.[3] Welche Kriterien sind maßgebend für eine *gute Mauer*? Für die Vikarskursgruppe, Jahrgang 2011, ist das geklärt. Bei der Vikarskursgruppe im nächsten Jahr kann das Ergebnis ähnlich, aber auch anders sein.

Wann ist ein Gottesdienst ein guter Gottesdienst? In der Ausbildung künftiger Pfarrer und Pfarrerinnen der Evangelischen Kirche der Pfalz (Prot. Landeskirche) auf ein konkretes Berufsbild hin stellt sich auftragsgemäß vor der Frage nach der *Performanz* die Frage nach der *Kompetenz*: *Wann ist ein*

---

2 In der Gruppenarbeit wurde das Beispiel vom Mauerbauen nach Martina Plieth aufgegriffen. Für Fähigkeiten im Sinne von Wissenskompetenz verwendet sie den Begriff *Kompetenz* und für Könnenskompetenz im Sinne von Fertigkeiten ihr Kunstwort der *Kompermanz*. Dieser Begriff steht zwischen den von Noam Chomsky geprägten Begriffen *Kompetenz* und *Performanz*. Vgl. Martina Plieth, Kompetenz und Performanz als Kategorien pastoraltheologischen Denkens und Handelns, Pastoraltheologie 90/2001, 349–367, 353 f.

3 „[...] umfassende Kompetenzen" können „nicht losgelöst von handlungsfähigen bzw. handelnden Personen festzustellen, geschweige denn zu handhaben sein [...]; sie sind und bleiben individuelles Signum einzelner, wiewohl sie sich in Kommunikationssituationen kontextualisiert auch als soziale Interaktionsgrößen wahrnehmen und beschreiben lassen", Plieth, a. a. O., 354.

guter Pfarrer ein guter Pfarrer? Wann ist eine gute Pfarrerin eine gute Pfarrerin? Wann handelt ein Prediger professionell? Wann übt eine Liturgin die pastorale Grundaufgabe „Gottesdienst" professionell aus? Dass diese Professionalität konkret beschrieben und standarisiert werden kann, ist Voraussetzung für die Qualitätssicherung der Ausbildung künftiger Pfarrerinnen und Pfarrer in der Evangelischen Kirche der Pfalz (Prot. Landeskirche).

Wann ist eine Ausbildung eine gute Ausbildung? Wenn Einrichtungsqualität in der Andragogik davon abhängt, ob Träger und Einrichtung, Personal und Teilnehmende in interaktiven Prozessen ein der jeweiligen Einrichtung angemessenes Modell entwickeln, dann ist für die *Qualität einer Ausbildung* entscheidend, ob sich ein Seminar in seinem konkreten Ausbildungsauftrag der stetigen Wechselwirkung zwischen selbst definierten Zielsetzungen und Aufgaben sowie der vielfältigen von außen an das Seminar herangetragenen Erwartungen und Anforderungen bewusst ist.[4] Der Qualitätssicherung der Einrichtung förderlich ist es, wenn der Handlungszyklus von Bedarfserhebung, Planung, Durchführung und Evaluation in der Ausbildung immer wieder neu durchlaufen werden kann. Ob die unterschiedlichen theoretischen Standpunkte, (landes-)kirchenaktuellen Entwicklungen und Zielsetzungen ausreichend kommuniziert und reflektiert werden, hätte dann unmittelbare Auswirkung auf die ganz konkrete Ausbildungsqualität. Ausbildungs- und Prüfungsvollzügen gleichermaßen zugrunde liegende Standards fördern eine so verstandene Qualität,

---

4 Siehe dazu Peter Faulstich/Christine Zeuner, Erwachsenenbildung, Weinheim/Basel 2010, 26.109–119. Vikarsausbildung als Andragogik in der Definition von Peter Faulstich und Christine Zeuner hat den Auftrag „Bildungs- und Lernmöglichkeiten für Erwachsene zu schaffen und zu nutzen".

wenn sie *in einer horizontalen Perspektive* auftragsgemäß möglichst viele der verschiedenen Interessen der – in der Pfalz unterschiedenen – kirchlichen Gremien einbeziehen, die über Ausbildung, Prüfung und Eignung der künftigen Pfarrer und Pfarrerinnen entscheiden.[5]

In einem Bezugsrahmen über die Landeskirche hinaus befinden sich solche transparent und verbindlich beschriebenen Standards, wenn sie sich ebenfalls an den von der EKD empfohlenen Standards für die zweite Ausbildungsphase (2006, 2009) und an den Eckpunkten für die Gestaltung des Zweiten Theologischen Examens (2008) orientieren und aktuelle Entwicklungen in pfälzischen und saarländischen Schulen sowie in der Lehrer- und Lehrerinnenausbildung aufgreifen.[6] Damit wird gleichzeitig die Gültigkeit bzw. Akzeptanz der Prüfungen des Zweiten Theologischen Examens erweitert. Die so erlangten Standards bilden Wirklichkeit ab und konstruieren Wirklichkeit. So ist es z. B. möglich, dass pfälzische Vikare und Vikarinnen durch eine umfangreiche religionspädagogische Ausbildung in zwei Schulpraktika und durch den Nachweis erfolgreicher Prüfungsleistungen im Bereich Religionspädagogik umfassende Lehrbefähigung

---

5　So in „Kommunikationssituationen kontextualisiert" lassen sich die entsprechenden Standards und Kompetenzen „als soziale Interaktionsgrößen im dialektischen Verhältnis sozialer Austauschprozesse und fortschreitender Konstruktion kognitiver Strukturen wahrnehmen und beschreiben", vgl. Plieth, a. a. O. (Anm. 2).

6　So sind beispielsweise Prüfungskriterien für die pastorale Grundaufgabe *Bildung* in Bezug auf den Religionsunterricht u. a. mit den Kriterien und Indikatoren für Unterrichtsqualität abgestimmt, wie sie im „Orientierungsrahmen Schulqualität" vom Ministerium für Bildung, Wissenschaft, Jugend und Kultur für Rheinland-Pfalz veröffentlicht sind ([3]2009), sowie mit den „Professionellen Kompetenzen und Standards für die Religionslehrerausbildung" (EKD-Texte 96; 2008) als Empfehlungen der Gemischten Kommission zur Reform des Theologiestudiums.

erwerben, weil Ausbildungsstandards und Prüfungsleistungen mit den Ausbildungs- und Prüfungsstandards staatlicher Lehrkräfte entsprechend abgestimmt sind.

In vertikaler Perspektive orientieren sich diese Standards idealerweise an der Berufsbiographie einer einzelnen Pfarrperson in Universität, Predigerseminar, Fortbildung in den ersten Amtsjahren und Fort- und Weiterbildung der Pfarrerinnen und Pfarrer in der Perspektive lebenslangen Lernens. Als Ergebnis eines übergreifenden Kommunikationsprozesses liegen beispielsweise der Aus- und Weiterbildung der reformierten Kirchen in der Schweiz (Konkordat, Bern-Jura-Solothurn, Romandie) in der ersten bis vierten Ausbildungsphase gleiche Qualitätsstandards in Kompetenz- und Berufsbeschreibung vor. Diese sind in universitären und kirchlichen Strängen miteinander in Bachelor- und Masteranteilen verschränkt.[7]

Wann also ist ein guter Pfarrer ein guter Pfarrer, wann eine gute Pfarrerin eine gute Pfarrerin im Verständnis einer Landeskirche? Welche Kompetenzen hat ein Prediger in der Evangelischen Kirche Deutschlands, wenn er eine gute Predigt hält? Welche Kompetenzen hat eine Liturgin in der pfälzischen Landeskirche, wenn sie einen guten Gottesdienst hält? Standards und Kompetenzbeschreibungen verschiedener sozialer Systeme können im Sinne der Konzeptualisierung eines Kommunikationsbereiches aufeinander abgestimmt werden und dann auf diese Fragen präzise Auskunft geben. Die benannten Standards und Kompetenzbeschrei-

---

7 „Die theologisch-grundlegende und die theologisch-umsetzende Ausbildung von Studierenden sind eng miteinander verschränkt. Die theologischen Fakultäten einerseits und die kirchlichen Arbeitsstellen andererseits haben in den letzten Jahren dazu eine partnerschaftliche Struktur entwickelt. Das gilt für alle drei zurzeit aktuellen Ausbildungssysteme in der Schweiz […]." <www.konkordat.ch>, Stand: 22.9.2011.

bungen haben ihre jeweilige Gültigkeit im selbst definierten und in den Abstimmungsprozess mit einbezogenen engeren oder weiteren Raum,[8] sind hier verbindlich, werden offen kommuniziert und erleichtern durch ihre Transparenz die jeweils neu anstehende Klärung der Teilverträge in den Dreiecksverträgen einer Ausbildung in ihren Ausbildungs- und Prüfungsvollzügen.

In einer so beschriebenen Ausbildung führt die Frage nach der *Kompetenz* unvermeidlich wieder zurück zur Frage nach der *Performanz* und umgekehrt. Kriterien, die beim Mauerbauen unter Bereitstellung von Sprache beschreiben, wann eine Mauer gut ist, lassen unweigerlich auch auf den Maurer rückschließen. So lässt die *Performanz* Gottesdienst in der Fremdevaluation ebenfalls mithilfe von Gottesdienstkriterien konkrete Schlussfolgerungen zu auf die *homiletischen* und *liturgischen Kompetenzen* derer, die am konkreten Gottesdienst beteiligt waren.[9]

---

8   In der Pfalz fand 2008–2011 ein Abstimmungsprozess in gemischt besetzten Fachgremien aus Prüfern, Dozenten des Predigerseminars, Fachreferenten und Pfarrern der Landeskirche statt, in Fremdevaluation der Standards durch Mentoren und Vikare. Über die Eignung für den Dienst in der Landeskirche entscheidet die Kirchenregierung als weiteres von der Landessynode beauftragtes Organ, die ihrerseits in einem moderierten Kommunikationsprozess einen für dieses Gremium verbindlichen Kriterienkatalog unter der Fragestellung „Wer ist ein guter bzw. geeigneter Pfarrer (eine gute bzw. geeignete Pfarrerin) der Landeskirche?" entwickelt hat.

9   Mit seiner in der Charismenlehre begründeten Kritik an einer „horizontalen" und „vertikalen Autarkie pastoraler Kompetenz" wäre nach Dirk Kellner die liturgische Kompetenz einer Pfarrperson gerade dadurch bestimmt, dass die Pfarrperson Laien in deren eigenen liturgischen Kompetenz wahrnimmt und befähigt. Vgl. Dirk Kellner, Charisma als Grundbegriff der Praktischen Theologie. Die Bedeutung der Charismenlehre für die Pastoraltheologie und die Lehre vom Gemeindeaufbau, Zürich 2011, 440–451.

2. Wann ist ein Gottesdienst ein guter Gottesdienst? Gottesdienstkriterien und -standards in der Ausbildung pfälzischer Pfarrerinnen und Pfarrer

In der Evangelischen Kirche der Pfalz werden seit 2009 in gemischten Fachgremien von Prüfern, Ausbildern, Fachreferenten und Pfarrern der Landeskirche Standards in den vier pastoralen Grundaufgaben *Gottesdienst, Bildung, Seelsorge* und *Führen/Leiten/Dienen* erarbeitet. Die Vorarbeiten zur Ausbildungs- und Prüfungsreform im Fachgremium *Gottesdienst* und *Bildung* wurden im Mai 2010 abgeschlossen. Mit der neuen Ordnung der Zweiten Theologischen Prüfung wurden die erarbeiteten Kriterien veröffentlicht, die seitdem sowohl Prüfungs- als auch Ausbildungsvollzügen verbindlich zugrunde liegen.[10] Entsprechende Standards orientieren sich an den von der gemischten Kommission/Fachkommission I der EKD 2009 herausgegebenen Standards für die zweite Ausbildungsphase, die „Gottesdienst, Seelsorge, Bildung, Gemeindeaufbau" unterscheiden, und wurden bzw. werden zurzeit in der Pfalz dem landeskirchlichen Profil entsprechend in den entsprechenden Fachgremien überarbeitet. Im Fachgremium *Gottesdienst* waren in den Jahren 2009/2010 Mitglieder des für Agenden zuständigen landeskirchlichen Arbeitskreises für Liturgie beteiligt.[11] Vertreter und Verantwortliche aus dem Bereich der Rundfunkhomiletik (SWR, SR,

---

10 Die Neufassung der Ordnung der Zweiten Theologischen Prüfung der Evangelischen Kirche der Pfalz (Prot. Landeskirche) vom 1.9.1995 (ABl., 137) wurde am 17.3.2010 zuletzt geändert und am 1.5.2010 im Wortlaut der geltenden Fassung bekannt gegeben.

11 Der Arbeitskreis für Liturgie erstellte die entsprechenden Texte und war verantwortlich für die Vorarbeiten zur pfälzischen Agende I (2006) und zum Vorentwurf der Taufagende (2010), die jeweils an den Grundprinzipien des Evangelischen Gottesdienstbuches (1999) orientiert sind.

RPR1), der Prädikantenausbildung und Prüfer und Prüferinnen in Homiletik und Liturgik sowie die Dozentin für Homiletik und Liturgik und Leiterin des Predigerseminars waren ständige Mitglieder des Fachgremiums. Der Verantwortliche für die kirchenmusikalische Ausbildung der Vikarinnen und Vikare, Landeskirchenmusikdirektor Jochen Steuerwald (Speyer), und die Referentin für Stimme und Kommunikation in der Ausbildung, Stefanie Köhler (Professorin für Stimme und Kommunikation an der Hochschule für Musik und Darstellende Kunst, Frankfurt am Main), begleiteten das Gremium mit beratender Stimme. Den von der EKD empfohlenen Standards entsprechend wurde die pastorale Grundaufgabe *Gottesdienst* in Grundkompetenzen und in fachlicher, methodischer, personaler und sozialer Kompetenz beschrieben für Sonntags- und Festgottesdienste, Kasualgottesdienste, Andachten und offene Gottesdienstformen.[12]

Die Beschreibung der Handlungskompetenzen der in der Pfalz vorangestellten *homiletischen Kompetenz* wurden unverändert aus dem EKD-Vorschlag übernommen: „Sie sind in der Lage, einen biblischen Text in Zuspruch und Anspruch in den gegebenen Kontext hinein auszulegen" und „Sie sind in der Lage, Ihre Aussagen dem Kontext entsprechend sprachlich angemessen zu gestalten" und wurden erst in ihrer Aufschlüsselung in fachliche, methodische, persona-

---

12 Aus dem der Einleitung und den vier Kompetenzmatrices vorangestellten Text der Gemischten Kommission/Fachkommission I der EKD von 2009: „Die Matrix der Handlungskompetenzen in den pastoralen Grundaufgaben wurde im Benehmen mit der Konferenz der Predigerseminare in der EKD erarbeitet und redaktionell mit den Grundsätzen abgeglichen. Das Gesamtpapier wurde am 12./13. Februar 2009 von der Fachkommission I verabschiedet. Es korrespondiert mit dem von der Ausbildungsreferentenkonferenz in der Sitzung vom 3. bis 5. Dezember 2008 beschlossenen Papier ‚Eckpunkte für die Gestaltung des II. Theologischen Examens'."

le und soziale Kompetenz verändert. So wurde beispielsweise homiletisch-fachliche Kompetenz u. a. als Kenntnis
„gängiger Aufbaumodelle der Predigt" beschrieben mit der
Fertigkeit, dieses Wissen angemessen einzusetzen. Damit
wurde an die homiletische Ausbildung im Seminar und an
die dort gesetzten Schwerpunkte angeknüpft. Die Beschreibung homiletisch-methodischer Kompetenz „Sie lassen sich
bei der Auswahl des Textes in angemessener Form von der
Perikopenordnung und der Situation leiten"[13] nimmt Bezug
auf die Aufgabe der Auswahl eines geeigneten Predigttextes, wie es z. B. in der Pfalz in der freien Wahl des Predigttextes im Jahr 2010/2011 möglich ist. U. a. zur Ermöglichung
einer *Lectio continua* kann der Predigttext unabhängig
von der Perikopenordnung vom Prediger selbst bestimmt
werden.

Freie Wahl des Predigttextes als Aufgabenstellung ist
auch in der Situation eines Kasualgesprächs vorausgesetzt.
Wenn z. B. im Kasualgespräch Angehörige der Predigerin einen Predigttext für eine Kasualansprache vorschlagen und
dann gemeinsam mit der Predigerin einen dem Kontext angemessenen Bibeltext auswählen, wird die Aufgabe „Wahl
des Predigttextes" von Predigerin und weiteren am Gottesdienst Beteiligten wahrgenommen in gemeinsam ausge-
übter homiletisch-methodischer Kompetenz. Impliziert ist
entsprechend den Grundprinzipien des Evangelischen Gottesdienstbuches (1999), dass zur homiletischen und liturgischen Kompetenz der Pfarrperson wesentlich gehört, andere

---

13 Zum Vergleich bezieht sich offensichtlich der Wortlaut der Matrix, die in
    der Deutschen Predigerseminarkonferenz 2008 erarbeitet wurde, stärker
    auf die gottesdienstliche Situation bei Kasualien und rechnet dort in hö-
    herem Maße mit der Aktivität der Pfarrperson: „Sie wählen einen der Situ-
    ation entsprechenden biblischen Text aus."

zu ihrer homiletischen und liturgischen Kompetenz zu befähigen.[14]

Handlungskompetenz hinsichtlich der *Liturgie* wurde für
die Matrix der Evangelischen Kirche der Pfalz (Protestantische Landeskirche) entsprechend dem Kriterium des Evangelischen Gottesdienstbuches „Beteiligung der Gemeinde"
umformuliert zu „Sie sind in der Lage, einen Gottesdienst
ansprechend und stimmig als Feier der Gemeinde zu gestalten"[15], während die weitere Formulierung übernommen
wurde: „Sie sind in der Lage, Wort, Musik und Raum in einen
ansprechenden Zusammenhang zu bringen", jeweils mit
Änderungen in der Ausformulierung der fachlichen, methodischen, personalen und sozialen Kompetenz. Z.B. wurde im
Gottesdienstverständnis *Gottesdienst als Feier der Gemeinde*
liturgisch-soziale Kompetenz neu beschrieben als „Sie beziehen die Gemeinde in ihrer Verschiedenheit situationsgerecht ein"[16].

Diskussionsbedarf entzündete sich an der Beschreibung
liturgisch-personaler Kompetenz. Die gefundene Formulierung „Sie stehen in der rechten Balance zwischen Persönlichkeit und liturgischer Funktion und bringen sich so glaubwürdig in das gottesdienstliche Geschehen ein"[17] geht den

---

14 Vgl. Kellner, a. a. O. (Anm. 9).

15 Anders hier die Matrix, die in der Deutschen Predigerseminarkonferenz
    2008 erarbeitet wurde: „Sie sind in der Lage, einen Gottesdienst anspre-
    chend und stimmig als gemeinsame Feier mit der Gemeinde zu gestal-
    ten."

16 Die frühere Formulierung innerhalb der Beschreibung liturgisch-sozialer
    Kompetenz widersprach nach Ansicht des Fachgremiums der Definition
    Gottesdienst als Feier der Gemeinde: „Sie beziehen die Gottesdienstbesu-
    cher/innen so ein, dass sie sich in ihrer Verschiedenheit ernst genommen
    fühlen."

17 Vorher: „Sie bringen sich selber als Person in der Rolle glaubwürdig in das
    gottesdienstliche Geschehen mit ein."

Weg einer mehr funktionalen Beschreibung. Damit folgte man den Stimmen innerhalb einer (pastoral-)psychologisch geführten Debatte, die davon ausgehen, dass sich die eigene Person der eigenen Bewusstheit im Sinne einer selbstreflexiven Verfügbarkeit aller Persönlichkeitsanteile letztendlich entzieht. Entsprechend wird das konstruktive Spannungsfeld zwischen Wort, Musik und Raum in der Beschreibung liturgisch-personaler Kompetenz wie folgt in der Annahme der Begrenztheit bzw. des fragmentarischen Selbst beschrieben: „Sie kennen ihre eigenen Möglichkeiten und Grenzen in Bezug auf Wort, Musik und Raum und gehen konstruktiv damit um."[18]

Als bereits in anderen Formulierungen impliziert und daher nicht übernommen wurde die Beschreibung liturgisch-methodischer Kompetenz in der Formulierung „Sie finden Worte, Zeichen und religiöse Handlungen, um Lebenserfahrung zu deuten". Häufig erscheinen in der Beschreibung von Handlungskompetenzen in der pastoralen Grundaufgabe *Gottesdienst* Begriffe wie *angemessen, stimmig, adäquat, in Relation* und *Möglichkeit* als relationale Begriffe, die im Sinne einer Begrenztheit der Maße des Menschlichen[19] Spielräume eröffnen auf der Skala zwischen zwei dialektisch gesetzten Begriffen innerhalb eines so eröffneten Spannungsfeldes. Durch die zur Verfügung gestellten Sprachformen können in den konkreten Ausbildungs- und Prüfungsvollzügen *Performanz* und *Kompetenz* jeweils individuell und verantwortlich beschrieben werden. Eine Formulierung wie „Sie lassen Raum für das Unverfügbare" in der Beschreibung liturgisch-methodischer Kompetenz verweist auf das

---

18 Vorher: „Sie kennen ihre eigenen musikalischen Möglichkeiten und Grenzen und gehen konstruktiv damit um."

19 „Maße des Menschlichen" lautete der Titel der EKD-Orientierungshilfe von 2003 zum Thema *Bildung*.

Unverfügbare im Gottesdienst als bewusst gesetzter Stachel im Fleisch einer Kompetenztabelle. Bei der Beschreibung des Machbaren wird exemplarisch an die Dimension des Anderen erinnert, das sich der Machbarkeit, Gestaltbarkeit und Messbarkeit durch Menschen entzieht.

Die insgesamt 32 listenartig-tabellarisch aufgeführten Einzelformulierungen der Kompetenzmatrix der Evangelischen Kirche der Pfalz zur Grundaufgabe *Gottesdienst* sind so als *qualitative, nicht quantitative Kompetenzbeschreibungen* zu verstehen in der Perspektive lebenslangen Lernens und werden als Einzelformulierung je nach konkreter *Performanz* – ob Kasualgottesdienst oder offene Form, Festgottesdienst oder Andacht – mehr oder weniger stark gewichtet.

Von diesen so beschriebenen, den Ausbildungs- und Prüfungsvollzügen grundsätzlich zugrunde liegenden Standards in einer Kompetenzmatrix wurden weitere Kompetenzpapiere abgeleitet, die sich gegenseitig erläutern und innerhalb der getrennten Vollzüge von Ausbildung und Prüfung eine Verbindung schaffen. Der von der Matrix abgeleitete Kompetenznachweis[20] im Handlungsfeld *Gottesdienst* nimmt die Handlungskompetenzen der Matrix auf und führt sie in den Kategorien „Kriterien" und „Mögliche Indikatoren" weiter. So sind z.B. folgende Beobachtungen bei einem Gottesdienstbesuch für Mentor, Ausbilderin oder Prüfer mögliche Indikatoren für bestimmte Gottesdienstkriterien: „Der Vikar/die Vikarin lässt der Gemeinde Raum für religiöse Erfahrung und zur persönlichen Interpretation.

---

20 Vgl. den universitäts- und kirchenverschränkenden Kompetenznachweis im kombinierten Schweizer Aus-, Fort- und Weiterbildungssystem reformierter Pfarrerinnen und Pfarrer.

Der Vikar/die Vikarin kennt die Wirkkraft von Symbolen und Ritualen und setzt sie entsprechend im gottesdienstlichen Handeln ein. Der Vikar/die Vikarin setzt passendes Liedgut ein. Der Vikar/die Vikarin stellt Wechselwirkung von Wort- und Musikteilen im Gottesdienst her." Dies sind mögliche Indikatoren für die Gottesdienst-Kriterien *Freiheit und Verbindlichkeit, Entsprechung von Ritual und Situation, Transparenz, Kenntnis der pfälzischen Agende, Kenntnis des Evangelischen Gesangbuchs, Liedauswahl, Beziehung von Wort, Musik und Raum* und *Einbeziehung musikalisch Mitwirkender*. Sie beziehen sich wiederum zurück auf die bereits in der Matrix benannte liturgische Handlungskompetenz „Die Vikarin/der Vikar ist in der Lage, Wort, Musik und Raum in einen ansprechenden Zusammenhang zu bringen".

Von den Handlungskompetenzen der Grundmatrix abgeleitet und darauf bezogen enthält ein Formular „Gottesdienstprotokoll" dieselben Gottesdienstkriterien wie auch die Kompetenznachweise. Mit einer Spalte zum Eintragen von Beobachtungen dient das „Gottesdienstprotokoll" ebenfalls als Gesprächsleitfaden im jeweiligen Ausbildungs- oder Prüfungsgespräch nach dem Gottesdienst, das entweder mit Lernvereinbarungen oder einer Leistungsbewertung abgeschlossen wird. Das Gottesdienstprotokoll wird im fachlichen Austausch mit dem Vikar/der Vikarin in Fremd- und Selbstevaluation gemeinsam ausgefüllt. Das Ausbildungsgespräch endet mit den gemeinsamen Lernvereinbarungen, das Prüfungsgespräch mit dem Bekanntgeben der davon abgeleiteten Note.

Portfolio-Arbeit bietet Möglichkeiten zur Dokumentation und nachhaltigen Weiterarbeit an Leistungsnachweisen und ermöglicht so förderorientiertes und selbstreguliertes

Lernen. Dazu wird das Portfolio kontinuierlich von einem Gesprächsprozess begleitet. Lernende dokumentieren, reflektieren und beurteilen ihre Lernprozesse in der Ausbildung in Lerntagebüchern und Portfolio-Arbeit. Sie erhalten regelmäßige Rückmeldungen von Mentoren, Dozenten, Referenten und Prüfern und nehmen in Entwicklungsgesprächen den Stand ihrer eigenen Entwicklung wahr. So beraten und planen sie ihre nächsten Lernschritte und fixieren sie als „Lernvereinbarungen". Portfolio-Arbeit nimmt die Individualität des Lernens in den Blick sowie Prozesse von Informationsaufnahme und -verarbeitung. Lernen geschieht in der Begleitung von Personen – auch als wechselseitiges Lernen. So erhalten beispielsweise Mentoren ebenfalls eine Fremdevaluation ihres Gottesdienstes durch ihre Vikarin und Dozenten eine Fremdevaluation ihrer Ausbildungsmodule durch die Vikarskursgruppe. Emotion, Kognition und Motivation werden ausbalanciert mit dem Ziel der Optimierung von Lernprozessen. In der Portfolio-Arbeit erwerben die Lernenden *deklaratives, prozedurales und metakognitives Wissen* und erhöhen so ihre Fähigkeit lebenslangen Lernens.[21]

Ein Konzept der Einzelgespräche durch Mentorinnen und Dozenten begleitet die Portfolio-Arbeit während der gesamten Ausbildung. Jeweils am Anfang, in der Mitte und am Ende eines Ausbildungsabschnittes (Schul-, Gemeinde-, Spezialpraktikum) werden Vikare und Vikarinnen in einem Einzelgespräch in ihrer Lernentwicklung in Selbstreflexion und Fremdevaluation begleitet. Dazu werden Ausbildungsabschnitte mit Bericht und dem entsprechenden Einzel-

---

21 Michaela Gläser-Zikuda/Tina Hascher, Zum Potenzial von Lerntagebuch und Portfolio, in: Dies. (Hg.), Lernprozesse dokumentieren, reflektieren und beurteilen. Lerntagebuch und Portfolio in Bildungsforschung und Bildungspraxis, Bad Heilbrunn 2007, 9–21, 12.

gespräch abgeschlossen, bevor ein neuer Ausbildungsabschnitt beginnt.

Ein dreiteiliges *Portfolio der Vikarinnen und Vikare* fördert zentrale Kompetenzen im Sinne selbstgesteuerten Lernens und bietet Möglichkeiten zur Dokumentation und Überarbeitung von Leistungsnachweisen. Das Portfolio enthält in der Grundaufgabe *Gottesdienst* im Basis-Logbuch nach Abschluss des 15-monatigen Gemeindepraktikums folgende verbindlich zu erbringende Dokumente: zwei Kompetenznachweise in Fremdevaluation der Performanz Gottesdienst mit Lernvereinbarungen durch den Mentor/die Mentorin („Gottesdienstprotokoll"), einen Kompetenznachweis in Fremdevaluation der Performanz Gottesdienst des Mentors/der Mentorin durch den Vikar/die Vikarin („Beobachtungsbogen") und einen Kompetenznachweis in Fremdevaluation der Performanz Gottesdienst mit Lernvereinbarungen durch die Dozentin/den Dozenten des Predigerseminars („Gottesdienstprotokoll") sowie zwei Fremdevaluationen zu Sonntagspredigten (Text) durch die Dozentin/den Dozenten der Predigerseminars. Als Teil des prüfungsrelevanten Praktikumsberichts werden zwei *professionale Selbstdarstellungen*[22] verlangt im Sinne der Wahrnehmung und selbstreflektierten Darstellung der Entwicklung eigener professioneller Kompetenz im angestrebten Professionsbe-

---

22 Der Begriff „professionale Selbstdarstellung" greift Bernd Schmids Begriff aus der professionellen Ausbildung der Transaktionsanalytiker und -analytikerinnen auf mit der sprachlichen Veränderung von „professionell" zu „professional": Bernd Schmid führte für Prüfungsvollzüge die so benannte „professionelle Selbstdarstellung" ein, die professional Gelegenheit gibt, „das professionelle Selbstverständnis, das Praxisfeld und andere Kontextbezüge darzustellen wie die eigene theoretische Orientierung und die persönliche Wahl von Konzepten". Bernd Schmid, Systemische Professionalität und Transaktionsanalyse, Berlin ³2008, 207.

ruf: „Mein Profil als Prediger/Predigerin" und „Mein Profil als Gottesdienstleitende/r".

In der Grundaufgabe *Gottesdienst* enthält das sogenannte Entwicklungsportfolio der Vikare und Vikarinnen Selbstreflexionsbögen nach den Seminarwochen und Studientagen, mithilfe deren vorgegebener Struktur Vikarinnen und Vikare in selbstgesteuertem Lernen den eigenen Lernstand über 30 Monate dokumentieren, evaluieren und angeregt werden, eigene Lernstrategien zu entwickeln. Einblick in das Entwicklungsportfolio können Ausbilder nur auf Wunsch und mit ausdrücklichem Einverständnis des Vikars oder der Vikarin erhalten. In turnusmäßig geführten Einzelgesprächen werden Entwicklungsgespräche geführt, die auf Wunsch eine Lernberatung durch Mentor oder Dozentin mit einschließen. Das Showcase des Vikars bzw. der Vikarin enthält am Ende des Gemeindepraktikums verbindlich gefordert vier Kasualansprachen, vier Sonntagspredigten, eine Schulgottesdienstgesamtkonzeption und ein weiteres Werkstück nach Wahl. Ein Teil der Werkstücke aus der Praxis wurden während der Kursangebote im Seminar redaktionell überarbeitet, andere in Intervisionsprozessen reflektiert.

Das digitale *Portfolio des Predigerseminars* enthält die verbindlichen Dokumente des Portfolios der Vikarinnen und Vikare nach Jahrgängen und Fachbereichen, ein Basisportfolio mit den entsprechenden Formularen und ein Qualitätsportfolio, das u. a. die Fremdevaluation der Ausbildung durch Vikarinnen und Vikare enthält und zur Qualitätsentwicklung der Ausbildung selbst beiträgt. Die benoteten Prüfungsleistungen im Vorbereitungsdienst und am Ende des Vorbereitungsdienstes bilden Ausbildungsinhalte und Portfolio-Arbeit ab in mündlichen und schriftlichen Prüfungen reflektierter beruflicher Praxiserfahrung, so z. B. die Praktikaberichte mit professionalen Selbstdarstellungen, die geforderten Werkstücke aus der Praxis (Unterrichtsentwürfe, Predigtentwürfe) und Gottesdienst und Unterricht in der *Performanz*.

Die Ausbildung erfolgt im professionellen Kontext in drei Praktika in Schule, Gemeinde und einem weiteren selbst gewählten Spezialgebiet. Zur spezialisierten Ausbildung in der pastoralen Grundaufgabe *Gottesdienst* werden in Abstimmung mit der Predigerseminarleitung viermonatige Praktika gewählt, beispielsweise bei öffentlich-rechtlichen Sendern zur Verkündigung in den Medien, in Gottesdienstinstituten bzw. -beratungsstellen innerhalb der EKD, in ökumenischen Zentren oder spirituellen Tagungshäusern. Eine sich anschließende wissenschaftliche Arbeit mit Auswertung der Praxiserfahrung zu einem selbst gewählten liturgischen oder homiletischen Thema ist Teil der Prüfungsleistung. An einer Professionstheorie der systemischen Transaktionsanalyse orientiert, ist die Integration der verschiedenen Perspektiven *Praxis, Kontext, Modelle, Person* und *Rollenbewusstsein für das berufliche Handeln* Teil des Ausbildungsprozesses.[23] Die Rolle der Ausbilder und Ausbilderinnen an den *Praxisorten* besteht darin, in einer selbst- und fremdevaluierten Praxis und durch Training Lernprozesse im Sinne eines mehrdimensionalen Bildungsprozesses zu begleiten und den Vikarinnen und Vikaren bei Hospitation und Eigeninitiative Angebote zur Selbständigkeit zu machen. Mentorinnen und Mentoren stehen Vikarinnen und Vikaren in der pastoralen Grundaufgabe *Gottesdienst* als Vorbilder in Entsprechungs- und Abgrenzungsprozessen bei der Entwicklung des eigenen Berufsprofils zur Verfügung. In

---

23 Ebd.

Fachseminaren, Studientagen, Arbeitsaufträgen und in selbständiger Literaturarbeit werden von den Vikarinnen und Vikaren *Modelle* für die Praxis erarbeitet, wobei aktuelle Herausforderungen der Landeskirche mit einbezogen werden. *Personale Kompetenzen* werden durch kollegiale Beratung, Supervision und die Anleitung zur Selbstreflexion gefördert. Besondere Herausforderungen sind hier Rollenökonomie, Kollegialität im Team und *work-life-balance. Lernen im Kontext* enthält die Reflexion der konkreten Arbeits- und Lebenssituation und erfolgt durch Konzeptualisierung.

3. Wann ist eine Predigerin eine gute Predigerin?
Portfolio-Arbeit und Kompetenzorientierung –
Ausbildung einer Profession aus der Perspektive
der Lernenden

Wie erkennt eine Ausbilderin, an welchem Punkt ihrer Entwicklung sich die konkrete Predigerin gerade befindet, und wie meldet sie ihr das angemessen zurück? Wie kann die Selbstreflexion der Predigerin im guten Sinne gefördert werden? Welche individuellen Lernvereinbarungen lassen sich treffen zwischen einer Lernenden und einer Ausbilderin, um eine gute Lernentwicklung im Sinne einer *Potenzialentwicklung* auf den Weg zu bringen? Wie entgehen Ausbilderin und Lernende in Kompetenzorientierung der Gefahr, gemeinsam in den Prozess einer heillosen „unabschließbaren Dynamik der Selbstoptimierung"[24] einzusteigen? Wie sieht ein Prüfer, welche liturgischen Kompetenzen ein konkreter Liturg bereits ausgebildet hat? Und in welcher konkreten Form sind seine Bewertungskriterien nicht nur transparent,

---

24 Isolde Karle, Kirche im Reformstress, München 2010, 209.

sondern wirkt seine punktuelle *Potenzialanalyse* auch entwicklungsfördernd?

Als „Königsweg zur Ausbildung einer Profession"[25] wurde in der Pfalz der Weg der Portfolio-Arbeit in der Ausbildung eines Professionsberufes beschritten als Blickwechsel im Verständnis des eigenen Lernens und Entwickelns. Grundprinzipien des pfälzischen Konzepts sind *Lernen durch Personen*, *selbstgesteuertes Lernen* und *Verbindlichkeit und Transparenz durch gleiche Prüfungs- und Ausbildungskriterien*, Letztere formuliert in *Kompetenzen und Standards*. Als Ziel in der Pfarrer- und Pfarrerinnenausbildung der Pfalz wurde die individuelle Förderung und Ausbildung „pastoraler Originalität"[26] formuliert, mit der eine Pfarrperson mit der Fähigkeit lebenslangen Lernens und hohem Berufsethos ihren Beruf wünschenswerterweise ein Berufsleben lang immer wieder mit Freude ausübt.

---

25 Margit Meißner, Das Portfolio in der II. Phase der Lehrerausbildung: Zur Professionalität durch selbstgesteuertes Lernen, in: Seminar des BAK, 09/2003, 75–82, 75. Für die Lehrer- und Lehrerinnenausbildung der EKHN hat Margit Meißner das Konzept des „kommunikativen Kompetenzenmanagements" entwickelt.

26 „Es war immer die Stärke des evangelischen Pfarrberufs, die *eigensinnigen Momente von Persönlichkeit* zu fördern und diese eher als Schatz denn als Hindernis bei der Verkündigung des Evangeliums zu betrachten." Karle, a. a. O. (Anm. 24), 215.

Grundaufgabe **GOTTESDIENST** (Sonntags- und Festgottesdienste, Kasualgottesdienste, Andachten, offene Gottesdienstformen)

	Handlungs-kompetenz	fachlich (A)	methodisch (B)	personal (C)	sozial (D)
Homiletische Kompetenz	Sie sind in der Lage, einen biblischen Text in Zuspruch und den gegebenen Kontext hinein auszulegen. (1)	Sie bringen einen biblischen Text theologisch reflektiert mit Fragen der Gegenwart in einen Dialog. (1A-1) Sie zeigen die Relevanz des Evangeliums für heute auf. (1A-2)	Sie nehmen den gemeindlichen und gesellschaftlichen Kontext wahr. (1B-1) Sie beziehen unterschiedliche Zugänge zum Text mit ein. (1B-2) Sie lassen sich bei der Auswahl des Textes in angemessener Weise von der Perikopenordnung und der Situation leiten. (1B-3)	Sie machen sich Ihren persönlichen Zugang zum Text bewusst und gestalten ihm. (1C-1)	Sie können die Hörenden zu einem inneren Dialog und zum Weiterdenken anregen. (1D-1) Sie machen die Relevanz des Gesagten für die Einzelnen und für die Gemeinschaft anschaulich. (1D-2)
	Sie sind in der Lage, Ihre Aussagen dem Kontext entsprechend sprachlich angemessen zu gestalten. (2)	Sie kennen die Grundlagen der Rhetorik. (2A-1) Sie kennen gängige Aufbaumodelle der Predigt und setzen sie angemessen ein. (2A-2) Sie kennen verschiedene literarische Ausdrucksformen und setzen diese passend ein. (2A-3)	Sie sprechen frei, verständlich, deutlich artikuliert und gut hörbar und können mit technischen Hilfsmitteln umgehen. (2B-1)	Sie kennen die Möglichkeiten und Grenzen Ihrer Ausdrucksfähigkeit und gehen damit konstruktiv um. (2C-1)	Sie verwenden eine integrative, gendergerechte und gemeinschaftsbildende Sprache. (2D-1)

Liturgische Kompetenz					
	Sie sind in der Lage, einen Gottesdienst ansprechend und stimmig als Feier der Gemeinde zu gestalten. (3)	Sie sind mit liturgischen Konzepten, den Ordnungen des Gottesdienstes und der Kasualien vertraut und kennen offene Formen der Gottesdienstgestaltung. (3A-1) Sie kennen die christlichen Symbole und Rituale und ihre Wirkkraft. (3A-2)	Sie gestalten den Ablauf eines Gottesdienstes theologisch begründet, der Situation und dem Kirchenjahr angemessen und setzen in stimmiger Relation zum Ganzen Schwerpunkte. (3B-1) Sie öffnen das gottesdienstliche Leben durch neue Formen. (3B-2) Sie lassen Raum für das Unverfügbare. (3B-3)	Sie stehen in der rechten Balance zwischen Persönlichkeit und liturgischer Funktion und bringen sich so glaubwürdig in das gottesdienstliche Geschehen ein. (3C-1) Sie pflegen eine eigene religiöse Praxis und bleiben bei ihrer Anwendung selbstkritisch. (3C-2)	Sie beziehen die Gemeinde in ihrer Verschiedenheit situationsgerecht ein. (3D-1) Sie beziehen Mitwirkende in Planung und Umsetzung des Gottesdienstes adäquat ein. (3D-2) Sie stellen sich existentiellen Fragen und reagieren in der rituellen Gestaltung angemessen darauf. (3D-3)
	Sie sind in der Lage, Wort, Musik und Raum in einen ansprechenden Zusammenhang zu bringen. (4)	Sie sind mit dem evangelischen Liedgut vertraut. (4A-1) Sie haben sich mit ökumenischen Impulsen auseinandergesetzt. (4A-2) Sie erkennen räumliche und künstlerische Gegebenheiten und nutzen sie für die Gestaltung. (4A-3)	Sie sorgen für eine sachgemäße Auswahl musikalischer und anderer ästhetischer Elemente und beziehen sie in den gottesdienstlichen Ablauf ein. (4B-1) Sie verbinden Traditionelles mit Neuem. (4B-2)	Sie kennen Ihre eigenen Möglichkeiten und Grenzen in Bezug auf Wort, Musik und Raum und gehen konstruktiv damit um. (4C-1) Sie stellen eigene Vorlieben in eine angemessene Relation zu Tradition und Situation. (4C-2)	Sie beziehen die Fähigkeiten anderer ein in Bezug auf Wort, Musik und Raum. (4D-1) Sie motivieren die Gemeinde in ihrer Möglichkeit entsprechend zur Mitgestaltung. (4D-2)

Kompetenzen für den Pfarrberuf / Matrix der Evangelischen Kirche der Pfalz (Protestantische Landeskirche)

Kompetenznachweis im Handlungsfeld Gottesdienst

Handlungskompetenz	Kriterien	Mögliche Indikatoren
Der Vikar/Die Vikarin ist in der Lage, einen biblischen Text in Zuspruch und Anspruch in den gegebenen Kontext hinein auszulegen. (1)	stringente Theologie homiletische Präsenz verantwortete Verkündigung	Der Vikar/Die Vikarin bringt einen biblischen Text theologisch reflektiert mit Fragen der Gegenwart in einen Dialog. – macht den persönlichen Zugang zum Text transparent. – macht die Relevanz des Gesagten für die Einzelnen und die Gemeinschaft anschaulich.
Der Vikar/Die Vikarin ist in der Lage, seine/ihre Aussagen dem Kontext entsprechend sprachlich angemessen zu gestalten. (2)	Verständlichkeit Sprache Rhetorik Aufbau	Der Vikar/Die Vikarin spricht gut artikuliert in angemessener Sprache und Tempo. – verwendet anregende und verständliche Sprache. – benutzt gendergerechte Ausdrucksweise. – strukturiert die Predigt inhaltlich und dramaturgisch sinnvoll. Inhalt und Form entsprechen sich.

Der Vikar/Die Vikarin ist in der Lage, einen Gottesdienst ansprechend und stimmig als Feier der Gemeinde zu gestalten. (3)	stringente Theologie Präsenz im Gottesdienst persönlich-reflektierte Gestaltung Rolle der Mitfeiernden	Der Vikar/Die Vikarin gestaltet den Ablauf theologisch begründet, im Gottesdienst zeigt sich ein roter Faden. – rezitiert biblische Texte in angemessener Weise. – bringt Liturgie und Verkündigung in eine theologische und ästhetische Balance. – integriert Mitwirkende sinnvoll. – fällt nachvollziehbare liturgische Entscheidungen.
Der Vikar/Die Vikarin ist in der Lage, Wort, Musik und Raum in einen ansprechenden Zusammenhang zu bringen. (4)	Freiheit und Verbindlichkeit Entsprechung von Ritual und Situation Transparenz Kenntnis der pfälzischen Agende Kenntnis des Evangelischen Gesangbuchs Liedauswahl Beziehung von Wort, Musik und Raum Einbeziehung musikalisch Mitwirkender	Der Vikar/Die Vikarin lässt der Gemeinde Raum für religiöse Erfahrung und zur persönlichen Interpretation. – kennt die Wirkkraft von Symbolen und Ritualen und setzt sie entsprechend im gottesdienstlichen Handeln ein. – setzt passendes Liedgut ein. – stellt Wechselwirkungen von Wort- und Musikteilen im Gottesdienst her.

Kompetenznachweis im Handlungsfeld Gottesdienst (Performanz) / Evangelische Kirche der Pfalz (Protestantische Landeskirche)

Verzeichnis
der Autorinnen und Autoren

Arnold, Jochen
geb. 1967, Dr. theol. (habil.), Direktor des Michaelisklosters Hildesheim – Evangelisches Zentrum für Gottesdienst und Kirchenmusik; Privatdozent für Systematische und Praktische Theologie in Leipzig; A-Kirchenmusiker

Binder, Christian
geb. 1967, Pfarrer, Referent am Zentrum für Qualitätsentwicklung im Gottesdienst, Hildesheim; Gottesdienstcoach

Diemer, Regina von
geb. 1951, Dipl. Psychologin, selbständige Unternehmensberaterin: IP Industrielle Psychologie und IPQ Institut für Persönliche Qualität in Königstein/Ts.

Eibach-Danzeglocke, Swantje
geb. 1970, Dr. theol., Pfarrerin der Evangelischen Studierendengemeinde Aachen

Fendler, Folkert
geb. 1961, Dr. theol., Pfarrer, Leiter des Zentrums für Qualitätsentwicklung im Gottesdienst, Hildesheim

Kamann, Matthias
geb. 1961, Dr. phil., Journalist, Verantwortlicher Redakteur im Politik-Ressort der „Welt"-Gruppe in Berlin

Neuschwander, Julia
geb. 1969, Pfarrerin, Leiterin des Protestantischen Predigerseminars der Evangelischen Kirche der Pfalz, Landau

Plüss, David
geb. 1964, Prof. Dr., Professor für Homiletik, Liturgik und
Theorie der religiösen Kommunikation der Universität Bern/
Schweiz

Sauer, Martin
geb. 1948, Prof. Dr., Professor für Sozialmanagement und Per-
sonalarbeit an der Fachhochschule der Diakonie in Bielefeld,
seit 2007 deren Rektor